心理学をまなぶ

心理学をまなぶ

浅井 千秋 編著

東海教育研究所

はしがき

近年，心理学への人々の関心はますます高まっています。この現象は決して一時的なブームに終わるものではなく，社会が成熟した結果，人々が物質的な豊かさから精神的な豊かさへと関心を移しているのだと考えられます。また，これまでの社会が物質的な側面ばかりを重視し，精神的な側面を軽視してきたために，私たち現代人の多くが精神的な問題を抱えている現れだととらえることもできるでしょう。いずれにせよ，現代を生きる人々が，心とは何か，自分とは何か，という問題にますます惹かれるようになっていることは確かなようです。

こうして人々がきわめて現実的な問題意識から心理学に関心を持っているのにもかかわらず，従来の心理学の入門書の内容は多くの場合，現実の生活における人々の心理とあまり結びついているとはいえませんでした。このため，心理学に興味を持っている人々が心理学への関心をさらに深めることに，十分貢献していなかったのではないかと思われます。

本書は，心理学をはじめて学ぼうとする人が，心理学の基本的な考え方や知識を習得できると同時に，現実の社会生活における心の問題を考える上でも役に立つように配慮しました。第 1 部は，心理学の基礎を取り上げています。ここでは，心理学の基本的な考え方を知り，心理学の基礎知識を得られるようにしてあります。第 2 部では，社会生活における問題と密接に関連した心理学の応用分野を取り上げています。具体的には，人間の心理的発達とパーソナリティ，カウンセリングと精神的健康，対人関係や社会問題に関する心理学の諸研究について紹介しています。各章の本文は，それぞれの分野の基礎的な研究に絞った説明を行い，それを補う専門的知識をトピックスとして適宜加えています。また，各分野に関心を持った読者が，さらに詳しい知識を得られるように，各章末にはその分野を学ぶための参考文献を紹介しました。

執筆をお引き受けいただいた先生方には，こうした本書の企画意図に従ってお願いした細かな加筆修正を快くお聞き入れいただいたことにお礼を申し上げます。そして，東海大学出版会の柴田栄則氏には，本書の出版に至るまで忍耐強くご協力をいただいたことに，編者として深く感謝を申し上げます。

2004年12月20日
編者　浅井千秋

目次

第 *1* 部

心理学の基礎

第 *1* 章　心理学における４つの立場と研究法

第１節　人の心をとらえる４つの立場

人間をどのような存在ととらえるか，は立場によって異なってきます。ここでは，人間性への主なアプローチとして，心理学における４つの立場（精神力動的・行動主義的・認知的・人間主義的）を取り上げ，概説していきます。

1　精神力動的モデル

意識の探求が主流であった時代に，フロイト（Freud）は，不安のあまり現実生活に支障をきたすといった神経症患者に対する臨床的観察をもとに，人間の心の深層に潜む無意識の世界の重要性を指摘し，理論化しました。フロイトによれば，人間の心は，意識・前意識・無意識に分けられます。前意識とは，普段は意識されていませんが，思い出そうとすれば思い出すことができる領域，無意識とは，精神分析や催眠などの特別な方法でしか接近できない領域をいい，自分でも意識していない欲求により言い間違いや書き間違いをしてしまうなど，無意識の世界が人間の行動に影響を及ぼしていると考えました。

また，人のパーソナリティは，快楽原則に従う「イド」（id：エス（Es）ともいう；イドはラテン語，エスはドイツ語），現実原則に従う「自我」（ego），理想原則に従う「超自我」（super-ego）の３つから構成されているとします（図１．１）。

①イド（id）　英語の it（それ）の意。無意識的，本能衝動的，快楽追求的な領域で，コントロールするのは困難です。身体からエネルギーを取り入れ，心的エネルギーに変換し，欲求の解消をめざします。心的エネルギーの貯水池ともいえ，行動力や創造性の源ともなります。

②自我（ego）　現実的，合理的で，外界とよりよく調和し適応しようとす

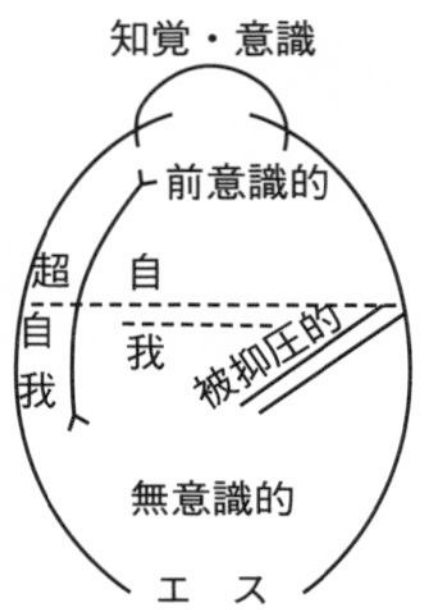

図1．1 フロイトの心的構造論（前田重治 1985）

る領域。現実を吟味しながら，欲求を最大限に満足させるために適切な計画を立てます。

③超自我（super-ego） 親による幼児期のしつけや教育を通して，形成された道徳性や良心の領域。超自我は，「良心」と「理想自我」（自分はこうありたい）の２つからなっています。

パーソナリティの活動のために用いられるエネルギーは，すべてイドから得られます。その際，心的エネルギーは一定であるため，その配分が問題となります。自我は，外界・イド・超自我からの脅威にさらされており，イドと超自我の力が強く自我が弱い時，不安や葛藤が大きくなります。自我がこれらの不安や葛藤に処理しきれない時，自我の破局を防止する手だてとして，防衛機制（defense mechanism）が用いられるのです。最もよく用いられる防衛機制は，不快や苦痛を感じること（認めたくない欲望など）を無意識の世界に押しこめてしまうといった抑圧（repression）ですが，うまく機能しない場合は，さらに他の複雑な防衛機制が使われることになります。その際，抑圧をはじめとする各防衛機制に対応した神経症症状が現れてきます。

抑圧された内容は，永遠に封印されるというよりは，たえず意識への再現をめざすため，睡眠中など，抑圧が弱まっている状態において夢として現れます。とはいえ，ここでも検閲が行われ，自我が脅かされないかたちに歪曲されて現れるため，夢は抑圧された願望の歪曲された充足といえます。この願望のなかには幼児期由来の性的なものが多いといいます。こうして，歪曲されて意識化された夢を素材にして，連想により，その背後に隠されている夢の本来の意味をつかもうとするのが夢判断です。自由連想法，夢判断，神経症の症状，錯誤行為などから，隠れた意味や動機を引き出し（意識化），カタルシス（catharsis：心理学浄化法）を経験することで，ヒステリー，強迫神経症，恐怖症といった神経症を治すことができると考えました。

フロイトは，生の本能（エロス）と死の本能（タナトス）の存在を唱え，人間は生得的に性的衝動と攻撃的衝動を個体内に持っているという性悪説の立場をとりました。さらに，そうした内的衝動と，乳・幼児期の外傷経験（願望による空想も含む）が成人後の行動を規定していると考えたため，こうした考え方は決定論的，悲観的見解といえます。

精神力動的モデルは，臨床経験から理論化されたものであり，本能や乳・幼児期の経験が現在の心の状態を決定していると考えた点に特徴があります（５章参照）。

2　行動主義的モデル

1879年ライプチヒに，世界で最初の心理学実験室を創設したヴント（Wundt）は，実験的アプローチを重視し，それまで哲学の下位領域にあった心理学を独立させ，科学として打ち立てようとしました。ヴントらは研究対象を「意識」とし，実験参加者の内観（実験参加者が自己の意識を自ら観察して報告すること）を分析したのですが，意識を，感覚や感情，イメージの要素に分解し，それらの結合として説明しようとする構成主義（structuralism）の立場をとりました。けれども，30年ほど経つうちに，内観に頼る研究方法では客観性を維持できない，あるいは，意識の要素よりも意識のはたらき（機能）を研究すべきだ，といった批判が出てきました。

こうしたなかで，1912年，ワトソン（Watson）は，心理学を自然科学に位置づけるためには，目に見えない「意識」でなく，客観的に観察可能な「行動」こそを研究対象とすべきであると主張しました。行動主義（behaviorism）では，人間が環境にどのように適応するか（いかに学習していくか），を探求していきます。方法としては，パブロフの条件反射の影響を受け，どのような刺激に対しどのような反応が生じるか，という刺激（S）—反応（R）のパラダイム（条件づけ）であらゆる行動を説明しようとしました。この立場では，現在の行動はすべて，これまでの環境や経験によって学習されたものであり，それらを統制することで行動を変容しうると考えます。例えば，攻撃行動というものも，怒りや攻撃性なしに成立するとします。テスト用紙（環境刺激）を与えられた時に暴れてみた（行動）ところ，テストを受けなくてすんだ（環境の変化，結果）という経験をしたら，その子どもは，また同じような状況で同じような行動（暴れてみる）を起こす可能性が高くなります。その場合の攻撃行動は怒りの表現ではなく，目的を達するための手段的行為となっており，テストからの解放という報酬を与えない（報酬の除去）ことで，攻撃行動は消去できます。

行動主義モデルでは，科学的であることや実証可能性を重視しますので，価値観などの曖昧な概念は研究対象としません。また，精神力動的モデルが悲観論であるのに対し，この立場では，生体の行動は学習により成立したものであり，環境が現在の行動を形成しているとし，不適応行動も新たに適応行動を学習しなおせばよいと考えるため，どちらかといえば楽観的な立場といえます。ダーウィンの進化論により，動物と人間の境界が取り払われていたこともあり，環境を統制しやすい動物実験が多く行われました（3章参照）。

行動主義の立場は急進的であったため，アメリカで歓迎されると同時に，心なき心理学として強い批判も浴びました。その後，ハル（Hull）やトールマン（Tolman）らは，刺激と反応の間に介在する生活体の条件を考慮する立場をとりました。それらは，新行動主義（neo-behaviorism）と呼ばれています。例えば，トールマンは，報酬をもらわずに迷路課題を課されたネズミが，報酬を得るようになるや急速に学習が成立した実験結果を示し，強化を受けていない間も，遂行成績には表れないが学習は行われるという，潜在学習の存在を唱えました。それまでの学習理論では，学習の成立には強化（この場合は，報酬の提示）が不可欠であると考えられていたのに対し，強化は必ずしも必要でないことを示しました。トールマンによれば，学習は「何が何に導くか」という，目標へのサイン（記号）を学ぶことであり，環境への認知の仕方が変わること（再構成）を意味します。手がかり刺激と目標の関係の認知（それにともなう期待）が，刺激と反応を媒介すると考えたのです。

人の行動は環境で決まるのか？　心が決めるのか？

3　認知的モデル

（1）ゲシュタルト主義

意識は要素から成り立っているとする構成主義に対して，要素が集まって全体を構成するのではなく，全体が部分を規定するのだと，全体の重要性を指摘したのがウェルトハイマー（Wertheimer），ケーラー（Köhler），コフカ（Koffka）らのゲシュタルト（Gestalt）主義者です。メロディを異なるキーに変えると個々の音色は異なりますが，同じメロディだと感じます。すなわち，移調が可能であり，この時，メロディ（全体）は個々の音色（要素）に優先しています。

ウェルトハイマーは，１枚１枚のスライドを何枚か続けて速く提示すると，運動しているように知覚される（映画の原型）ことを示し，この現象は要素からは説明できないとしました。またケーラーは，チンパンジーが道具を用いてバナナを獲得する様子を観察し，ある時突然ひらめいて解決方法をみつけるという洞察（insight）による学習の存在を報告しました。ケーラーは，問題解決を，試行錯誤学習のような「刺激と反応の連合」ではなく，「新しい構造の理解，知覚の再体制化」であると考えました。ゲシュタルト主義は，要素主義や連合主義を批判し，個々の部分は体制化されており，力動的なまとまりを持つとしました。

（2）認知心理学

目に見える行動のみを扱おうとする行動主義を批判し，注意・記憶・思考といった内面の活動を研究しようとする認知心理学（cognitive psychology）が1960年代から活発になってきました。認知心理学は，刺激と行動の間に介在する認知的過程を研究対象とする点で新行動主義の影響を受けていますが，人間を１つの能動的な情報処理システムと考え，情報処理の過程について，より自由にモデルを組み立てる点に特徴があります。また，意識を研究対象から除こうとする行動主義を批判したゲシュタルト主義の系譜に位置づけられ，体制化や全体の構造を重視するゲシュタルト主義の考えを引き継ぎ，図式（schema）の情報処理におけるはたらきなども検討しています（２章参照）。

認知心理学の発展は，コンピュータ科学や人工知能研究の著しい進歩とも密接な関係があります。これらに影響され，コンピュータで特定のモデルに基づくプログラムを作り，シミュレートするという新たな研究方法の流れが作られました。

認知心理学では，「行動」よりも「内的過程」を研究対象としながら，方法の実証性を重視し，実験的研究を行っていきます。発達心理学，臨床心理学，教育心理学，社会心理学，性格心理学など，心理学の他分野にも多大な影響を及ぼしています。

4　人間主義的モデル

観察可能な行動のみを研究対象とし，人間の生きる意味や価値といったことをなおざりにしてきた行動主義的立場への疑問から，1950〜1960年代以降，人間主義の心理学（人間性心理学ともいう：humanistic psychology）が活発になってきました。この立場では，刺激と反応の関係といった法則よりも，個人の内部経験に大きな価値を置き，全体としての生きた人間を扱います。

人間主義の主な提唱者の１人であるマズロー（Maslow）は，欲求には階層があり，１つの欲求が充足してはじめて，より上位の欲求による行動が生じるとしました（５章図５．２参照)。すなわち，生理的欲求，安全，愛情と所属，尊重，自己実現の欲求の順に充足が求められていくということです。彼は，人間には本来，自分の能力・可能性を最大限に引き出したいという自己実現（self-actualization）の欲求（成長動機）があると考え，この動機を上位に位置づけました。そして，個人の持てる力を最大限に伸ばすこと，自己実現を助けることがカウンセラーの役割であるとしました。

ロジャーズ（Rogers）も，自己実現の欲求を人間が本来持つものとして認め，その潜在的な力を最大限に引き出そうとする立場をとった人です。彼は，「クライエント（来談者）自身の内に成長への原動力があり，その力を解放し主体性を回復していく主体もまたクライエント自身をおいてない」と考え，カウンセラー側の態度として，クライエントに対する無条件の肯定的配慮，共感的理

トピックス

■ 防衛機制（defense mechanism）

自我が，外界・イド・超自我間の葛藤から生じる不安に処理しきれない時，自我（自分）を守るために無意識に生じるとされる消極的な適応過程。フロイトは防衛機制と抑圧をほぼ同義に使っていたが，娘のアンナ・フロイトが発展・体系化した。抑圧以外に，補償，合理化，同一視，投影，退行，昇華などがある。

■ ヴント

医学や生理学を学び研究していたドイツのヴントは，心理学を科学とならしめるべく，内観法を用いた実験心理学を確立した。研究対象は「意識」とし，「無意識」を研究対象から追放したが，「行動」を研究対象とはしなかった。ティチナー，クレペリンなど多くの学者がヴントのもとで学んだ。心理学は個人心理学（構成主義の心理学）と民族心理学からなるとし，後年，ヴントは民族心理学に多大な関心を寄せた。

■ 図式

スキーマ（schema），枠組み，ともいう。構造化された知識の基本単位であり，過去経験により獲得される。日常の典型的な場面で行われる一連の行動に関する知識（レストランで食事する際の一連の手続き，など）は，特にスクリプトと呼ばれる。スキーマは，情報処理過程において大きな役割を果たす。例えば，スキーマは情報を取捨選択する機能を持つ一方で，情報を補充し豊かにするはたらきもし，適切なスキーマの使用は，ものごとの理解や記憶を促進する。

解，透明性を重視する来談者中心療法（client-centered therapy）を始めました。この療法では，クライエントのありのままを無条件に受け入れようとします。

精神力動的モデルや行動主義的モデルが，人間を受動的な存在ととらえるのに対して，人間主義的モデルは認知的モデルと同様，人間の能動性を重視します。すなわち，行動主義では環境を操作，統制して人間の行動を望ましい方向へ変容しようとするのに対し，人間主義では，本来持っている力を引き出せば，人は自然に望ましい方向に歩み出すことができるとする性善説に立っています。人間は，意志の自由や自己実現の欲求を持った存在であると考えている点に，人間主義の特徴があります（6章参照）。

第2節　心理学の研究方法

1　個性記述的アプローチと法則定立的アプローチ

心理学の領域はかなり広く，すべてをおさえるのは容易ではありませんが，研究対象への接近方法により，大きく2つの柱を見ることができます。一方は，個性記述的アプローチであり，他方は法則定立的アプローチです。

前者は，その人限りの予測をめざす臨床心理学的接近であり，問題となっている個人の行動を理解し，それに対する実際の解決方法を見出す目的で，個人に関する資料を収集し整理・分析します。いわゆる事例研究（case study）はこちらに含まれます。個人の家族関係，対人関係，生活環境を含む生活史，各種の検査（パーソナリティ，知能など），自叙伝，観察などの資料が用いられます。主に臨床心理学で用いられる方法です。心理学をはじめて学ぶ人にとっては，こちらのアプローチのほうが心理学のイメージに近いかもしれません。

後者は，人間の行動の一般的傾向を予測しようとするものであり，行動科学的アプローチとも呼ばれます。こちらは，特定の個人の行動の予測というよりは，人々一般の行動の予測をめざしているため，平均的研究法とも呼ばれ，前者のアプローチと比べ，科学性や実証性といったものに，より重きを置きます。学習心理学，認知心理学，社会心理学など，心理学の多くの分野でこのアプローチを志向しています。

いずれにせよ，心理学と同様に人間の内的世界を扱う文学や哲学から，心理学を特徴づけ異なる存在とならしめているものは，心理学の実証性への関心にあります。心理学は科学であることをめざしているため，何らかの主張をする時には科学的な証拠を示さなければなりません。新薬の効果を発表する際には，その効果をデータで示し（客観性の確保），また，そのデータがどのようにして得られたのか（例えば，１回の服用量，服用回数，期間，実験対象人数など）を公表することにより追試を可能にする（公共性の確保）必要があります。心理学においても，そうした実証性を重視しており，前者のアプローチにおいても，その点は同様です。

2　記述，相関，実験

心理学で用いられる研究方法は，記述研究，相関研究，実験研究の３つに大きく分けることができます。

（1）記述研究

ここで行われるのは，ある現象のできるだけ正確な記述です。データの主な収集方法としては，観察，なかでも，観察者が状況を操作せずに，ありのままの現象を観察する自然観察（natural observation）があげられます。例えば，幼稚園で子どもたちがどのような遊びをしているかを観察し，行動特徴を記述し分類し，その頻度を調べたりします。あるいは，在日留学生が日本人に対して，どのように感じているかを知りたい時には，留学生寮に住み込み，ともに生活する中で，彼らの感情や考えを知ろうとするかもしれません（参加観察：participant observation)。また，複数の留学生にインタビュー(interview）する方法も考えられますし,適切な質問項目を用いて多数の留学生に調査（survey）してみることも可能でしょう。自然観察やインタビューに基づく整理，分析は，その後の研究のための情報収集を目的とした予備的研究という位置づけで行われる場合もあります。

（2）相関研究

ある現象が記述されると，「なぜ，そうした現象が生じるのか」を知りたくなるかもしれません。なぜ，ある留学生は非好意的な対日態度を持っているのでしょうか。このようなことを知りたいとき，よく用いられる方法は質問紙調査です。調査項目によって留学生の「日本人との友人関係」や「被差別経験」の程度を調べ，対日態度との関連をみると，友人関係と対日態度には正の相関，被差別経験と対日態度には負の相関がみられたとします。相関（correlation）は，２つの変数（ことがら）の関係の強さを示す指標であり，－１～１の値をとります。友人関係と対日態度に正の相関がみられたということは，日本人との友人関係が豊かな者ほど対日態度が好意的であることを示しています。また，被差別経験と対日態度に負の相関がみられたということは，日本人による被差別経験が多い者ほど対日態度が非好意的であることを意味します。こうした結果を知ると，私たちは，すぐに「友人関係と被差別経験が対日態度の原因になっている」と考えてしまいがちですが，結論は少し待つ必要があります。というのは，２つの変数（ことがら）の間に相関関係がみられたとしても，それが因果関係であるとは限らないからです。相関関係がみられた場合に，考えられるパターンは４つあります。①因果関係（X → Y）である場合，②逆の因果関係（Y → X）である場合，③ X，Y 以外の第３の変数（原因）が２つの事象を引き起こしており，その結果，２つの事象間に関係があるようにみえる場合，です。友人関係と対日態度の例でみると，①友人関係が対日態度の原因となっている場合（日本人との豊かな友人関係は好意的な対日態度を形成する），②対日態度が友人関係の原因となっている場合（好意的な対日態度は豊かな友人関係をもたらす），③「楽観的か―悲観的か」という留学生のパーソナリティが第３の変数として，友人関係と対日態度の両方に影響を及ぼしており，結果として友人関係と対日態度の間に関係があるようにみえる場合。楽観的なものの見方は日本人と友人になりやすくするかもしれず，また，そうした見方は対日態度を好意的なものにするかもしれません。友人関係と対日態度には直接の関係はないのですが，楽観性が両者に影響を及ぼすために，表面上，２つの間に関係があるようにみえるという可能性があります。このような見かけの相関を擬似相関といいます。

したがって，相関関係から因果関係を推測することはありますが，確定することはできません。相関研究は，質問紙調査や観察を用いて行われることが多いのですが，問題は，起きた事象の時間順序が特定できない点にあります。この問題を解決するのが，実験研究です。

（３）実験研究

観察，インタビュー，調査が自然に起きていることを調べるのに対し（観察的方法），実験では，現象を人為的に引き起こして調べます（実験的方法）。Xという事象が原因でＹという事象を生じさせるのであれば，Ｘのみを操作し変動させるとＹも変動するはずです。したがって，実験者がＸを組織的に操作した結果，生じるＹの変動を測定することで，ＸとＹの因果関係を特定できると考えます。ここで，実験者が操作する変数（原因と考えられる変数）を独立変数（independent variable），測定するほうの変数（結果と考えられる変数）を従属変数（dependent variable）といいます。

例えば，「夕食」，「港」といった関連のない10個の単語を覚える際，物語を作って覚える方略の使用が記憶のしやすさに影響するか否かを知りたいとします（Bower & Clark, 1969；山内，1982）。この時，図１．２のような実験デザインが考えられます。物語を作って単語リストを覚える方略を使用するよう教示した群，すなわち，実験処理を施した群を実験群（experimented group）といい，実験処理を受けない以外は実験群と全く同様に扱われる群を統制群（control group）と呼びます。両群の結果（正再生率）を比較することにより，実験処理の効果を調べることが可能になります。

実験群と統制群は，被験者（実験参加者）の年齢や記憶力などの要因が結果に影響を与えないように，被験者をあらかじめ無作為に振り分ける（無作為配分：random assignment）ことで等質化がなされます。あるいは，あらかじめ他の記憶課題を用いて各被験者の成績を調べておき，その成績に基づいて両群を等質化する方法もあります（マッチング：matching）。この時，実験群と統制群の結果を比較して実験処理の効果を検討するためには，独立変数以

実験群：物語を作って，単語を覚えるよう教示	→ 観察（正再生数の測定）
統制群：ただ単語を覚えるよう教示	→ 観察（正再生数の測定）

図１．２　単語記憶の実験デザイン

外の要因が結果に影響しないように気をつける必要があります。実験群のほうが単語の提示時間が長ければ，両群における結果の差異が異なる方略による違いなのか，提示時間による違いなのか，わからなくなってしまうからです。このような，独立変数ではないが，従属変数の原因となって従属変数の値に影響する可能性のある変数を，剰余変数（extraneous variable）といいます。前述した，被験者の年齢や記憶力も剰余変数です。従属変数の変動が独立変数の効果によるものか，剰余変数による効果なのかがわからない場合，両変数が交絡（confounding）している，といいます。剰余変数の統制は，実験の重要な手続きです。剰余変数を統制する１つの方法は，独立変数以外のすべての条件を一定に保つことです。具体的には，①剰余変数を除去する（雑音や余計な装飾品を取り除くなど），②剰余変数の値を一定に保つ（実験群のみ装置の音を除去できない場合，両群とも一定のホワイトノイズをつけておくなど），③剰余変数の影響を相殺する（利き酒を行う時，A→Bの順にすべての人が飲むと順序効果が生じるため，A→Bの順に飲む人と，B→Aの順に飲む人を半数ずつにすることで，順序効果を相殺するなど）といった方法があります（宮谷 1993）。

さらに，実験群と統制群を用いることで，剰余変数を統制する場合もあります。例えば，新しく開発した行動変容プログラムの効果を知りたい時，いくつかの実験デザインが考えられます（図１．３）。まず実験デザイン１で，被験者を無作為に配分するなどにより実験群と統制群の等質化がなされており，環境の等質化もなされているとします。この時，実験群と統制群の結果に明らかな違いがあれば，この差は実験処理（新しいプログラム）による効果であろうと，とりあえず推論することができます。

しかしながら，実験デザイン１では，プログラムを受ける前との比較は行っていない点に注意する必要があります。どちらのプログラムも以前より状態を悪化させており，従来のものよりは新しいもののほうがまし，という可能性もあるのです。したがって，プログラムを受ける以前の状態を調べておいたほうがよいということになります。すると，実験デザイン２のようになります（実験群と統制群には被験者を無作為に配分する)。これにより，プログラムを受ける前と受けた後の改善度を，実験群と統制群で比較することが可能になりま

実験デザイン１				
実験群：新しい行動変容プログラム	→	観察		
統制群：従来の行動変容プログラム	→	観察		
実験デザイン２				
実験群：観察	→	新しい行動変容プログラム	→	観察
統制群：観察	→	従来の行動変容プログラム	→	観察
実験デザイン３				
実験群　：観察	→	新しい行動変容プログラム	→	観察
統制群１：観察	→	従来の行動変容プログラム	→	観察
統制群２：観察	→	錠剤投与	→	観察
統制群３：観察	→	処置なし（自然治癒）	→	観察

図１．３　いくつかの実験デザイン

す。

実験計画をより完全なものにしたいならば，時間が経てば，ある程度，自然に状態が良好になることもありうるので，自然治癒の効果がどの程度あるかをみておいたほうがよいでしょう。さらに，本来，効果のないはずのものでも，効果があると思って何らかの処置を受けると症状が改善する傾向のあることが認められています（偽薬効果：placebo effect という）。新しい行動変容プログラムが偽薬効果以上の効果を持つか否かを調べるためには，この偽薬効果がどの程度あるのかをみておく必要があります。そのため，錠剤（偽薬）を投与した時の効果もみることにします。すると，実験デザイン３のようになります。自然治癒効果，偽薬効果という剰余変数を，統制群を設定することで統制したわけです。こうして，実験群の結果を，統制群１～３の結果と比較することにより，新しい行動変容プログラムそのものの効果を検討できることになります(以上，実験デザイン３については Solso & Johnson, 1989 を参考に記述)。

実験計画は，何を知りたいのか等によって異なってきます。実験には事前テストが常に必要というわけではないし，統制条件を設定せず，複数の実験条件を設定する場合もあります。例えば，短期記憶における情報の消失過程を検討する実験では，無意味綴りを提示してから再生するまでの保持間隔を３秒，６秒，９秒，12秒，15秒，18秒の６条件に設定し，条件ごとの正再生率を調べま

トピックス

■ 操作的定義

心理学研究にとって重要なものとして，上に述べた以外に，操作的定義（operational definition）がある。操作的定義とは，研究対象となる概念を具体的な操作・測定手続きによって明確に記述することである。「不安」や「態度」のように目に見えない概念を扱う心理学では特に，その概念をどのように操作・測定するかを明らかにしないと議論する際にも混乱が生じる。

■ 内的妥当性と外的妥当性

従属変数の値の変動が，確かに意図した独立変数の操作によるものであり，剰余変数が統制されているとき，その研究は内的妥当性（internal validity）が高いという。一方，特定の研究で得られた結果が，個別性を超えて母集団や状況に適用できる（一般化できる）場合，外的妥当性（external validity）が高いという。一般に，実験を用いた研究は内的妥当性が高いが，外的妥当性の面で批判されることがある。

す（Peterson & Peterson, 1959）。この時，これらの6条件はすべて実験条件ですが，保持間隔の長さが成績に与える影響を考察することは可能です。実験の基本は，独立変数の操作，剰余変数の統制，従属変数の測定であり，従属変数の値の変動が，確かに独立変数の操作によるものであって，他の要因によるものではない（独立変数が従属変数の原因である）ことの確信を高めるような実験を行っていくことが目標となります。

推薦する文献

（観察，調査，実験といった各研究法の考え方や具体的な技法が，わかりやすく書かれている）

高野陽太郎・岡隆（編） 2004 心理学研究法―心を見つめる科学のまなざし 有斐閣アルマ

中澤潤・大野木裕明・南博文（編） 1997 心理学マニュアル 観察法 北大路書房

鎌原雅彦・宮下一博・大野木裕明・中澤潤（編） 1998 心理学マニュアル 質問紙法 北大路書房

後藤宗理・大野木裕明・中澤潤（編） 2000 心理学マニュアル 要因計画法 北大路書房

（観察法，調査法，実験法等について，社会心理学に限らず，心理学一般に通じる重要なことがわかりやすく書かれている）

末永俊郎（編） 1987 社会心理学研究入門 東京大学出版会

引用文献

Bower, G. H. & Clark, M. C. 1969 Narrative stories as mediators for serial learning. *Psychonomic Science*, 14, 181-182.

Peterson, L. R. & Peterson, M. J. 1959 Short-term retention of individual verbal items. *Journal of Experimental Psychology*, 58, 193-198.

山内光哉　1982　長期記憶　小谷津孝明（編）　現代基礎心理学 4　記憶　東京大学出版会　Pp. 65-87

宮谷真人　1993　第 2 章　実験の計画と実施　利島保・生和秀敏（編著）　心理学のための実験マニュアル—入門から基礎・発展へ—　北大路書房　Pp. 28-52

前田重治　1985　図説　臨床精神分析学　誠信書房

Solso, R. L. & Johnson, H. H. 1989 An introduction to experimental design in psychology - a case approach. 4th ed. New York: Harper & Row.　浅井邦二（監訳）　1999　改訂　心理学実験計画入門　学芸社

第2章　認知と思考

第1節　環境を知り，記憶し，考える心理学

1　知覚・認知の心理学とは

私たちは日常生活において，周囲の事象もしくは自分自身についてのさまざまな情報を得，それを活用し，行動しています。周囲の事象や自分自身についての情報を受け取り，それに基づいて外界の事物やできごと，自分自身の状態などについて知るプロセスは知覚（perception）と呼ばれます。さらに受け取られた情報の活用においては，記憶，概念形成，思考，問題解決，言語なども影響し，こうしたプロセスは認知（cognition）と呼ばれています。

例えば，今みなさんは，この本を手に取って読んでいます。この頁には白い紙の上に黒いインクで印刷がなされています。その印刷の跡を見てそこから文字や図形を読み取り，示されている内容を理解するのは，この知覚や認知のプロセスによるものです。先を読み進めるごとに，文字や図形，言葉や文法についての記憶を引き出しながら，文字を認識し，単語や文法を理解する必要がありますし，ときには単に書かれている内容だけではなく，「行間を読み取る」というように，積極的に文意を推理する必要もあります。私たちは経験の蓄積があるために，ごく当たり前にこの「本を読む」という作業を行うことができますが，この一連の情報処理はさまざまなプロセスを経ていると考えられるのです。本章では，この知覚・認知のプロセスを広くとらえ，特に認知心理学（cognitive psychology）の成果に焦点を当てて紹介していくことにします。

認知心理学は，1950年代後半から盛んになった領域であり，それまでの行動主義に代わって心理学をリードするようになりました。行動主義では刺激と反応との対応関係に重きを置きますが，認知心理学ではむしろ，その両者の間に介在するプロセスこそが心のはたらきであり，科学的興味の対象であると考え

地上に近い月は大きく見える

られています。そしてその心のはたらきを説明するためにさまざまなモデル（仮説）が立てられ，イメージや注意（attention）といった，それまでは関心の外に置かれていたテーマについても研究が行われるようになりました。認知心理学の隆盛をもたらした，その原動力にはコンピュータの発達があげられるでしょう。モデルの構築や実験，その分析において，コンピュータのアナロジーや情報処理の機能が大いに貢献し，その方面の専門家が次々と新しい研究成果を発表しました。その代表として，ノーマン（Norman）があげられます。

2　知覚・認知の心理学の研究方法

知覚・認知の心理学においては，イメージや注意など，一見主観的に思われるテーマも取り扱いますが，その研究方法は客観的なものであることが求められています。現代の心理学では実験，調査，観察，事例検討など幅広い研究方法を用いて，できる限り客観的なデータによって仮説の裏づけを得る努力がなされていますが，これは知覚・認知の心理学においても例外ではありません。

実験は客観的で信頼できるデータが得られると考えられており，本章で紹介する知覚・認知の心理学においても用いられてきた方法です。実験で重要となるのは，その条件をいかに統制（control）するかという点です。私たちを取り巻く環境は複雑で，さまざまな要因が私たちの行動に影響を与えているため，日常生活をそのまま観察しただけではどの要因がどのような影響を与えているか，必ずしも明らかではありません。そこで実験では，実験室の中で日常の状況を単純化した実験条件を作り，その中で生じる心理プロセスを観察・測定するのです。

実験という手法を用いれば，検証したい仮説に合わせて状況を自在に設定することができます。すなわち，条件を組織的に変化させて各条件間の効果の違いを検討したり，同じ条件を再現してその効果を再確認したりすることができるという利点を持っているのです。しかしその一方で，条件をあまり厳格に統制した条件では，しばしばそれが私たちの日常生活の状況と大きくかけ離れたものとなるため，実験状況下での心理プロセスが日常生活での心理プロセスにうまく対応していないのではないかという疑問が生じることがあります。そこで，実験室での実験にとらわれず，日常生活にできるだけ近い状況での研究も期待されています。

トピックス

■認知

Cognitionはもともと，“わかるということ”を意味する。認知というと一般には“社会的に広く存在が認められる”といった意味で用いられるが，心理学ではそうではなく，むしろ哲学における「認識」に関連する語であり，認識や知識，思考を幅広く指し示すものとして用いられる。知覚・注意・表象・記憶・言語・問題解決・推論など多くの研究テーマを包括し，周囲の世界をどのように認識し，そこからどのように知識を獲得し使用するのか，という関心の上に立つ時に広く用いられる。

■ノーマン

電子工学で修士号，心理学で博士号を得た，認知科学（cognitive science）の代表的研究者の1人。認知科学とは，認知心理学のほか，言語学や人工知能学を含めた学際的領域であり，「人間，動物，機械を含めたすべての知的構造物の認知，すなわち知能・思考・言語を研究する分野」と定義される。この“機械を含めた”という表現にコンピュータの発達との関連を窺うことができる。彼は認知科学の研究テーマとして，信念システム，意識，発達，感情，相互作用，言語，学習，記憶，知覚，行為実行，技能，思考の12をあげた（Norman, 1980）。

また近年，この分野には生理学や医学など脳研究の研究者も多く参入することとなり，脳研究の方法論を用いた研究も行われるようになりました。例えば脳神経の活動をPET（陽電子放出断層撮影法）や機能的MRI（核磁気共鳴断層撮影法）によって画像に記録し，一定の課題を遂行させたときの被験者の画像の変化を解析することで，ある知覚・認知プロセスに対応した脳の活動を明らかにする手法です（例えばPosner & Raichle, 1994）。こうした手法による研究が次第に蓄積されはじめ，心理学的なモデルが脳機能の観点から説明づけられることが期待されています。

第2節　私たちは外界をどのように知るか

1　感覚と知覚

私たちのまわりの世界は，光や音，匂いなどさまざまな刺激で満たされています。それらの刺激は，眼や耳や鼻などの感覚器官（受容器）を通して，私たちに受け入れられます。私たちはこのような刺激を情報として活用することで，環境の状況を知り，それに対応した行動をとることができるのです。

感覚（sensation）と知覚とは，しばしば区別して用いられることもあります。例えば，いくつかの音の断続が聞こえるといった，単純な経験については感覚を，それが誰々の発した言葉であるといった，より複雑で総合的な経験については知覚という言葉を用いるという具合です。

俗に五感（five senses）といわれる，視覚，聴覚，嗅覚，味覚，触覚は，私たちの感覚の種類を表しています。触覚は皮膚感覚とも呼ばれ，圧覚，痛覚，温覚，冷覚に分けられます。また，このほかにも，自分の手足など身体の位置や運動に関する運動感覚，身体の方向に関する平衡感覚，身体の内部の要求や苦痛に関する感覚などがあります。このうち，視覚と聴覚は，他の感覚と異なる側面があります。他の感覚が刺激と接したものの性質を表すものであるのに対し，視覚と聴覚は，遠く離れたものの性質を表すものと考えられるからです。このことから，視覚と聴覚とを，特に遠感覚と呼ぶことがあります。

知覚は，さまざまな感覚から成り立っています。知覚は，感覚の単なる寄せ集めではありません。例えば私たちが文字や本や，顔を見た時，それは多くの光刺激によって構成されているわけですが，私たちはそれら光刺激をばらばらに見ているのではなく，文字や，本や，顔といった，まとまった対象として見ているのです。

2　形の知覚——図と地

私たちが対象の形を知覚するためには，背景からその形を分離させなければなりません。この時，形として浮かび上がる部分を図（figure）といい，その背景となる部分を地（じ）（ground）と呼びます。図２．１は俗にルビン（Rubin）の杯と呼ばれる有名な図形です。中央に白い杯が見えますが，２つの黒い横顔が互いに中央で向き合っているようにも見えます。ただし，この両者を同時に見ることはできません。時によって白い杯が見えたり，黒い横顔が見えたりします。杯が前面に見える時には，その形の部分の白い領域が引き締まって見え，反対に横顔が前面に見える時には，黒の領域が引き締まって見えます。すなわち，図と地とが反転して見えているのです。ルビンの杯は，図と地が反転しやすい図形の一例です。図２．２も同じく有名な反転図形（reversible figure）の一例で，ボーリング（Boring）によって紹介された“若い女と老婆”と呼ばれるものです。これは図と地の反転によって，若い女性（妻）に見えたり，老女（母）に見えたりします。図２．３はネッカー（Necker）の立方体と呼ばれ，奥行きが反転して見えます。

図２．１　ルビンの杯（Rubin, E. 1915）

図２．２　若い女と老婆（Boring, E. G. 1930）

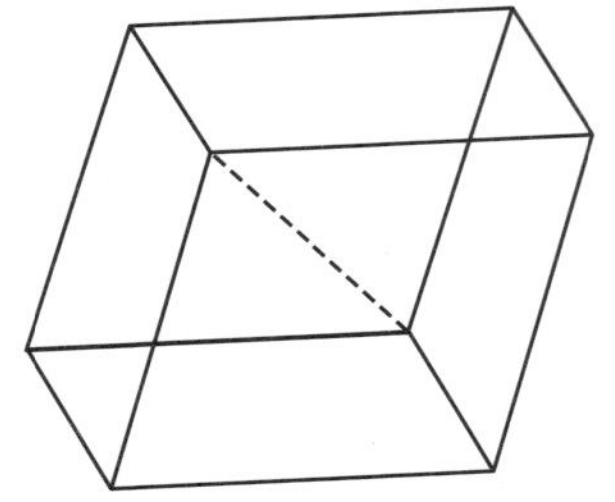

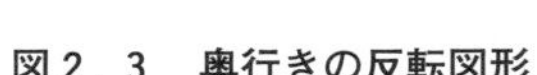

図2．3　奥行きの反転図形

図2．4　主観的輪郭（Kanizsa, G. 1979）

こうした反転図形は，画家エッシャーの作品にも多くみられます。これらの図形は，物理的に同じ刺激が与えられても，私たちにはいろいろな見方ができることを示しています。

3　主観的輪郭

物の外形を表す線を輪郭（contour）と呼びます。実際に輪郭を表す線がなくとも，輪郭を感じることがあります。図2．4はカニッツァ（Kanizsa）の図形と呼ばれ，これを見ると中央に白い三角形が見えるでしょう。まるで輪郭線があるように見え，白い三角形が図となって背景から浮き出ているように見えます。これは，実際に輪郭線がないにもかかわらず，形の輪郭があるように感じられる主観的輪郭（subjective contour）の知覚の一例です。

4　群化の法則

私たちのまわりの世界は，ただ1つの図だけで構成されているわけではありません。通常は同時に複数の図が存在するものであり，その際私たちはそれらの図を，1つ1つばらばらなものではなく，互いに関連づけて何らかのまとまりを持ったものとして知覚します。この知覚上のまとまりは群化（grouping）と呼ばれています。どのような性質のものがまとまりやすいかという群化の要因については，以下に示すいくつかの要因をゲシュタルト心理学者が示しています。

図2．5の（1）は，近いもの同士は，まとまって見えやすい，「近接」の要

（1）　○○　○○　○○

（2）

（3）

（4）

（5）

（6）

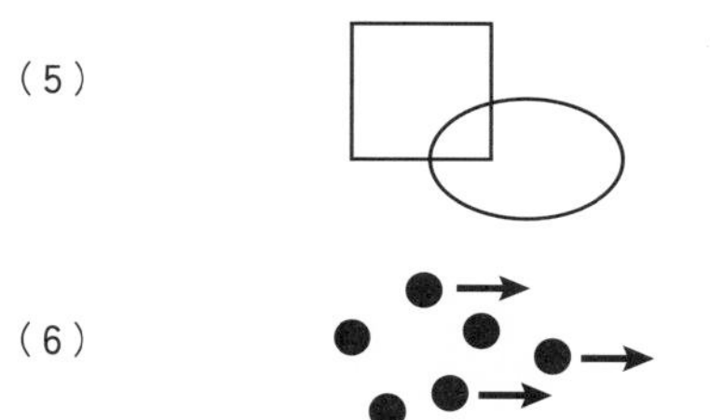

図2.5　群化の法則

因によるものです。同じく（2）は，形，色，大きさなど性質が類似のもの同士はまとまって見えやすい，という「類同」の要因によるものです。（3）は，互いに閉じ合う関係にあるものは，まとまって見えやすいという，「閉合」の要因によるものです。（4）は，なめらかな連続性を持つものは，まとまって見えやすいという，「よい連続」によるものです。（5）は，単純・規則的・対称的な図形は1つのまとまりとして見えやすいという，「よい形態」によるもの，そして（6）は「共通運命」すなわち，ともに動き，ともに変化するものはまとまって見えやすいという要因に基づくものです。以上の要因は，刺激の物理的要因に基づくものです。

ゲシュタルト心理学者たちによれば，これら要因によって知覚世界は秩序づけられ，安定した知覚が得られると考えられています。ほかにも「経験」の要因，すなわち，過去にしばしば観察したものは，まとまって見えやすいという性質もあります。ただし，たとえ過去に経験したものであったとしても，物理的要因に反するまとまりは知覚されにくいものと考えられています。

5　錯覚――錯視図形

私たちの知覚は，私たちのまわりの世界をそのまま写し取ったものではありません。その違いを明らかに感じさせるものに錯覚があります。錯覚とは，物理的な刺激条件と一致しない知覚をいいます。錯覚はそれ自体，異常なことではありません。誰にでも生じるものですし，注意深く観察しても，また錯覚で

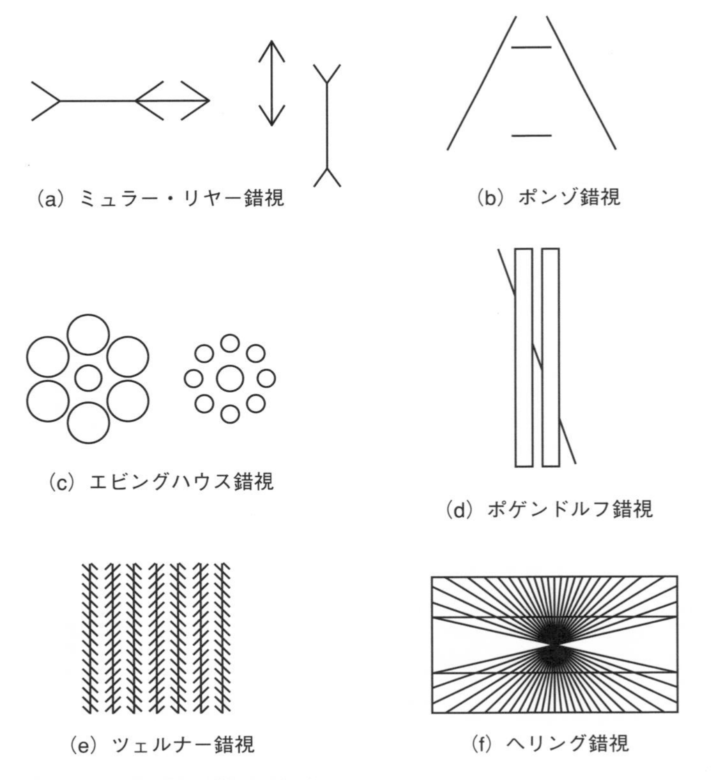

図 2．6　幾何学的錯視図形の例

あることをよく知っていたとしても生じます。

視覚における錯覚を錯視といいます。特に幾何学的図形における錯視は幾何学的錯視（geometrical-optical illusion）と呼ばれ，それぞれ発見者の名前がつけられています。そのうち代表的なものを図２．６に示します。(a) ミュラー・リヤー（Müller-Lyer）錯視では，外向きの矢羽のついた左側の中心線のほうが長く見えますが，実際には左右の中心線の長さは等しくなっています。(b) ポンゾ（Ponzo）錯視では，２本の等しい長さの平行線のうち，上側の直線のほうが長く見えます。(c) エビングハウス（Ebbinghaus）錯視では，中央の円の大きさは等しいのですが，大きな円に囲まれたほうが小さな円に囲まれたほうよりも小さく見えます。(d) ポゲンドルフ（Poggendorff）錯視では，直線であるはずの斜線はずれているように見えます。(e) ツェルナー（Zöllner）錯視では，すべて平行なはずの５本の垂直線が，交差している斜線の傾きとは逆方向にそれぞれ傾いて見えます。（f）ヘリング（Hering）錯視では，上下２本の平行線が，中心部分が上下にふくらんで見えます。

このような錯視がどうして生じるのかについては，さまざまな説明がなされています。その１つ，グレゴリーは，こうした図形はいずれも平面図でありながらも，立体視の（遠近の）手がかりを提供しうるものであり，それが錯視を生じさせる原因であるという線遠近法（linear perspective）によって説明をしています（Gregory, 1968）。ミュラー・リヤー図形において，外向きに矢羽のついた中心線は，内向きに矢羽のついた中心線より長く見えます。これを建物の輪郭に見立ててみましょう。前者は室内から見た時の突き当たりの部分に相当します。外向きの矢羽は天井と床とが内壁と接してできた角，中心線は２枚の内板が接してできた角です。そして後者は，建物を外から眺めた時の突き出

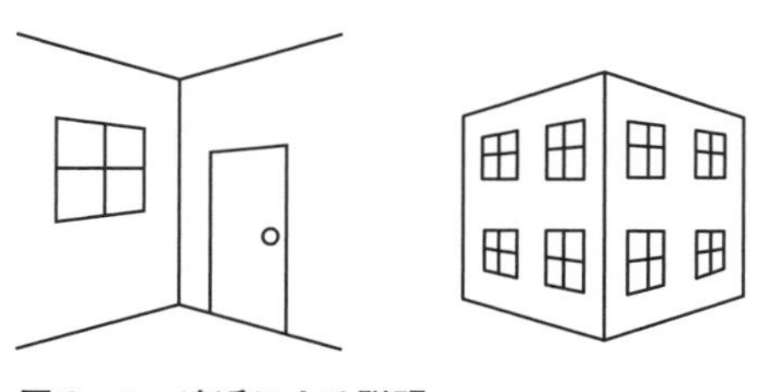

図２．７　遠近による説明

た部分に相当します。内向きの矢羽は屋根と地面とが外壁と接してできた角，中心線は２枚の外壁が接してできた角です。前者は奥まったところ，すなわち自分からは遠い位置にある線分とみなされ，後者は手前，すなわち自分に近い位置にある線分とみなされる可能性があるというのです（図２．７）。その結果，外向きの矢羽のついた中心線のほうが長いと判断されるのです。遠くに知覚されたもののほうが大きく見えるという，大きさと距離の関係に関する判断がはたらいたためです。

6　恒常性

人間の眼はしばしばカメラにたとえられます。例えば，通りの向こうから歩いてくる人を，何枚か写真に撮ったとしましょう。その人が近づくにつれて，写真にはその姿が次第に大きく写し出されます。近くにあるものはより大きな像となってフィルムに写されるからです。これは人間の眼でいえば，網膜（retina）に結ばれた像に相当し，網膜像もまた距離の遠近とともに変化します（図２．８）。

しかし，私たちは同じ場面を見ても，はじめは小さかった身体が次第に大きくなっていくとは知覚しません。これは私たちの知覚には，対象が変化したとしても，できるだけ本来の大きさ，形，明るさに近いものとして知覚しようとするはたらきがあるからです。これは恒常性（constancy）と呼ばれています。

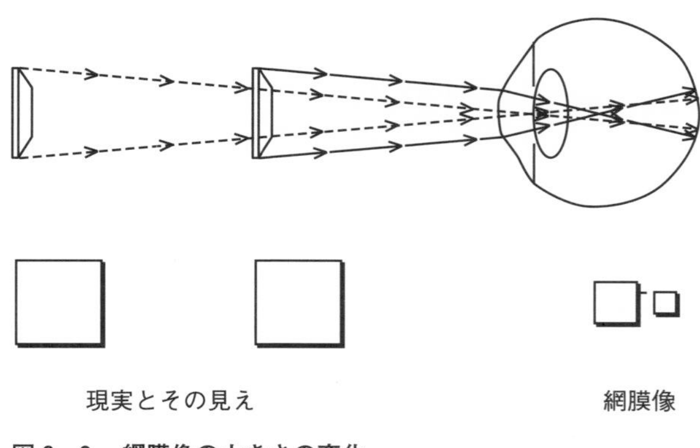

図２．８　網膜像の大きさの変化

上述のような，観察距離の変化にかかわらず，対象の見えの大きさが一定に保たれる性質は，大きさの恒常性（size constancy）と呼ばれます。

また，恒常性には，観察する角度が変化しても知覚される形はそれほどゆがまないという性質もあります。ドアはその角度によってさまざまな網膜像を結びますが，私たちは等しくひし形のドアを知覚することができます（図２．９）。これは形の恒常性（shape constancy）と呼ばれます。

このほか，明るさや色などについても恒常性が生じます。音刺激の強さが変化しても，知覚される音の大きさは比較的恒常を保つという，音の恒常性もあります。このように，恒常性のはたらきによって，私たちは安定した世界を知

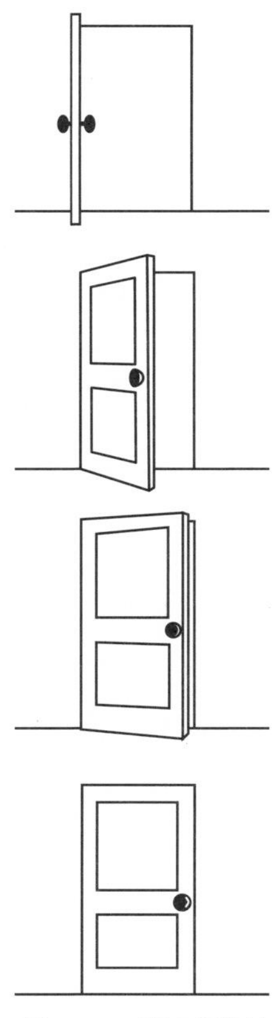

図２．９　形の恒常性

覚することができるのです。

7　空間の知覚

ところで，私たちの眼の網膜は2次元でしかないにもかかわらず，どうして奥行きのある3次元の空間を知覚することができるのでしょうか。その，奥行きの知覚のための網膜像以外の手がかりとしては，調節（accommodation），輻輳（convergence），両眼視差（binocular parallax），運動視差（motion parallax）が考えられています。

調節は眼球の焦点距離の調節作用，すなわち眼のレンズである水晶体のふくらみを変える際の，筋肉の伸縮です。輻輳とは，対象が中心視されるように眼球を動かす時の，両眼視線の輻輳運動（遠方を見る時の視線は平行，近くを見る時には注視点で交差するというように）をいいます。注視点で交差する両視線の作る角は輻輳角（convergence angle）と呼ばれますが，これが対象の距離によって変化するために，輻輳運動にともなう筋肉の伸縮が奥行きの手がかりとなると考えられます。両眼視差は，左右の眼の位置差によってそれぞれの網膜に映る像が異なることをいいます（図2.10）。これらの異なった像を1つに融合することにより，立体像が得られるのです。運動視差とは，進行中の電

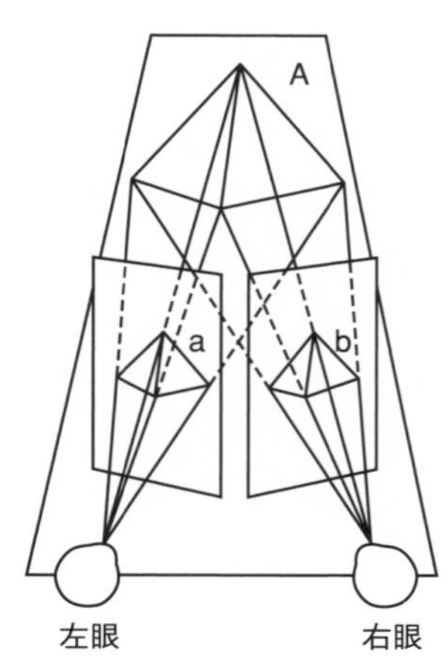

図2.10　両眼視差（Gibson, J. J. 1950）

車の窓からの景色を見ると遠方はゆっくり手前は速く動くというように，遠近対象間に生じる角速度の差，もしくは単一の静止物を注視しながら頭を左右に動かす時に生じる視差をいいます。

一方，網膜像そのものに含まれる手がかりもあります。網膜像の大きさ（retinal size：大きいものは近くに見える），線遠近法（遠ざかる平行線は 1 点に集まるように見える），きめの勾配（gradient of texture density：タイルや壁の模様などは，近くのものほどきめが粗く，遠くのものはきめが細かくなる），大気遠近法（aerial perspective：遠方のものはかすみ明暗の差が少なくなる），陰影（light and shade：下側に影があるとふくらみを，上側に影があるとへこみを感じる），重なり（overlapping），形態（form），既知対象の大きさ（familiar size）など，さまざまなものがあります。

8　文脈効果

図 2.11（a）を見てください。上段は「ABC」，下段は「12，13，14」と読めます。しかしよく見ると，中央の文字は同じ形をしています。同じ形ではあるものの，上の段を読む時は前後の関係からアルファベットとして読み，下の段を読む時は数字として読むために，異なった文字として知覚されることになるのです。同様に，図 2.11（b）は「THE CAT」と読めます。しかし H と A にあたる部分の文字は，同じ形をしています。同じ形である文字が T と E の間にあると H に見え，C と T の間にあると A に見えるのです。おそらく，英語の知識のない人にはこの効果は生じないであろうと予想されます。前後の関

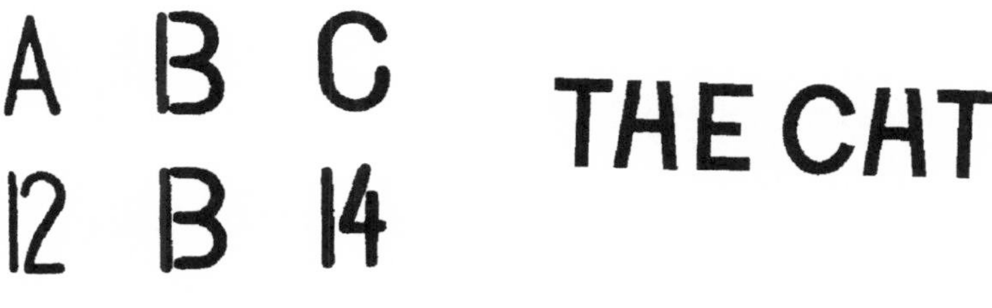

図 2.11　文脈効果の例（(a): Bruner, J. S. & Minturn, A. L. 1955, (b): Selfridge, O. G. 1955）

係を，そのようなものとして理解することができないからです。これは，知覚がその対象の置かれた文脈によって影響を受けることを示しています。これは文脈効果（context effect）と呼ばれます。文脈効果のおかげで，文字の読みも促進され文章もスムーズに読むことができますが，その一方で，読み落としや読み間違いなどが起こることもあります。刺激としては存在しないにもかかわらず，文脈から予想される文字を，あたかもそこに存在するかのように読んでしまうからです。

9　知覚に関する研究の展開

（1）データ駆動処理と概念駆動処理

知覚は，感覚器によって受け取られた刺激情報のみによって行われるものではありません。文脈や概念，期待，既成知識も，知覚に大きく影響すると考えられています。一般に，対象の物理的な刺激情報に強く規定される知覚が行われるという時，その処理プロセスは，データ駆動処理（data-driven processing），もしくはボトム・アップ処理（bottom-up processing）と呼ばれます。そして，文脈や概念，期待，既成知識に強く影響される知覚プロセスは，概念駆動処理（conceptually-driven processing），もしくはトップ・ダウン処理（top-down processing）と呼ばれます。日常生活における知覚判断にはこの両者の情報処理過程が常に絡み合っているのです。近年の知覚研究では後者のプロセスの重要性が指摘されるようになりました。

図 2.12 は，エイムズ（Ames）のゆがんだ部屋と呼ばれる有名なデモンストレーションです。部屋の手前には小さな覗き穴が 1 つあり，観察者は片目で部屋の内部の様子を覗けるようになっています。覗いてみると，その向かい側には，窓のある壁がごく普通に見えます。しかし実際には，この部屋は意図的にゆがめられています。すなわち，左の奥は右の奥に比べると奥行きがあり，天井が高く，床が低いように作られており，一方，右の奥は左の奥に比べると手前にあって，天井が低く，床が高いように作られています。奥の壁に設けられた窓枠も，ゆがんでいます。覗き穴を通して得られる，限られた情報だけでは，この部屋をゆがんだものとして知覚することはできません。仮に，この部屋の左右の奥に，それぞれ同じ身長の人を立たせたとします。すると，左の奥に立

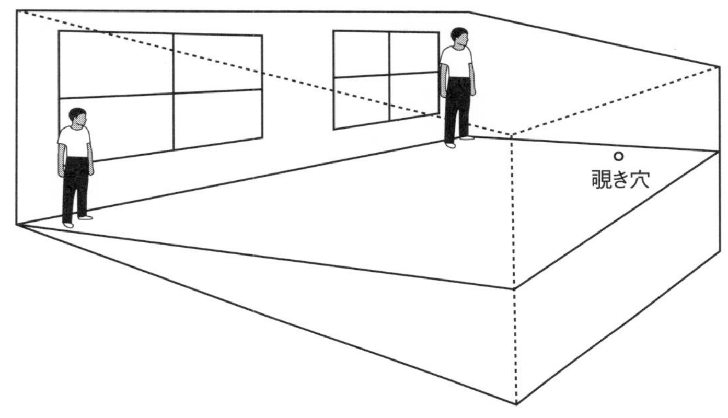

図 2.12　エイムズの部屋

った人は窓の半分程度の背丈しかない小さな人物にしか見えませんが，右の奥に立った人は天井近くまで背丈がある大きな人物に見えるというのです。

これは，私たちの視覚が，概念，期待，既成知識などに大きく左右されていると考えられる一例です。覗き穴を通して見た部屋の中は，私たちが繰り返し経験してきた光景です。たとえその室内に人が立ったとしても，部屋の形態に関する私たちの概念などのほうが勝っていると考えられるのです。そこで私たちは人物よりも部屋のほうを持ち合わせの概念に合わせて，人物の背丈を見えるがまま受け入れてしまうのです。もちろん，人間の背丈や大きさについての概念のほうが部屋の形態についての概念よりも勝っていれば，人物は正常に見え，部屋がゆがんだものとして知覚されることも考えられます。

（2）社会的知覚

私たちの知覚は，その対象の社会的な価値や観察者の社会的立場，態度や期待などによっても影響を受けます。ブルーナーとグッドマンは，10歳の子どもにコインとコイン大のボール紙との間で大きさの判断をさせました（Bruner & Goodman, 1947）。その結果，ボール紙に比較してコインのほうが実際の大きさよりも過大に判断され，コインが高額になるほどその程度は顕著になったのです。また，貧しい家庭の子どものほうが，裕福な家庭の子どもよりもコインを過大に判断する傾向がありました。このことは，欲求がコインの大きさの認知に影響を及ぼしたものと考えられます。

また，人にとって価値のあるものや，欲求の対象となっているものは認知閾が低く，すなわち小さなものや少ないものでもよく見え，不快なものやタブーとなっているものは認知閾が高い，すなわち見えにくいともいわれています。

（3）選択的注意

私たちの周囲には多くの情報が含まれていますが，それらのすべてを一度に処理することはできません。注意を向けられた刺激は処理されますが，向けられなかった刺激は，十分には処理されないことがあるのです。このような選択的な反応のプロセスは，選択的注意（selective attention）と呼ばれています。代表的な例として，チェリーによって示された，カクテルパーティ効果があげられます（Cherry, 1953）。大勢の人が集まる騒がしいパーティ会場の中でも，私たちは特定の相手の話を理解し，会話を続けることができます。周囲の喧騒もそれほど気にはなりません。私たちは，同時に聞こえてくる2つ以上のメッセージの中からどれか1つを取り出して選択的に処理する，すなわち選択的聴取（selective listening）を行うことができるのです。これは，左右の耳にそれぞれ異なる音刺激を聞かせる両耳分離聴（dichotic listening）という手続きによっても調べられています。

トピックス

■ 両耳分離聴

被験者の両耳に，イヤホンを通して2つの情報を流し，何が聞こえたか答えてもらう方法により確認できる。チェリーなどにより実験が行われた。これらの結果によれば，1つの情報が聞き取られ，他の情報はほとんど注意されない。例えば，注意されていないほうの音声情報が，途中から別の言語に変わったとしても，被験者は気がつかなかった。ただし，注意されない側の情報が，男声から女声に変わった時には，ある程度わかったといわれている。また，被験者に注意されない側の情報の中に被験者の名前を入れた時には，被験者は自分の名前に気づいていた。被験者は注意している耳から入ってくる情報に，注意していない側の情報から意味関連のある部分を取り込んで，一連の筋の通った報告をすることもある。両耳分離聴（dichotic listening）の実験は，注意の特性を考える上で重要な方法を提供したものである。

このようなプロセスは，視覚においてもみられます。図地反転図形や多義的図形などは，まさに競合する複数の情報を含んでいる視覚刺激です。私たちの知覚プロセスは，複数の見えの中からどれか 1 種類を選択して知覚している，すなわち選択的視認（selective looking）を行っているのです。

第 3 節　記憶と知識

1　記憶のプロセス

記憶は，記銘（memorization）すなわち新しく経験したことがらを覚えることから始まります。それを想起までの間覚えておくことを保持（retention）といいます。覚えたことを再現し検索するには，再生（recall），再認（recognition），再構成（reconstruction）があります。再生は想起してその内容を表現すること，再認は事物を見てこれはすでに見たことがあると判断することです。再構成とは例えば試合が終わったあとで，その流れを再現してみせるようなことです。

記憶のプロセスは，しばしば感覚記憶（sensory memory），短期記憶（short-term memory），長期記憶（long-term memory）とに分かれた情報処理モデルとして説明されます。これを，情報の流れに従ってみていくことにしましょう。

2　感覚記憶

私たちは周囲の情報を，感覚器官を通して受け取っています。感覚器官には，情報を一時的に保存する機構があり，感覚記憶と呼ばれます。情報が保持される時間は短く，視覚刺激ではおよそ 1 秒以内といわれています。

スパーリングは，部分報告法（partial report procedure）という手続きを使った実験を行いました（Sperling, 1960）。被験者に図 2 .13のような文字の列をごく短時間（50ミリセカンド）提示し，その直後に見えた文字を報告させます。この時，提示した直後に文字列の各行に対応して音の高さを変えた 3 種類の音刺激を聞かせ，音によって示された行だけを報告させるようにしたのです。その結果，いずれの行が指定されても，約 3 文字が正しく報告されました。これは，一時的には 3 × 3 = 9 文字近くも保存されていたことを示しています。一方，見えた文字全部を報告させる全体報告法（whole report procedure）では，

A	D	J	M
X	P	S	B
N	L	B	H

図 2.13　部分報告法の刺激図（Sperling, G. 1960）

被験者は平均して4文字程度を報告しました。これは，一時的にはもっと多くの文字が保存されていたはずなのに，それらを1つずつ声に出して報告している間に徐々に失われていき，4字程度を報告した頃にはほとんど残っていなかったものと考えられます。この事実は，視覚刺激のもたらした情報をそのまま短期間保持する，感覚記憶（もしくは視覚情報貯蔵：visual information strage）と呼ばれます。ナイサーは，このプロセスをアイコニック・メモリー（iconic memory）と呼んでいます（Neisser, 1967）。

3　短期記憶

感覚器官を通して受け取られた情報は短期記憶に貯蔵されます。短期記憶に一度に保持できる情報の量には限度があり，ミラーによればおよそ7 ± 2項目といわれています（Miller, 1956）。ミラーによれば，人間の短期記憶の容量は情報量ではなく心理的なまとまりを持った単位，すなわちチャンク（chunk）の数によって制限されているといいます。例えば10桁の数字の列をそのまま覚えるのは大変ですが，電話番号のように，3桁―3桁―4桁というまとまりをつけて覚えれば，より簡単に覚えることができます。これは，いくつかのまとまりがチャンクとなり，全体として7チャンク以内に収まっているからと考えられます。

短期記憶に保持される情報は，特に何も操作が加えられない限り，数秒から30秒程度で消失すると考えられています。例えば電話帳で番号を調べても，調べた直後では覚えているものの，何か用事をすませたあとではもはや番号がわからなくなってしまう例などです。ただし，その番号を何度も口にしたり，心の中で繰り返したりという復唱の操作を続ければ，その操作を続けている限り情報は失われません。このように情報を繰り返す操作はリハーサル(rehearsal)と呼ばれます。

なお，計算や会話などを進める際に用いられる短期記憶の機能に注目し，一時的な保持と認知処理を行うプロセスを，特に作動記憶（working memory）と呼ぶことがあります（Baddeley, 1986)。

4　長期記憶

私たちが俗に「記憶」と呼ぶものは，長期記憶のことです。リハーサルを続けないと消えてしまう短期記憶と異なり，長期記憶に貯蔵された情報は時間的な制約を受けず，永い間保持されると考えられています。リハーサルは情報を短期記憶に保持しますが，同時に情報を長期記憶へ転送する役割も果たしています。長期記憶に保持されている情報は，必要に応じて検索（retrieval）され短期記憶に転送されて，思い出されることになります。長期記憶には，先週の日曜にどこでデートをしたとか，どういう映画を観たかなどといった情報も含まれますし，掛け算や割り算をする時の，その計算規則のような情報も保持されています。前者のように，日時や場所の情報が日記のように含まれ，いつどこで，どのようにして取得したのかが確認可能な記憶はエピソード記憶(episodic memory）と呼ばれます。一方，後者のように言葉や概念などの知識は，意味記憶（semantic memory）と呼ばれます。

記憶を短期記憶と長期記憶に分けて考えたほうがよいという理由の1つには，自由再生実験（free-recall experiment）の結果があげられます。例えば10語から15語程度の簡単な単語からなるリストを1語ずつ一定の速度で被験者に提示し，その直後に，どのような順序でもよいから思い出せるだけの単語を再生するように被験者に求めます。すると，提示された単語の位置によって再生率に差が生じるのです。通常は，リストの最初の部分と，最後の部分の再生率が高くなります。前者は初頭性効果（primacy effect），後者は新近性効果（recency effect）と呼ばれます。これは，リストの初頭部位にある単語はリハーサルされる回数が相対的に多くなるために長期記憶へと転送される可能性が高くなり，一方，リストの新近部位にある単語はまだ短期記憶の中に残っているため

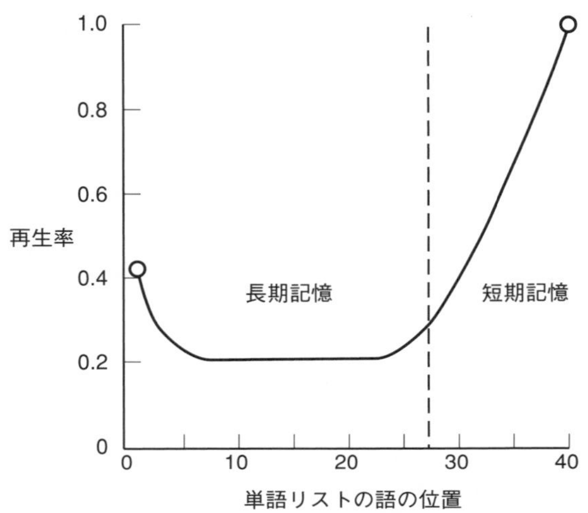

図 2.14　初頭性効果と新近性効果（Murdock, B. B. 1962）

に想起が容易であると考えられています。すなわち，初頭部位の単語は長期記憶から，新近部位の単語は短期記憶からの再生であると考えられるのです（図 2.14)。試しに，簡単な計算作業を30秒程度行った後に再生をさせると，新近部位の単語の再生率のみが影響を受け，新近性効果が消失してしまうといわれています。また，単語リストの提示速度を変化させると，リストの初頭や中盤は影響を受けるけれども，新近部位は影響を受けないことが示されています。これは提示速度が遅ければ，それだけ多くリハーサルができるため，長期記憶に情報が転送される可能性が高くなり，長期記憶からの再生であると考えられているリストの初頭や中盤での再生率が上がるためであると説明されています。

5　検索と想起

私たちには，せっかく覚えたことなのに思い出すことができないことがしばしばあります。思い出すことができない，という状態には，記憶に置かれた情報そのものが消失してしまうという場合のほかに，情報へのアクセスが失われるために，情報の検索（retrieval）が困難であるという場合も考えられます。

検索には“調べて探す”という意味があります。長期記憶から情報を検索するということは，図書館で，目当ての書物を探し出すことに似ています。書物を検索する際には，著者名や書名や分野名などの知識を手がかりとして，その書物がどこにあるのかの見当をつけます。長期記憶においても同様に，その情報に関連している手がかり（cue）をもとに，記憶を検索し，目的に辿り着くのです。ただし私たちの記憶は，図書館の書物のように一定の秩序に従って整然と配列されているとは限りません。したがって私たちはしばしば，ものごとを思い出すことができない事態になるのです。

想起のプロセスについてはさまざまな議論がありますが，一般に再生と再認とを比べると，再認のほうが容易であるといわれています。これは，1つには再認のために必要な記憶痕跡の強度が再生に比較して弱くてよいからと説明されます。いま1つには，再生の2段階説による説明です。例えばある人の名前を思い出す場合，長期記憶に貯蔵されている多くの名前の中からその人物の名前を検索し，候補となる名前が選ばれます。次に，その選ばれた名前が求めている名前と合致するか照合（再認）が行われるというのです。この説明によれば，再生では思い出すべき情報を探すこと（探索プロセス）と，その結果得られた情報と文脈（context）との照合（再認プロセス）の2つの過程が必要となりますが，再認では後者のみですみます。そこで，再認のほうが容易な処理となるというものです。

検索には時間がかかることもあります。ある単語を思い出そうとした時，“あともう少しで思い出せるのだが，どうしても出てこない”“似たような言葉は思い出せるのだが，それとは違う”という経験は誰でも持っているでしょう。ブラウンとマクニールは，このような“喉まで出かかる”（tip of the tongue, TOT）現象について明らかにしています（Brown & McNeill, 1966）。彼らは，普段あまり使用されない単語をいくつか選んで，その単語の定義を被験者に聞かせました。そして被験者のなかで，その定義によって表される単語が何であるかすぐにわかった者あるいは全く見当がつかないといった者を除いた残りの被験者，すなわちTOT状態と考えられる被験者に対して，さらにその単語の音節数，はじめの文字，音の似ている単語，意味の似ている単語などについて記述させたのです。その結果，正しい単語を再生できない場合でも，検索対象となっている単語の音節数やアクセントの位置などについて，かなり再生できることが示されました。TOT 状態で浮かぶ単語は，音は似ているものの意味が違ったり，意味は似ているものの音が違ったりというものが多いようです。

6　忘却の原因

忘却には，さまざまな要因が関わっていることが見出されています。まず，記憶の痕跡が消失するという考え方です。何かを覚えると脳内にその記憶の痕跡が残りますが，その記憶を用いなければ時間の経過とともに痕跡は薄れ，やがて思い出せなくなるというものです。ただしこの考え方だけでは，忘れていたことをあとで再び思い出せる場合があることは，うまく説明できません。

次に，検索の失敗によるものです。すなわち長期記憶の中から情報を検索するための適切な手がかりが存在しないために，その情報を見つけ出すことができず，思い出せないというものです。タルヴィングとパールストンは，動物，乗り物，家具などのカテゴリーに属する単語（ウマ，電車，イスなど）のリストを被験者に覚えさせた後，再生テストを行いました（Tulving & Pearlstone, 1966）。再生テストでは，半数の被験者ははじめに自由再生を行い，次にカテゴリー名が手がかりとして与えられる手がかり再生を行いました。残りの半数の被験者は 2 回とも手がかり再生を行いました。その結果，手がかり再生のほうが自由再生よりも再生数が多く示されました。さらに，自由再生では思い出せなかった単語でも，手がかりが与えられると思い出した場合がありました。すなわち，忘れて思い出せない場合でも，適切な検索手がかりが与えられれば，思い出せるようになる場合があることを示しているものです。

また，記憶の内容が他の記憶によって抑制を受けるという考え方があります。これは，忘却を起こす原因として最も大きいと考えられています。例えば最近引っ越したあなたの友人の電話番号を覚え込んだ後では，以前の彼の番号を思い出すことは難しいでしょう。干渉には，以前の記憶がその後の新たな記憶の内容の想起を妨げる順向干渉と，新たに記憶した内容がそれ以前の記憶の想起を妨げる逆向干渉とがあります。2 つの記憶内容の類似度が高いほど，干渉量は多くなることが知られています。

では，ものをよく覚えるにはどうしたらよいでしょうか。1 つには，視覚的なイメージと関連づけて覚えるという方法があります。例えば大山さんという人の名前を覚える時，その人の際立った特徴（大きな身体）とそのイメージ（大きな山）とを結びつけるといったものです。また，よく用いられる記憶訓練の方法の１つとして，PQSRT法（44頁参照）があげられます。

7　記憶と知識に関する研究の発展

（1）意味記憶

言葉は多様な表現を持ち，同じ単語であっても文脈の中でさまざまに用いられます。にもかかわらず，私たちが文章や会話を理解することができるのは，言語の構成要素にはどのような文で使われても変わらない意味があり，そこに一定の規則をあてはめることで，メッセージ全体の意味を解釈することができると考えられるからです。すなわち単語や記号や概念，法則や規則，公式といった一般的な知識を動員して解釈する必要があるのですが，こうした体制化された知識のことを，タルヴィングは意味記憶と呼んでいます（Tulving, 1972)。例えば，「リンゴは果物である」とか，「本は英語ではbookという」というような知識であり，私たちが“知っている”情報のことです。意味記憶に貯蔵されている知識は，もはやそれが学習された時や場所の情報には依存しません。これに対してエピソード記憶は，自分の経験と何らかの関わりのある事象についての“覚えている”情報であり，覚えた時や場所の情報と強く関連している記憶を指します。

意味記憶の中で知識はどのように表されているのか，についてはさまざまな考え方がありますが，その１つにネットワーク・モデルがあげられます。これは，互いに関連のある概念と概念の間が網の目のようにリンクし，そのリンクの全体構造によって知識が表されているとする考え方です。

図2.15は，コリンズとキリアンのモデルです（Collins & Quillian, 1969)。このモデルでは，単語の概念はネットワークの節点（node）として表されます。それぞれの単語は，他の単語を指し示す関係の配列とともに記憶に貯蔵されていて，この配列が単語の意味となるのです。例えば「カナリア」の意味が“さえずれる黄色い鳥”であるというのは，カナリアについて“鳥”という上位集合関係と，“さえずれる”“黄色い”という特性関係とが貯蔵されていると説明されます。

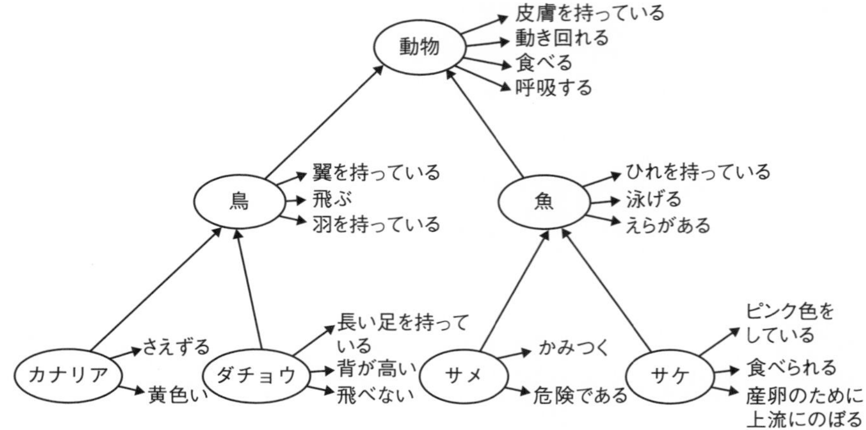

図 2.15　階層的ネットワーク・モデル（Collins, A. M. & Quillian, M. R. 1969）

コリンズらはこのモデルについて，文の真偽判断課題を用いて検証しました。これは，“カナリアはさえずることができますか？　カナリアは飛べますか？”といった質問文に答えさせ，その文の真偽を判断させてその反応時間を測定するものです。検索に一定の時間がかかり，それは加算的であると仮定すれば，後者は前者よりも１段階上の水準で情報を検索しなければならないので，それだけ処理時間も多くかかるものと予測されます。コリンズらによれば，結果は，おおむねこの考え方を支持するものでした。

このモデルは，意味記憶の構造を単純に示したモデルとして評価され，その後コリンズとロフタスによる活性化拡散モデル（Collins & Loftus, 1975）など，さまざまなモデルが提案されました。

（２）スキーマ

何らかの意味的なまとまりを持って構造化された知識の単位を，バートレットはスキーマ（schema）と呼びました（Bartlett, 1932）。彼は民話を読ませた後，一定時間をおいて何度もそれを再生させたり，あるいは複数の被験者間で次々に伝えさせたりしたところ，物語の内容は時間の経過とともに，あるいは伝えられるごとに変化したものの，そこには一定のパターンがあることを見出

表2.1　レストラン・スクリプトの例（Bower, G. H. *et al.* 1979）

名　　前：レストラン
道　　具：テーブル，メニュー，料理，勘定書，金，チップ
登場人物：客，ウェイトレス，コック，会計係，経営者
入場条件：客は空腹，客は金がある。
結　　果：客の金が減る，経営者がもうかる，客は満足する。

場面1：入場
客がレストランに入る。
客がテーブルを探す。
客はどこに座るかを決める。
客がテーブルの所まで行く。
客は座る。

場面2：注文
客がメニューを取り上げる。
客はメニューを見る。
客が料理を決める。
客がウェイトレスに合図する。
ウェイトレスがテーブルに来る。
客が料理を注文する。
ウェイトレスがコックの所に行く。
ウェイトレスがコックに注文の料理を伝える。
コックが料理を用意する。

場面3：食事
コックが料理をウェイトレスに渡す。
ウェイトレスが客に料理を運ぶ。
客が料理を食べる。

場面4：退場
ウェイトレスが勘定書を書く。
ウェイトレスが客に読み上げる。
ウェイトレスが勘定書を客に渡す。
客がチップをウェイトレスに渡す。
客が会計係の所へ行く。
客が会計係に金を渡す。
客がレストランを出る。

したのです。これは，記憶プロセスは入力情報の単なるコピーではなく，経験によって蓄えた知識をもとに新しい事態を解釈し，再構成するプロセスにほかならないと考えたのです。例えば“食べる”という行為に関する知識は1つのスキーマです。このスキーマのおかげで，日常生活の多くの場面において私たちは周囲の情報の理解や記憶が容易になるものと考えられます。

さらに私たちは，例えば“レストランに出かけた際にどのような行動をとればよいのか”についても，知識として持っています。これも1つのスキーマといえます。このような日常的場面のある特定の状況下で行われるであろう，一連の行動に関する知識は，特にスクリプト（script）と呼ばれます（Schank & Abelson, 1977）。スクリプトにはそのタイトルに続いて，活動に用いられる道具や対象，果たされるべき役割，その活動を始める条件，そしてその行動や場面が並んでいます（表2.1）。スクリプトは新しい情報を理解する時の枠組み

トピックス

■ PQSRT法

代表的な記憶訓練法の1つ。トーマスら（Thomas *et al.*, 1982）は，教科書の記述のような文章を覚える際に有効な方法として提案している。①文章の全体の流れを確認するステップである「予習（preview)」，続いて，②その文章についての主な質問を考える「質問（question)」，③文章を注意深く読む「精読（read)」，④読んで得た情報を繰り返し述べる「陳述（self-recitation)」，⑤設定した質問に答える「テスト（test)」という5つのステップから構成されているもの。

を提供するとともに，次にどんな行動が生じるのかを予測するのにも役立ちます。バウアーらの研究によれば（Bower *et al.*, 1979），人はかなりの程度，共通したスクリプトを持っていることが明らかになりました。

第4節　概念・推理

1　概念とは

物や事象には，それを表す言葉があります。私たちは子どもの頃から今日まで，いろいろな機会を通して，数多くの言葉を獲得してきました。具体的なものから抽象的なものまで多種多様な事象について，それを表す言葉とその意味を知っています。私たちは，個々の物や事象についてその概念（concept）を持っているのです。

概念というのは，個々の物や事象が持っている特殊な部分を無視（捨象）し，共通する部分だけを抜き出し（抽象し）てできたものです。一口に猫といっても，大きい猫，小さい猫，黒猫，白猫，親猫，子猫などさまざまですが，「猫」の概念を持っている人は，猫とはどんなものかと質問された時，個々の猫の特殊な部分は無視して，例えば，“ほおひげがあり，4本足で，しなやかな身体を持っている”というように，猫の持つ共通の特性を答えることができます。また猫の概念を持つ人は，猫とそうではないものとを区別することができます。

概念には内包と外延とがあります。個々の事象がその概念に属するか属さないかを規定する特性のことをその概念の内包（connotation）といい，その概念に属するすべての事象の集合をその概念の外延（extension）といいます。私たちは同じ言葉で表されるものについて，必ずしも同じ概念を持っているとは限りません。すなわち同じ内包と外延を持っているとは限りません。人によって，猫は優しい動物だと考えている人もあれば，冷たい動物だと考えている人もいます。スイカを果物のなかに入れる人もあれば，野菜のなかに入れる人もいます。過去経験によって，その物や事象に対して形成される概念は異なってくるのです。

2　概念の獲得

概念を獲得しようとする時には，人はしばしばその未知の概念に関して仮説を立て，それを検証するために情報を収集し処理します。このような仮説検証の方法は方略（strategy）と呼ばれます（Bruner *et al.*, 1956）。

ブルーナーらは，図２.16のような81枚のカードを用いて，被験者が事例の学習を通してどのようにして概念を獲得するのかについて実験しました。カードは，それぞれ３つの値をとりうる４つの属性，形（四角・円・十字），色（赤・緑・黒），個数（１・２・３），枠（１重・２重・３重）において異なっていて，その１つ１つが個々の事象に相当します。例えば実験者が“赤い円のもの”という概念を想定したとします。このように，２つ以上の属性が and で結ばれた概念を連言概念（conjunctive concept）と呼びます。この場合には，“赤い円のもの”に該当するカードは，右から２列目のすべてです。実験者が想定した概念に相当する事象を正事例（positive instance），そうではない事象を負事例（negative instance）と呼びます。赤い四角や緑の円，黒い十字などのように，色と形のうち少なくとも１つの属性が異なるカードはすべて負事例です。この場合の色と形は，概念を定義している属性であり関連属性（relevant attribute），個数と枠は概念の定義に含まれないので無関連属性（irrelevant attribute）と呼ばれます。

実験は，あらかじめ事例を構成している属性をすべて説明した上で，実験者が想定した概念を当てるように求められます。まず，81枚のカードがすべて提示され，被験者はそこから１枚ずつカードを選びます。１枚選ぶごとに実験者がそのつど，そのカードが正事例か負事例かを被験者に教えます。被験者は，カードを選択するたびに，概念がどのようなものであるかと考えるか，その仮

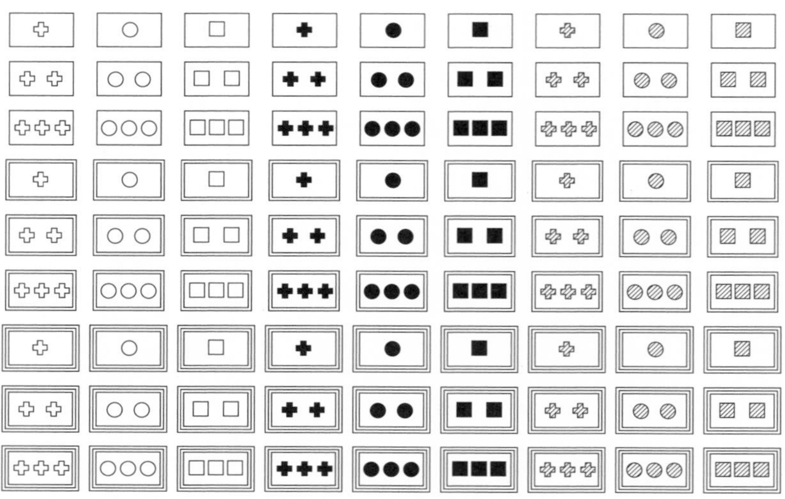

図 2.16　ブルーナーの使用したカード（Bruner, J. S. *et al.* 1956）

説を述べるように求められました。

このような状況で被験者が用いることのできる方略は，選択方略（selection strategy）と呼ばれます。選択方略にはまず，可能な仮説概念のすべてを考慮し，事例ごとにそのうちのどの仮説が支持され，どの仮説が棄却されるかを推論する方法があります。これは同時走査（simultaneous scanning）と呼ばれますが，推論とその結果の記憶が大変な（負荷が高い）方法です。これに対し，一度にただ1つの仮説を選び，検証する方法は継時走査（successive scanning）と呼ばれますが，負荷は低いものの解決は遅くなりがちです。負荷が低く確実な方略には，焦点維持（conservative focusing）という方法があります。これは最初の正事例に焦点を当て，各属性が関連属性であるか否かについて1属性ずつ順次検証するやり方です。例えば“3個の赤い円と2本の枠”を焦点事例として，次に選んだ“2個の赤い円と2本の枠”が正事例であれば，個数という属性は無関連属性として棄却されます。もしこれが負事例であれば，個数という属性は関連属性となり，3個という情報は概念の定義の一部であることがわかります。

ブルーナーらの結果では，被験者が用いた方略は焦点維持方略の変形か継時走査方略の変形でした。これと異なった実験状況では，被験者の前にカードを置かず，実験者は1枚ずつカードを被験者に提示しそれが正事例か負事例かを教えました。被験者は記憶に頼って事例を扱わなければならなかったのです。この場合，焦点維持方略の使用者の成績はあまり低下しませんでしたが，継時走査方略の使用者は概念の獲得のためにより多くの試行を必要としました。このことは記憶の負荷が高い状況においては，焦点維持方略がより効果的な方法であることを示しているといえます。

3　推理――演繹推理

正しい推理を公式化するのは論理学のテーマですが，私たちが日常どのように推理を行っているか，その特徴を調べることは心理学の課題でもあります。心理学においては，推理（または推論：reasoning, inference）とは既知の情報や仮定すなわち前提（premise）から，結論という新たな情報を導こうとする思考のはたらきやそのプロセスを指します。前提を正しいものとした上で，そこから結論を導いたり，正しい結論がどれかを選んだりする時にはたらく推理プロセスは演繹推理（deductive reasoning）と呼ばれます。演繹推理にはさまざまな形式がありますが，ここでは条件推理，すなわち「ならば……である」という次のような例について考えてみましょう。

a）雨が降ったならば，私は傘を持っていく

b）雨が降っている

c）したがって，私は傘を持っていく

私たちは，この論法が真（true）であるとすぐさま判断することができます。なぜそのようなことができるのでしょうか。それは，私たちは直観的に次のような論理的規則（logical rules）をあてはめてみるからだという考え方があります。

「PならばQである」という形式の命題が与えられ，かつ「Pである」ならば，「Qである」と推論できる

おそらく私たちは，この規則を知らず知らずのうちに使って，上の論法が真であるということを判断したものと考えられます。最初の前提「雨が降ったならば，私は傘を持っていく」が上の規則の「PならばQである」の部分に，

第２の前提「雨が降っている」が「Ｐである」の部分に，それぞれ相当するものであると解釈したのです。その結果，「Ｑである」の部分，すなわち「私は傘を持っていく」と推論したのです。次に少しだけ複雑な例を考えましょう。

ａ）雨が降ったならば，私は傘を持っていく

ｂ）私は傘を持っていくと，なくしてしまう

ｃ）雨が降っている

ｄ）したがって，私は傘をなくしてしまう

この例についても同様に，上の規則をあてはめてみましょう。ａ）とｃ）にあてはめれば，「私は傘を持っていく」という推論が行われ，その推論とｂ）とにさらに規則をあてはめれば，「私は傘をなくしてしまう」と推論することができます。私たちが推理においてこのような規則を用いているという根拠の１つは，問題に対して必要となる規則の数が増えると，問題はよりいっそう難しいものとなるということです。すなわち間違いが多くなったり，正しい判断を下すためによりいっそう時間がかかったりするといわれています（Rips, 1983, 1994)。

4　内容の効果

演繹推理は，論理的規則のみによって説明されるものではありません。同じ論理構造を持つ問題であっても，問題の内容によって正解の割合が異なることがあるのです。このことを示す，カードを使った次のような簡単な実験があります。

被験者には４枚のカードが提示されます。カードの一方には数字が，もう一方には文字が記されています（図２.17の上段：文字—数字問題)。被験者に求められる推理は，「カードの一方の側に母音が記されているならば，もう一方の側には偶数が記されている」の真偽を見極めることです。これを確かめるために，被験者はどのカードをめくってみるかを決めるよう求められます。この問題では，論理的にはＥだけではなく７のカードを裏返して確認すべきです。７のカードの裏側に母音が記されていれば偽となりますから，それを確認する必要があるのです。被験者の多くは正しくＥのカードを選択したものの，７のカードを選択した者はごく少数でした。

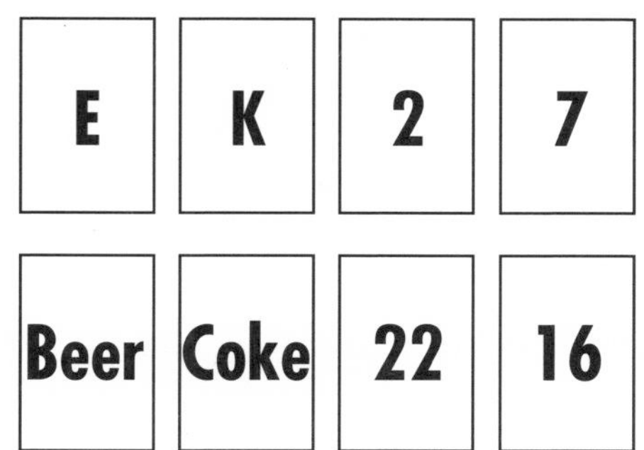

図2.17　4枚カード問題（Griggs, R. A. & Cox, J. R. 1982; Wason, P. C. & Johnson-Laird, P. N. 1972）

一方，内容によっては論理的に正しい解を容易に導くことができる場合があります。今度は「ある人がビールを飲んでいるならば，その人は19歳以上である」の真偽が問題です。カードの一方の側にはある人の年齢が，もう一方の側にはその人が何を飲んでいるかが書かれています（図2.17の下段：飲酒問題）。この問題は，ビールをE，16を7に置き換えて考えれば，「文字—数字」問題と論理的には等しい構造を持っていることがわかります。しかし被験者のほとんどは，「飲酒」問題ではビールと16のカードを正しく選択することができたのです（Griggs & Cox, 1982; Wason & Johnson-Laird, 1972）。

人間の演繹推理がその問題の内容に関係なく，常に抽象的論理規則によって行われているならば，このような内容による正答の相違は生じないはずです。むしろ私たちは，抽象的な規則ではなく，実用的規則（pragmatic rules）と呼ばれる日常的問題に関わりの深いルールを使うこともあります。何らかの許可を与える場面に一般的に適用される，許可規則（permission rule）もその一例で，これは「ある特定の行為がとられる場合には，しばしば必要条件が満たされる必要がある」というものです。「飲酒」問題に直面した被験者は，その問題を許可の場面であると認識して，許可規則が適用されたと考えられるのです。この規則によって，被験者は必要条件に合致しない例（19歳未満であること）を探そうとし，16のカードを選び出します。一方，「文字—数字」問題ではこのような規則は適用されないために，7のカードは選ばれないのです。すなわち，こうした問題の内容の違いが，許可規則が適用されるか否かに影響を及ぼすと考えられるのです。もちろん，その結果として論理的に正しい解を導くこともあれば，誤りを導くこともあります（Cheng *et al.*, 1986）。

被験者は「飲酒」問題を解くにあたって，具体的な場面の表象，すなわちメンタルモデル（mental model）を用いるという考え方もあります。背中に番号をつけて飲み物を手にしている，２人の人物を想像するのです。例えば16の番号をつけている人物であれば，手にはビールを持っています。被験者は問題の内容から示唆されたメンタルモデルをもとに，推理を行っているのです（Johnson-Laird, 1989）。

このように，許可規則やメンタルモデルなどの適用は，問題の内容によって影響を受けるという点で，問題の内容とは無関係に適用される論理的規則とは異なっているのです。

5　概念と推理に関する研究の発展

（1）プロトタイプ

上述の実験のように，概念の実験ではしばしば少数の属性と論理的規則によって定義される概念が用いられます。しかし，日常的な概念は，明確な境界を持たないことが多く，単純な定義によって示されるものとも限りません。

リードは，目の高さ，目の幅，鼻の長さ，口の高さ，の４つの属性をそれぞれ３段階に変化させて作成した10個の顔図形を被験者に提示して（図２.18），２つのカテゴリーに分類させる課題を行いました（Reed, 1972）。その後，24個の新しいテスト図形を与えて，それらがいずれのカテゴリーに分類できるかを判断させたのです。これは，概念が典型的事例すなわちプロトタイプ（prototype）として表象されていることを示す実験でした。

テスト図形には，各カテゴリーにおける，５つの顔の属性値を平均した図形が含まれていました。この属性の平均値がプロトタイプとして定義されたのです。被験者が各テスト図形をどちらのカテゴリーに分類するかは，２つのカテゴリーのうち，どちらのプロトタイプがテスト図形とより似ているかに基づくというモデルによって予測することができました。すなわち，被験者はそれぞれのカテゴリーを代表するプロトタイプを形成し，テスト時にはこれとの類似性に基づいて分類を行っていたと考えられるのです。ほかに，プロトタイプは

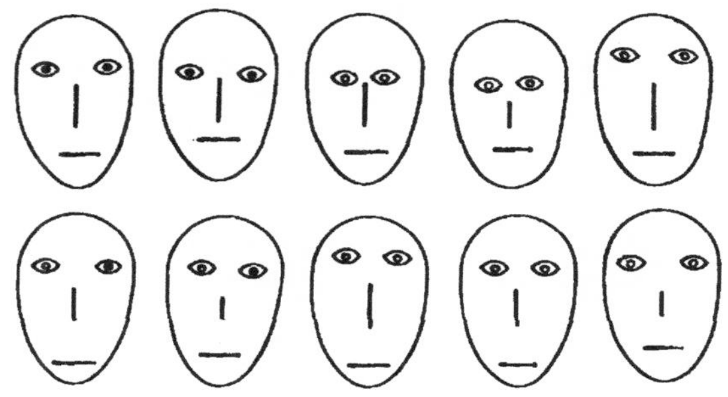

図2.18　プロトタイプ（Reed, S. K. 1972）

カテゴリー成員の属性の平均値ではなく，最頻値を持つ事例であると考える研究もあります（Neumann, 1977）。

（2）帰納推理と確率判断

心理学において帰納推理（inductive reasoning）は，事実の観察から始まり，それをもとに仮説や理論を生成し，検証する推理プロセスを指します。

a）彼女は大学では会計学のゼミに在籍していた

b）彼女の職場は，会計事務所である

c）したがって，彼女は会計士である

この論法は，演繹推理のそれとは性質を異にしています。彼女はゼミを途中で辞めたかもしれませんし，会計事務所で一般事務の仕事をしているかもしれません。必ずしも彼女が会計士であるとはいいきれないのです。もっとも，その可能性は低く，「彼女は会計学のゼミに在籍していた」ということと，「現在の彼女の職場は，会計事務所である」ということが本当であるなら，彼女は会計士であると考えるほうがよさそうだという人もいるでしょう。彼女が本当に会計士かどうか，すなわち前提aと前提bとが真である時，cであるという結論がいえるかどうかは，可能性（確率）の問題だとみなすほうがわかりやすいといえます。このように帰納推理は，確率（および統計）の理論と深く関わるものです。

私たちは日常のいたるところで，このような帰納推理を行っています。しかし，日常におけるさまざまな事象は，確実に結論を導くことができるものばかりとは限りません。今日は雨が降るか，どの道が渋滞しているか，希望する職業に就職できるか，など私たちが直面する事象の多くは，確率的な性質を持っているのです。これらの事象が起こる可能性を判断したり，推理したりする思考プロセスを確率判断といいます。

うまく確率判断を行うためには，理論的に最適な判断をもたらす判断モデル，すなわち規範的モデル（normative model）に従って判断をすることが考えられます。しかし，現実の人間の判断や推理は，必ずしも理論的に最適とされるモデルに合致するとは限りません。実際に人間の確率判断のプロセスを実験的に検討してみると，規範的モデルと人間の判断との間に，大きなズレが生じていることがわかります。

そのズレの一例として，タクシー問題があげられます。

ある街でタクシーのひき逃げ事故があった。その街には「緑色」と「青色」のタクシー会社があった。その街で走るタクシーの85%は緑色タクシーであり，15%が青色タクシーであった。事故の目撃者は，ひき逃げタクシーは青色タクシーであったと証言した。その時間帯のその場所で，その目撃者の識別力を調べたところ，緑色タクシーと青色タクシーのそれぞれに対し，常にその80%は正しく識別できることが明らかであった。事故を起こしたタクシーが証言どおりに本当に青色タクシーであった確率はどのくらいか。

ベイズの定理に従って確率計算をすると，正解は41%となりますが，私たちはこの結果をなかなか納得することができません。その証人の識別力が80%であるなら，彼の証言の80%は信用できるはずだと思われるのです。このズレの理由として，佐伯（1986）は「視点の移動と統合」の困難さをあげています。まず証人に青色タクシーを見せると，「青色」と判断する確率は80%であり，20%は「緑色」と誤認することを認めます。次に実地検査官に視点を移し，証人に85%の確率で緑色タクシーを見せ，15%の確率で青色タクシーを見せた時の判断結果に着目すると表２．２のようになります。さらに裁判官に視点を移し，「青色であった」という証言から表２．２のうち「青色と判定」の部分に着

表2．2　タクシー問題（佐伯胖 1986 を改変して引用）

	「青色」と判定	「緑色」と判定
青色タクシー15%	12%(0.8×0.15＝0.12)	3%((1－0.8)×0.15＝0.03)
緑色タクシー85%	17%((1－0.8)×0.85＝0.17)	68%(0.8×0.85＝0.68)

正認確率＝0.8　誤認確率＝（1－0.8）
・青色タクシーを青色と判定＝正認　・緑色タクシーを青色と判定＝誤認
・青色タクシーを緑色と判定＝誤認　・緑色タクシーを緑色と判定＝正認

目します。すなわち，(a) 青色タクシーを「青色」と判断した，(b) 緑色タクシーを「青色」と判断した，のどちらかですが，このうち (a) である確率は12/（12＋17）＝41%となるのです。したがって，証人が見たタクシーは，本当は緑色であったとする確率（59%）のほうが大きいということになります。佐伯によれば，この問題が納得できなかったのは，証人の視点から抜けきれず，実地検査官や裁判官の視点に立って見た時に，それぞれがどのような制約条件でどのような「報告」をしているのかが明確に意識化できなかったからであると考えられます。

（3）ヒューリスティック

ツヴァスキーらによれば，私たちは確率の基本的なルールを無視して，ある種の直観的な方法によって判断を下す傾向があるといいます（Kahneman *et al.*, 1982; Tversky & Kahneman, 1973)。彼らはこうした傾向をヒューリスティック（heuristic）と呼んでいます。ヒューリスティックは簡便で手っ取り早い（short-cut）判断傾向ですが，必ずしも常に正解を導くとは限りません。したがって，しばしば判断上の誤りを引き起こすこともあります。ヒューリスティックにはさまざまなものがありますが，ここでは代表性，利用可能性，調整と係留の例を見てみましょう。

①代表性　代表性（representativeness）は，特定の事例があるカテゴリーに所属するか否かを判断する時に，事例とそのカテゴリーの典型像との類似性に応じて，その可能性を判断するヒューリスティックです。

ある実験では，被験者を2群に分け，その一方には，心理学者が30人の技術者と70人の法律家にインタビューし彼らの性格を記録した，と教示されました。

そのいくつかが被験者に示され，それぞれどの程度，その人物が技術者であるかの可能性を判断するように求められました。いくつかの記述は典型的な技術者としての特徴が記されたものであり（「政治的問題には関心がなく，自由時間には家の修繕をしている」など），いくつかの記述は全く関連のないもの（「能力が高く将来が約束されている人物である」など）でした。その結果，被験者は典型的な技術者としての特徴が記された記述を，全く関連のない記述と比較して，より技術者の可能性があるものとして評価しました。もう一方の群では，ベースレート（base rate：基礎比率），すなわち技術者と法律家の人数を入れ替えられました。ほかは同じ条件で，今度は70人の技術者と30人の法律家にインタビューしたと教示されたのです。しかし，このベースレートの差は結果に影響を与えませんでした。後者の群の被験者も，前者の群の被験者とほぼ同じ評価を下したのです。例えば，双方の群ともに，中立的な記述についてはは技術者である可能性が50%であると判断しました。ツヴァスキーらによれば，被験者はベースレートの情報を一切無視して判断を下したのです（Tversky & Kahneman, 1973）。

別の実験では，被験者に次のような文章が示されました。

リンダは31歳，独身，率直で，生き生きとしています。カレッジでは哲学を専攻していました。学生時代は差別問題や社会的正義に深く関心を寄せていて，反核運動にも参加していました。

被験者はこの文章を読み，次の記述について可能性を評価するように求められました。

a）リンダは銀行の出納係である

b）リンダは男女同権主義運動をしている

c）リンダは銀行の出納係であり，男女同権主義運動をしている

その結果，この３つのなかではｂ），ｃ），ａ）の順で可能性が高く判断されました。しかし，一般的に２つの事象（A，B）が同時に発生する確率を考えれば，少なくともＡ＆Ｂの可能性はＡ（あるいはB）と同じか低くなるべきなのです。すなわち，ある個別の事象（ここではa）よりも，それを含む連

言事象（ここではc）の可能性のほうが高いと判断されたのです。これは，特定の事例（リンダ）があるカテゴリー（出納係，男女同権主義運動をしている）に所属するか否かを判断する時に，事例とそのカテゴリーの典型像との類似性を判断し，その程度に応じて可能性を判断するという，人間の確率判断におけるバイアス（bias：偏った判断傾向）の一例を示しています。

②利用可能性　利用可能性（availability）は，ある1つの事象の可能性や頻度を判断する時に，自分自身がかつて経験してきた事象で利用できる例やできごとを思い出すという事実によるヒューリスティックです。

ある実験では，被験者に男女ほぼ半数ずつの名前のリストを読み上げたあとで，男女いずれの名前が多かったかを判断させました。その結果，実際は男女ほぼ同数であったにもかかわらず，被験者は女性名をより多いものと判断したのです。実は，名前のリストは，有名な19の女性名と有名でない20の男性名とで構成されていました。女性名のほうが，想起が容易だったのです。有名な19の男性名と有名でない20の女性名で構成したリストでも同様に，想起の容易な男性名のほうがより多いと判断されました。ツヴァスキーらによれば，これは事例の想起（検索）のしやすさ（retrievability）によってバイアスを受けたと説明されます。可能性または頻度を判断する時，私たちはまずそれぞれの事例を想起します。そして，頭に浮かんだ事例の多さから，男女の名前のいずれが多かったかを判断したのです。想起のしやすさには，事例の顕著さ（salience）も影響を及ぼします。例えば飛行機事故などの巨大事故は，私たちの記憶に鮮明に残るものであり，そのため実際以上にその可能性は高く見積もられ，飛行機での旅行を避けるといった例です。

③調整と係留　最初の出発点における思い込みは，そのまま計算上の誤りを導くことがあります。ある実験では，高校生の被験者を2群に分け，それぞれ黒板に示した計算がいくつくらいになるかを5秒以内に推定するように求めました。一方の群には1×2×3×4×5×6×7×8を，もう一方の群にはその逆，すなわち8×7×6×5×4×3×2×1を示したのです。その結果，前者の群ではその中央値は512でしたが，後者の群では2250でした（正解は40320）。

私たちは，不確かな事象についての予測を立てる時，はじめはまずおおまか

トピックス

■ 規範的モデル

人間の行動や判断のモデルとして，心理学以外の領域で理論的に検討され，何らかの理想化された前提のもとに「最適性」が保証されているものを心理学的なモデルとしてみなした場合，これを規範的モデルと呼ぶ（佐伯，1986)。経済学の消費者行動モデルや，統計学の決定理論モデルなどはその一例である。それぞれの研究分野において理論的な検討は行われているものの，心理学的な要因との関連では議論されていないこうしたモデルを，心理学的な検証の対象に持ち込み，人間の判断（行動）との違いを比較することによって，人間の判断の合理性を検討するのである。

■ ベイズの定理

ある仮説 H に対する「確からしさの程度（主観確率：subjective probability)」が $P(H)$ であるとする。この時，あるデータ D を観察したならば，その観察によって新しい「確からしさの程度」$P(H/D)$ は，そのデータが自らの仮説のもとに生じうることの確からしさすなわち $P(D/H)$ と，データ D を観察する以前の確からしさすなわち $P(H)$ との積に比例する。すなわち，

$$P(H/D) = kP(D/H)\,P(H) \qquad \text{（k は比例定数）}$$

$P(H)$ は事前確率，$P(H/D)$ は事後確率，$P(D/H)$ は尤度（ゆうど）と呼ばれる。

このように，確率を「命題に対する主観的な確からしさ（信念の度合い)」とみなし，確率論におけるベイズの定理を心理学的な規範的モデルに読み替えたモデルを，ベイズ・モデルと呼ぶことがある。

な予測値を設定し，そのあとで次々と調整をしていきながら最終的な予測値を確定します。上の結果は，その際に最終的な予測値が最初に考えたおおまかな予測値にひきずられて，十分な調整ができなかったために生じたものと考えられます。これは調整と係留（adjustment and anchoring）と呼ばれるヒューリスティックによって生じたバイアスです。

ツヴァスキーらは，このような推理におけるバイアスの研究がなされるべき，たくさんの理由があると述べています。そうしたバイアスは私たちの知的な限界を示すものであり，判断と推理を支配する思考プロセスを明らかにし，どの法則が直観的で，どの法則が直観では理解できないものであるかを教えてくれるものであるからです。

推薦する文献

（狭義の認知にとらわれず，認知研究のおもしろさについてわかりやすく解説されている）
佐伯胖　1986　認知科学の方法　認知科学選書10　東京大学出版会
（本書では十分に取り上げることができなかった，認知の社会的側面についての主要な研究がわかりやすく紹介されている）
斎藤勇（編）1988　対人社会心理学重要研究集5　対人知覚と社会的認知の心理　誠信書房

引用文献

Atkinson, R. L., Atkinson, R. C., Smith, E. E., Bem, D. J., & Nolen-Hoeksema, S. 2000 *Atkinson & Hilgard's Introduction to Psychology*, 13th ed., Harcourt & Brace.

Baddeley, A. 1986 *Working memory*. Oxford: Clarendon.

Bartlett, F. C. 1932 *Remembering: A study in experimental and social psychology*. Cambridge: Cambridge University Press.

Boring, E. G. 1930 A New Ambiguous Figure. *American Journal of Psychology*, 42, 444-445.

Bower, G. H., Black, J. B., & Turner, T. J. 1979 Scripts in memory for text. *Cognitive Psychology*, 11, 177-220.

Brown, R. & McNeill, D. 1966 The "tip of the tongue" phenomenon. *Journal of Verbal Learning and Verbal Behaviour*, 5, 325-337.

Bruner, J. S. & Goodman, L. 1947 Value and Need as Organizing Factor in Perception. *Journal of Abnormal and Social Psychology*, 42, 33-44.

Bruner, J. S. & Minturn, A. L. 1955 Perceptual Identification and Perceptual Organization. *Journal of General Psychology*, 53, 21-78.

Bruner, J. S., Goodnow, J. J., & Austin, G. A. 1956 A study of thinking. New York: Wiley.

Cheng, P., Holyoak, K. J., Nisbett, R. E., & Oliver, L. M. 1986 Pragmatic versus syntactic approaches to training deductive reasoning. *Cognitive Psychology*, 18, 293-328.

Cherry, E. C. 1953 Some experiments on the recognition of speech, with one and with two ears. *Journal of the Acoustical society of America*, 25, 975-979.

Collins, A. M. & Loftus, E. F. 1975 A spreading-activation theory of semantic processing. *Psychological Review*, 82, 407-428.

Collins, A. M. & Quillian, M. R. 1969 Retrieval time from semantic memory. *Journal of Verbal Learning and Verbal Behaviour*, 8, 240-248.

Gibson, J. J. 1950 *Perception of the visual world*. Houghton Mifflin Co.

Gregory, R. L. 1968 Visual illusions. *Scientific American*, October, 66-76.　大山正（訳）1975 錯視のメカニズム　本明寛（編）別冊サイエンス　イメージの世界　日本経済新聞社 Pp. 47-59

Griggs, R. A. & Cox, J. R. 1982 The elusive thematic-material effect in Wason's selection task. *British Journal of Psychology*, 73, 407-420.

Johnson-Laird, P. N. 1989 Mental models. In M. I. Posner (Ed.), *Foundations of cognitive science*. Cambridge: MIT Press.

Kahneman, D., Slovic, P., & Tversky, A. 1982 *Judgment under uncertainty: Heuristics and biases*.

Cambridge University Press.

Kanizsa, G. 1979 *Organization in Vision*. Praeger. (Original Work Published 1955)

Miller, G. A. 1956 The magic number seven, plus or minus two: Some limits on our capacity for processing information. *Psychological Review*, 63, 81-93.

Moray, N. 1959 Attention in dichotic listening: Affective cues and the influence of instructions. *Quarterly Journal of Experimental Psychology*, 11, 56-60.

Murdock, B. B. 1962 The Serial Position Effect in Free Relall, *Journal of Experimental Psychology*, 64, 482-488.

Neisser, U. 1967 *Cognitive Psychology*. New York: Appleton-Century-Crofts.

Neumann, P. G. 1977 Visual prototype formation with discontinuous representations of dimensions of variability. *Memory and Cognition*, 5, 189-197.

Norman, D. A. 1980 Twelve issues for cognitive science. *Cognitive Science*, 4, 1-32.

Posner, M. I. & Raichle, M. E. 1994 *Images of Mind*. Scientific American Library. New York: W. H. Freeman & Company.

Reed, S. K. 1972 Pattern recognition and categorization. *Cognitive Psychology*, 3, 382-407.

Rips, L. J. 1983 Cognitive processes in prepositional reasoning. *Psychological Review*, 90, 38-71.

Rips, L. J. 1994 *The psychology of proof.* Cambridge: MIT Press.

Rubin, E. 1958 Figure and Ground. In D. C. Beardslee & M. Wertheimer (Eds.), *Readings in Perception* (pp. 194-203), N. J.: D. Van Nostrand, Co., Inc. (Original Work Published 1915)

佐伯胖　1986　認知科学の方法　認知科学選書10　東京大学出版会

Schank, R. C. & Abelson, R. P. 1977 *Scripts, plans, goals and understanding*. Hillsdale, N. J. : Lawrence Erlbaum Associates Inc.

Selfridge, O. G. 1955 Pattern recognition in modern computers. *Proceedings of the Western Joint Computer Conference.*

Sperling, G. 1960 The information available in brief visual presentations. *Psychological Monographs*, 74 (whole No. 498), 1-29.

Thomas, E. L. & Robinson, H. A. 1982 *Improving reading in every class*. Boston: Allyn and Bacon.

Treisman, A. M. 1960 Contextual cues in selective listening. *Quarterly Journal of Experimental Psychology*, 12, 242-248.

Tulving, E. 1972 Episodic and semantic memory. In E. Tulving & W. Donaldson (Eds.), *Organization of memory*. London: Academic Press.

Tulving, E. & Pearlstone, Z. 1966 Availability versus accessibility of information in memory for words. *Journal of Verbal Learning and Verbal Behavior*, 5, 381-391.

Tversky, A. & Kahneman, D. 1973 On the psychology of prediction. *Psychological Review*, 80, 237-251.

Wason, P. C. & Johnson-Laird, P. N. 1972 *The psychology of reasoning: Structure and content.* Cambridge: Harvard University Press.

第3章　行動の学習と動機づけ

第1節　はじめに

この章では学習（learning）と動機づけ（motivation）の問題をみていきます。学習とは行動を獲得することであり，動機づけとは行動を生じさせる原動力のことです。行動の科学という側面から心理学をとらえた時，学習と動機づけはその中心となるテーマです。

まず，第2節では生得的行動と学習性行動についてみます。人間の行動には，生まれつき持っているものもあれば，後天的に身につけたものもあります。生まれつき持っている行動のことを生得的行動，後天的に身につけた行動のことを獲得的行動＝学習性行動といいます。生得的行動は生物学者，特にエソロジストと呼ばれる動物行動学者が研究してきました。一方，学習性行動は主にアメリカの心理学者たちが研究の対象としてきました。初期の学習心理学の研究では，生得的行動はほとんど問題とされていませんでしたが，1960年代になると学習に生得的行動が大きな影響を及ぼしているとする研究が相次ぎ，学習心理学者もそれを考慮に入れて研究をするようになりました。

第3節と第4節では，パブロフ型条件づけと道具的条件づけという学習心理学の中心的分野をみていきます。条件づけ研究は20世紀初頭にはその原型ができあがり，1950年代ぐらいまでは心理学全体のなかでも非常に大きなウエイトを占めていました。条件づけ研究の一般的な手法はネズミに代表される小動物を使った実験的研究です。動物実験によって基本的な学習法則・行動法則を発見し，それをより複雑な人間に適用していこうという考え方です。その背景には，人間とそれ以外の動物との連続性を仮定したダーウィン（Darwin, 1859）の進化論があります。なお，動物実験やその後の人間を被験者とした実験的研究から得られた学習理論・行動理論は，臨床心理学の分野では行動療法という

行動は学習される

かたちで応用されています。

第5節では条件づけ以外の学習過程として観察学習，知覚運動学習，認知的な学習をみていきます。観察学習は比較的新しいテーマです。条件づけを中心とする伝統的な学習理論は，直接経験による学習理論ですが，それだけでは人間の行動は説明しきれません。自分で直接経験しなくても他の人がやっているのを見て学習するという観察学習は，人間にとって非常に重要な学習過程といえます。知覚運動学習は人間の運動や技能の獲得に関する学習過程であり，古くからさまざまな研究が行われています。認知的な学習も比較的古くから研究されてきましたが，近年になって重要度が増しています。

第6節と第7節では，行動の原動力としての動機づけの問題をみていきます。学習した行動も生得的な行動も，それが出現するのには何らかの理由があるは

トピックス

■ 行動主義と新行動主義

アメリカの心理学者ワトソンは，心理学が他の自然科学と同様に発展するためには，主観的な意識ではなく誰でもが客観的に観察できる行動を研究すべきであるとし，また，心理学の目的は行動の予測と統制としなければならないと主張した（Watson, 1913)。このような方法論を行動主義（behaviorism）という。ワトソンの考え方は，複雑な行動を刺激（S; stimulus）と反応（R; response）の連合に分解していくという点で要素主義的であり，RはSによって一義的に決まるとする点で極端な機械論でもあった（S－R図式）。

その後1930年代になって，ワトソンの行動主義の問題点を改善するために，行動の主体である生活体（O; organism）の内的な要因が導入された（S－O－R図式）。トールマン，ハル，ガスリー（Guthrie）などが独自の理論を打ち立てているが，それらを総称して新行動主義（neo-behaviorism）という。

ずです。その理由に相当する部分が動機づけです。第6節では，動機づけの分類と動物実験などによって明らかになっている動機づけの基礎過程を説明します。第7節では，人間に特有と思われる社会的動機についてみていきます。特に達成動機と親和動機について実験的研究をあげて詳しく説明します。社会的動機は社会心理学とも深く関わってくる問題です。

第2節　生得的行動と学習性行動（人間と動物の行動）

1　生得的行動

生得的行動とは動物が生まれつき持っている行動のことです。これは動物の系統発生の過程，つまり進化の中でそれぞれの動物種が遺伝的に持つようになったものです。したがって，同一種の動物であれば基本的には同じ行動を示します。

生得的行動は走性，反射，本能などに分けることができます。走性とは，原生動物が光から遠ざかったり，ある種のチョウが捕食者から逃げる時に太陽に向かって飛んだりするような，外界の刺激（stimulus）に対する方向性のある反応のことで，定位反応の一種です。走性は生得的行動のなかでも比較的単純な行動であり固定化した行動です。

トピックス

■刷り込み

毎年のようにカルガモがヒナを引き連れて皇居のお濠に引っ越す様子がニュースになる。親子の強い絆が想像される微笑ましい光景だが，実は，ヒナは前を行くのが親だから後をついていっているわけではない。カモなどの水鳥は卵から孵化した時に自分の近くにいる自分より大きな動くものについていく習性（本能）を持っているのである。このような現象を刷り込み（imprinting）という。ただし，刷り込みには臨界期が存在し，孵化からおおよそ1日以上経過すると，たとえ本当の親鳥であってもヒナはそれについていかなくなってしまう。

反射も，刺激に対して比較的定型化した反応です。例えば，熱いものに触った時に即座に手を引っ込める反応や，つまずいた時に倒れないように脚を出す反応などがそうです。口の中に食べ物が入った時に唾液が出てきたり，眼に強い光が当たった時に瞳孔が収縮するのも反射といえます。

本能的行動は，ホルモンなどの動物の内的環境と外的刺激の両方が関係していて，走性や反射に比べると複雑で，同じ刺激に対しても可変性があります。本能的行動の研究は主にエソロジー（動物行動学）の分野でなされていて，ローレンツ（Lorenz）による刷り込み（imprinting）の研究が有名です。一見すると動物自身が思考し意識的に行動しているのではないかと思われるような複雑な行動でも，実は進化の過程で巧妙にプログラムされた本能的行動である場合が多いのです。

2　学習

一般的には学習というと学校や家庭での「勉強」を思い浮かべるかもしれませんが，心理学における「学習」はそれだけではありません。道順を覚えたりするのも，乗れなかった自転車に乗れるようになるのも学習です。さらには，食べ物の好き嫌いができたり，犬を怖がるようになったりするのも学習といえます。では，これらに共通しているのは何かというと，行動や認知が変容しているということです。

ただし，行動や認知の変容があればすべて学習かというとそうではありません。例えば，男子の声変わりという行動の変容は成熟によるものなので学習ではありません。また，酒を飲むと普段とは違う行動をとったりしますし，疲労するとそれまでできていた行動ができなくなったりしますが，これらの変化は一時的なものなので学習とはいえません。以上のようなことから「学習」を定義すると「経験によって生じる比較的永続的な行動または認知の変容」ということができます。

生得的行動は同一種の動物では一定であるのに対して，学習性の行動には個体差（個人差）があります。学習性の行動は，動物の個体発生の過程，つまり各個体（個人）が成長していくなかで，環境との相互作用によって身についていったものだからです。

3　生得的行動と学習の関係

人間のように高等とされる動物では全行動に占める生得的行動の割合は小さいのですが，下等な動物ほど生得的な行動，そのなかでも単純な行動の比重が高くなっています。デティアーとステラーは，行動に占める生得的行動と学習および知能の割合を図3．1のように表しています（Dethier & Stellar, 1970）。

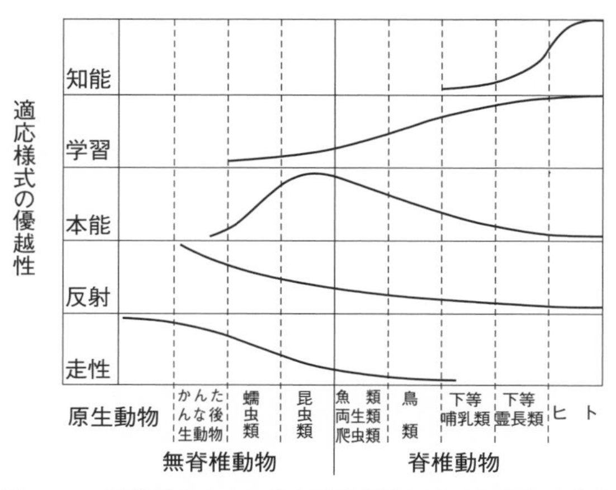

図3．1　系統発生による主な適応様式の占める割合の変化
(Dethier, V. G. & Stellar, E. 1970)

ところで，生得的行動と学習は全く独立しているかというとそうではなく，生得的行動でも学習の影響を受けます。例えば，人間には言葉を話す能力が遺伝的にプログラムされていますが，日本人だから日本語を話す遺伝子があるわけではありません。日本語の環境で育てば日本語を学習し，話すようになるのであり，英語の環境で育てば日本人でも英語を話すようになるのです。

逆に，学習性の行動も生得的な行動の影響を受けています。動物に何らかの行動を学習させようとしても，その動物がもともと持っている行動レパートリーを超えて学習させることは困難です。

4　生得的行動と学習性行動に関する他の研究

本能的行動の研究では，ローレンツ以外にもティンバーゲンによる解発子（releaser）の研究が知られています（Tinbergen, 1951）。繁殖期のトゲウオのオスは，なわばりに別のオスが侵入してくると，激しく攻撃して追い出そうとします。しかしトゲウオは相手が同種のオスだとわかって攻撃しているのではありません。形はトゲウオによく似ているけれども腹部が赤くない模型と，形は似ていなくても腹部が赤く塗られている模型を使って実験を行うと，なわばりに後者が入ってきた時にのみ攻撃行動が生じます。攻撃行動を生じさせるのはオスのトゲウオの形ではなく，腹部の赤い色だったのです。本能的行動を引き起こすこのような刺激を解発子といいます。

生得的行動に学習が影響することを示した代表的研究として，ソープによる鳥のさえずりの研究があります（Thorpe, 1958）。彼は，ズアオアトリのヒナを仲間から隔離して育てると，長さや周波数は正常なものの，音節構造が不完全な簡単なさえずりしかできないことを発見しました。さえずりという生得的行動の出現に，他個体のさえずりを聞くという経験つまり学習が不可欠なのです。

学習に生得的な行動が影響を与えている例としては，ブレランド夫妻による本能的逸脱（instinctive drift）の報告があげられます（Breland & Breland, 1961）。彼らはいろいろな動物に芸を仕込んで映画などに出演させていたのですが，学習させた行動が本能的な行動へ戻ってしまうことがあって困ったというのです。例えば，コインを貯金箱に入れる行動をアライグマに学習させようとすると，食べ物を洗うかのようにコインを擦り合わせるようになってしまったり，ニワトリに野球盤ゲームをさせようとすると，まるで虫でも獲っているかのように自分で打った球を追いかけまわしたりしたのです。

第３節　パブロフ型条件づけ（古典的条件づけ）

１　パブロフ型条件づけの基礎過程

ロシアの生理学者パブロフは，イヌを使って消化活動についての生理学的研究を行っていました。彼は，給餌の際にイヌが餌を食べ始めてからだけでなく，餌皿を見ただけでも，あるいは飼育者の足音を聞いただけでも，唾液を分泌することに気づきました。そしてこれを心理的な唾液分泌と考え，実験的に統制が容易な音を用いて組織的な研究を始めました（Pavlov, 1927）。

まず，図３．２のような装置にイヌを固定します。そして，ブザーを鳴らしてから餌を与えるという手続きを施します。この手続きを対提示（ついていじ）といいます。イヌが餌を食べれば，反射的に唾液が分泌されます。反射的ということは生得的ということであり，経験などの条件がなくても生じるということです。この

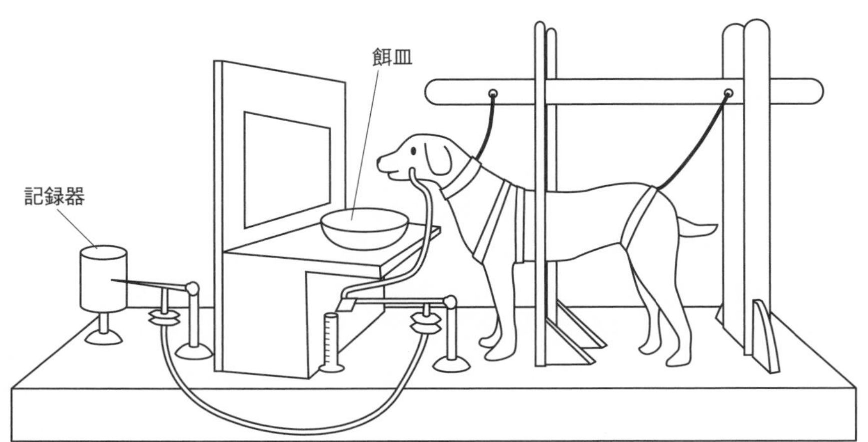

図３．２　イヌを用いたパブロフ型条件づけの実験装置。イヌにはあらかじめ手術をしておき，分泌した唾液の量を測定できるようにしてある。

ように何の条件もなく生じる反応を無条件反応（UR; unconditioned response）といいます。そして，無条件反応を引き起こす刺激（ここでは餌）を無条件刺激（US; unconditioned stimulus）といいます。一方，ブザー音はイヌの注意をひき，頭を音源の方に向けたり耳をそばだてたりといった定位反応を引き起こします。しかし，ブザー音には唾液を分泌させる性質はありません。そのため，ブザー音のような刺激は中性刺激（neutral stimulus）と呼ばれます。したがってブザー音と餌の対提示を始めたばかりの段階では，唾液はブザー音を聞いただけでは分泌されず，餌を食べ始めてからはじめて分泌されるのです。

しかし，対提示を繰り返していくと，ブザー音による定位反応は弱まっていく一方，ブザーが鳴っただけで，まだ餌が口に入っていないにもかかわらず，イヌは唾液を分泌するようになっていきます。もともとは餌に対する無条件反応であった唾液分泌が，ブザー音と餌の対提示によってブザー音に条件づけられたわけです。したがって，条件づけられた反応としての唾液分泌のような反応を条件反応（CR; conditioned response）といい，それを引き起こしている刺激（ここではブザー音）を条件刺激（CS; conditioned stimulus）といいます。以上の手続きを図式で示すと図３．３のようになります。このようにもともとは中性刺激であったものが条件刺激となり，もともとは無条件反応であったものを条件反応として引き起こすようになっていく過程をパブロフ型条件づけ（Pavlovian conditioning）あるいは古典的条件づけ（classical conditioning）といいます。この条件づけでは，刺激と刺激の関係性が学習されていると考えることができます。

このような過程は，われわれの日常生活の中にもみられます。例えば，バスに酔いやすい人のなかには，バスに乗っただけで，バスが走り出す前に気分が悪くなってしまう人がいます。もともとはバスの揺れなど（無条件刺激）が，吐き気・嘔吐（無条件反応）を引き起こしたのですが，バス酔いを繰り返し経験するうちに，バスの臭いやシートの形などが条件刺激になり，乗っただけで気分が悪くなってしまう（条件反応）のです。

次に，それまで生じていた行動が生じなくなっていく過程を考えてみましょう。ブザー音を聞いただけで唾液を分泌するようになったイヌに対して，ある時からブザーが鳴っても餌を与えなくしたらどうなるでしょう。イヌは餌がも

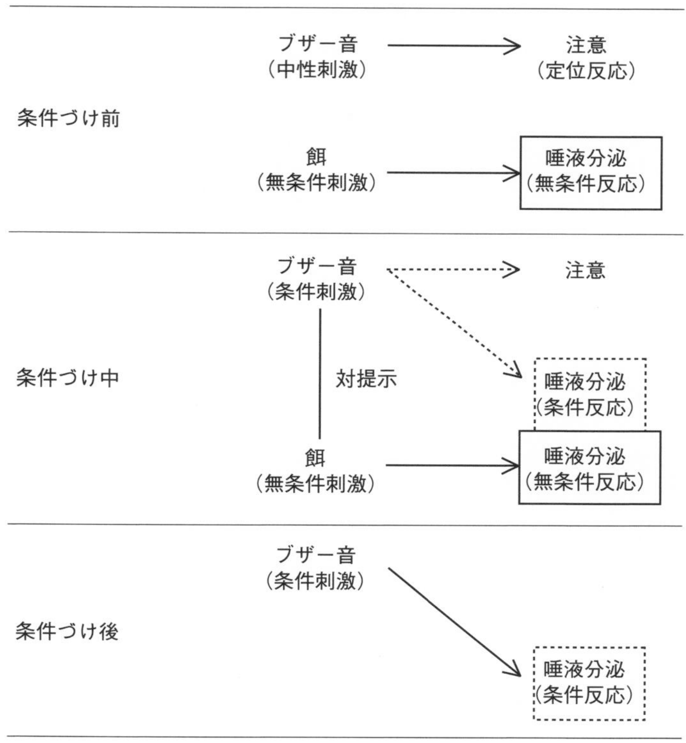

図3．3　パブロフ型条件づけの手続きによる刺激と反応の結びつきの変化。 条件づけ前には餌の提示でしか生じなかった唾液分泌が，条件づけ中に次第にブザー音の提示でも生じるようになり，条件づけ後にはブザー音だけでも生じる。

らえることを予期していますから，最初は当然，唾液を流しながら待ちます。しかしこのような経験が何度も繰り返されれば，ブザー音が鳴ってもだんだんと唾液を分泌しなくなっていきます。このように，条件づけ手続きによって獲得された行動（条件反応）は，条件刺激だけが提示されて無条件刺激が提示されないということが続くと生じなくなるのです。この過程を消去（extinction）といいます。乗り物酔いがひどい人でも，揺れの少ない座席に座り（無条件刺激の除去に相当する），嘔吐しないですむという経験が繰り返されれば，バス

トピックス

■アルバート坊やの恐怖条件づけ

ワトソンは，恐怖，怒り，喜びといった情動もパブロフ型条件づけによって形成されると考え，アルバートという男児を被験者にして白ネズミに対する恐怖を条件づける実験を行った（Watson & Rayner, 1920）。アルバートは実験開始以前には白ネズミを怖がる様子は全くなく，この時点では白ネズミは中性刺激であった。しかし，アルバートが白ネズミを見ている時に大きな音（恐怖を引き起こす無条件刺激）を鳴らすという手続きを繰り返したところ，アルバートは白ネズミを怖がって逃げるようになった。白ネズミが条件刺激となり，条件反応としての恐怖が生じたのである。

■般化と分化

条件づけに用いられなかった刺激でも条件刺激に類似していれば，ある程度の条件反応を引き起こす。例えば，500Hz の音を条件刺激として唾液分泌を条件づけられたイヌは，450Hz の音に対しても唾液をかなり分泌させるであろう。この現象を般化（generalization）という。この時生じる条件反応の量や大きさは，用いられた新しい刺激ともともとの条件刺激との類似度が高ければそれだけ大きく，低ければ小さいという勾配（般化勾配）を示す。

しかし，2つの刺激が類似していても，その一方だけが無条件刺激と対提示されて他方は対提示されない場合，条件反応は前者（正刺激）に対してのみ生じて，後者（負刺激）には生じないようになる。この現象を分化（differentiation）という。500Hz の音の後には餌が与えられるが，450Hz の音の後には何も与えられないなら，イヌは500Hz の音にだけ唾液を分泌するようになるのである。

に乗っただけで気分が悪くなることは消去されるはずです。

2　高次条件づけ

十分安定した条件づけができあがっていると，条件刺激と条件反応の結びつきを土台にして新しい条件づけが生じることがあります。すでに成立している条件刺激と条件反応の関係が，無条件刺激と無条件反応の関係のように機能することによって，全く新しい別の刺激が，これまでの条件反応と同じような反応を引き起こすように条件づけられるのです。

例えば，イヌに噛まれたり追いかけられたことによってそのイヌを怖がるようになった人は，そのイヌと飼い主が一緒に散歩している場面に何度か出くわすうちに，飼い主だけが歩いている時でもドキッとする（弱い恐怖を感じる）ようになるかもしれません。その場合，イヌとそれによって引き起こされる恐怖は，はじめは条件刺激と条件反応の関係だったのだが，条件づけが強く安定しているため，あたかも無条件刺激と無条件反応のようにはたらいて，飼い主を条件刺激とした新しい条件づけが成立したと考えられます。この最初の条件づけを 1 次条件づけ，新しい条件づけを 2 次条件づけといい， 2 次条件づけ以上の条件づけは高次条件づけといいます。

もの，記号，さらに言語の持つ情緒的な意味の一部分には，このような高次条件づけによって複雑に成立していると考えられる面があります。例えば，はじめて見るブランドの商品でも，有名デパートで売っているというだけで高級品，真正品と感じてしまうのもそうです。有名デパートは，常に良いものを売ってきたことによって高級イメージや信用が形成されています。これが 1 次条件づけです。そのデパートで売られることによって 2 次条件づけが生じ，新しい商品でも高級イメージや信用を獲得できるわけです。

3　パブロフ型条件づけに関する他の研究

カキにあたった経験のある人がカキを嫌いになったりするのも，パブロフ型条件づけの一種と考えることができます。このような学習は特に味覚嫌悪学習と呼ばれています。また，ガルシアらによって実験的な研究がなされたのでガルシア効果とも呼ばれます。ガルシアとケーリングはラットがサッカリン水溶液（条件刺激）を飲んだ時にリチウム（無条件刺激）を投与しました（Garcia & Koelling, 1966）。リチウムは嘔吐（無条件反応）を引き起こす効果を持つ薬物です。その結果，この手続きの経験がたった一度だけであるにもかかわらず，またサッカリンの摂取と嘔吐とが数時間も隔たっているにもかかわらず，ラットはサッカリン水溶液をほとんど飲まなくなりました。ヒトも含めて動物には生死に関わるような事態をすみやかに学習する強固なメカニズムが存在するようです。

第4節　道具的条件づけ（オペラント条件づけ）

1　強化と罰，消去

試験前に勉強したら良い成績がとれたので次も勉強した。遊んでばかりいたらお金がなくなってしまったので，少し遊びを控えることにした。このように行動の結果によってその行動の生起頻度が変化するような学習を道具的条件づけ（instrumental conditioning）と呼びます。行動が報酬（reward）などを得るための道具・手段になっているからです。また，ほぼ同じ学習過程をオペラント条件づけ（operant conditioning）ということもあります。

新しい行動を形成したり，現在生じている行動をより起こりやすくすることを，行動を強化するといい，その手続きを強化（reinforcement）といいます。逆に，現在生じている行動をより起こりにくくしたり止めさせたりすることを，行動を罰するといい，その手続きを罰（punishment）といいます。

さらに，強化と罰にはそれぞれ２つの方法があります。強化の２つの方法とは，望ましい行動が生じた時に報酬刺激（快をもたらす刺激）を与える方法と嫌悪刺激（不快をもたらす刺激）を除去する方法です。一方，罰の２つの方法とは，望ましくない行動が生じた時に嫌悪刺激を与える方法と報酬刺激を除去する方法です。以上をまとめると表３．１のようになります。なお，報酬刺激の具体例としては金銭，食べ物，誉め言葉などが，また，嫌悪刺激としては体罰，叱責などがあげられます。最初にあげた条件づけの例をこれらの用語で説明すると，勉強の結果，良い成績という報酬が与えられ勉強行動が強化されたのであり，遊びすぎの結果，金銭という報酬が除去され遊びが罰せられたとい

表３．１　道具的条件づけの基本的な４つの手続き

		刺激の操作	
		提示	除去
刺激の種類	報酬刺激（正の強化子）	正の強化（反応は増加）	負の罰（反応は減少）
	嫌悪刺激（負の強化子）	正の罰（反応は減少）	負の強化（反応は増加）

トピックス

■ 強化子

道具的な行動が生じた時に提示または除去される報酬刺激や嫌悪刺激を強化子（reinforcer）という。報酬性の強化子を正の強化子，嫌悪性の強化子を負の強化子というが，表 3．1 に示したように正の強化，負の強化と紛らわしいので注意が必要である。また，正・負をつけずに単に「強化子」といった場合には，正の強化子を指すことが多い。

■ 弁別刺激

われわれは，横断歩道の信号が青ならば道を渡るが，赤ならば立ち止まって待つだろう。信号がない所なら，車が走ってこなければ渡るが，車が向かってきていれば立ち止まって待つだろう。これらの状況における信号の色や車の有無のように，行動の生起を制御している刺激（手がかりや状況）のことを弁別刺激（S^D; discriminative stimulus）と呼ぶ。また，どのような弁別刺激のもとで，どのような行動をすれば，どのような強化子が得られるのかという関係性を三項随伴性という。

うことになります。われわれの日常生活の中にはこのような強化と罰によって行動が変化しているものがたくさんあります。具体例をあげて表のどこに該当するかを考えてみるとよいでしょう。

なお，現在生じている行動を抑制する方法としては，罰のほかにも消去（extinction）があります。パブロフ型条件づけにおける消去の典型は条件刺激のみを提示し無条件刺激を提示しないというものでしたが，道具的条件づけでの消去は行動を強化しているものを取り除く（与えない）ことによって行動を消失させるというものです。例えば，カラスが繁華街に出没しないようにしたいのであれば，ゴミを早朝回収して餌になるものをなくすことによって，繁華街に来るという行動を消去できるはずです。

2　スキナーの研究

道具的条件づけのルーツはソーンダイク（Thorndike）の試行錯誤学習ですが，研究を大きく発展させたのはハルやスキナーなどです（ソーンダイクとハルの研究については第 4 節の 5 参照）。

スキナーは，自発的に生じる行動のことを“はたらきかける”という意味合いで「オペラント」（operant）と呼び，外部からの刺激によって誘発される行

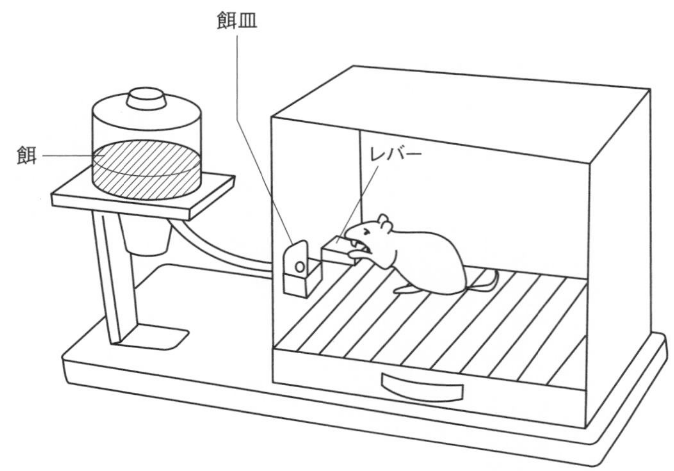

図3．4　ラットを用いた標準的な道具的条件づけの実験箱（スキナーボックス）。ラットがレバーを押し下げると給餌装置が作動して餌粒が餌皿に落ちてくる。

動のことを“応答的”という意味合いで「レスポンデント」（respondent）と呼びました。そして，道具的条件づけに相当する過程をオペラント条件づけ，パブロフ型条件づけに相当する過程をレスポンデント条件づけと呼んでいます。その上で，人や動物の行動の特徴は自発性にあると考え，オペラント条件づけの研究を重視したのです。

オペラント条件づけと道具的条件づけは，学習されている過程そのものはほぼ同じものですが，研究方法などに違いがあります。スキナー以前の道具的条件づけの研究では，直線走路や迷路が使われることが多かったのに対し，スキナーはスキナーボックスと呼ばれる単純ながらも巧妙な装置（図３．４）を開発して用いました。走路などの実験では，被験体を出発箱に入れ目標箱までの走行時間などを測って学習の指標とし，１試行が終わったらまた出発箱に戻して次の試行を行う，つまり離散試行型なのですが，スキナーボックスでは被験体はいつでも自由に反応ができる状態（これをフリーオペラント事態といいます）に置かれ，学習指標には単位時間あたりの反応頻度が用いられるのです。

フリーオペラント事態に置かれた被験体は，強化の仕方によって反応の仕

トピックス

■スキナー

ハーバード大学で心理学を学び，ミネソタ大学，インディアナ大学を経て1948年からハーバード大学で教鞭をとる。ハルなどが生活体の内部の過程を明らかにしようとしていろいろな理論的概念を仮定したのに対し，スキナーはそれを排し，環境条件の変化と行動の変化の対応関係を記述することに専念した。これはワトソンの行動主義をさらに厳密におし進めたものであり，徹底的行動主義と呼ばれている。ラットやハトを被験体として行ったそのような研究手法を実験的行動分析（experimental analysis of behavior）という。

方が変わってきます。この強化の仕方のことを強化スケジュール（schedule of reinforcement）といいます（Skinner, 1960）。最も基本的なスケジュールは連続強化スケジュールで，これは 1 反応ごとに 1 強化がなされるというものです。これに対して，反応しても必ずしも毎回強化されるとは限らないスケジュールを間欠強化スケジュールといいます。間欠強化スケジュールで維持されている行動は，連続強化スケジュールで維持されている行動よりも消去しにくい（これを消去抵抗が高いといいます）という特徴があります。

3　強化の相対性

道具的条件づけにおいて用いられる報酬は，食物，水，金銭，褒め言葉や名誉などのように外部から与えられるものが一般的です。例えば喉が渇いているネズミを，回転かごを回さなければ水が飲めないような装置に入れると，回転かごを回すという行動は水という報酬によって維持されます。しかしときには行動は，外部から与えられる報酬がなくても，自分自身の別の行動が報酬となって維持される場合もあります。プリマックは，走ることを制限された（喉は渇いていない）ネズミを，水を飲めば回転かごを回すことができるという状況におくと，水飲み行動が高い頻度で維持されることを示しました（Premack, 1962）。この場合，回転かごを回すというネズミ自身の行動が報酬になっていたといえます。

何が報酬になりうるかについて，プリマックは強化の相対性を仮定しました。それは，生起する確率が異なる 2 種類の行動がある時，生起確率が相対的に高い行動は確率が低い行動の獲得・維持のための報酬となりうるというもので，プリマックの原理と呼ばれています。喉が渇いているネズミは回転かごを回す確率よりも水を飲む確率のほうが高いから水が報酬になり，活動が制限されているネズミは水を飲む確率よりも回転かごを回す確率のほうが高いので，それが報酬になるのです。子どもが親から「宿題を終わらせるまではテレビゲームをしてはいけない」と言われた時に仕方なく宿題をするのも，テレビゲームをするという行動のほうが勉強よりも自発する確率が高いからです。

4　学習性無力

前述のように，行動しても結果が変わらないとその行動は消去されるのですが，そのような状況がずっと続いたらどうなるでしょうか。セリグマンとメイヤーは，イヌを被験体として次のような実験をしています（Seligman & Maier, 1967)。まず第１段階では，イヌをハンモックに固定して電気ショックを繰り返し与えました。この時，１つの群のイヌは頭を動かせばショックを止めることができました（逃避可能群）が，別の群のイヌはどんなことをしてもショックを止めることができませんでした（逃避不可能群)。次に第２段階では，電気ショックが来ても隣の部屋に跳び移れば逃れられるような状況に両群のイヌを置きました。すると，逃避可能群は跳び移ることを容易に学習しましたが，逃避不可能群はいつまでたっても跳び移ろうとせず，ただじっとショックを受け続けました。第１段階で受けたショックの量は両群とも等しくなるようになっていたので，逃避不可能群だけがショックに馴れてしまったというわけではありません。両群の違いは，状況を自分でコントロールできたかどうかという点にあります。ショックを繰り返し受けてもそれを止めることができたイヌは，その後の学習に支障はなかったのですが，どうやっても自分の力ではショックを止められなかったイヌは，その後の逃避学習が著しく阻害されたのです。このような現象は，「何をしてもだめなんだ」という「あきらめ」「無力感」「絶望感」が学習されてしまい，その後の簡単な課題に取り組もうともしなくなってしまった結果と解釈できることから，学習性無力（学習性無力感ともいう：learned helplessness）と呼ばれています。

5　道具的条件づけに関するその他の研究

ソーンダイクは，ネコを被験体として，輪を引っ張れば扉が開く実験用の箱（これを問題箱という）を使った実験を行いました（Thorndike, 1898）。問題箱に入れられたネコは最初はでたらめにいろいろな行動をしましたが，そのうち偶然に輪を引っ張って外に出て，餌を食べることができました。そのネコをまた同じ問題箱に戻すと，今度は無駄な行動が少なくなって 1 回目よりもすばやく外に出ることができました。この手続きを繰り返すと，だんだんと脱出までの所要時間が短縮されました。ネコは試行錯誤しながら正しい反応を学習していったのです。このような実験からソーンダイクは，学習とは刺激あるいは事態と反応が結合していく過程であると考え，「同じ事態においてなされる反応のなかで，その後に満足が続く反応は，他の条件が等しければ，その事態といっそう強く結合する。その後に不快が続く反応は，他の条件が等しければ，その事態との結合が弱められる」という効果の法則を提唱しました（Thorndike, 1911）。ただし，この法則の後半部分は現在では間違いであるとされています。

ソーンダイクの効果の法則と基本的には同じ立場に立ち，科学的な記述と実験によって学習理論を発展させたのがハルです。ハルの考え方は動因低減説（drive- reduction hypothesis）と呼ばれます（Hull, 1943）。それは，例えば空腹の個体が食べ物を食べることによって飢えという動因（*D*; drive）（動因については第 5 節を参照）が低減され，その結果，直前の刺激あるいは事態と行動の結びつき（これを習慣あるいは習慣強度 *H*; habit という）が強められるというものです。そして，実際の行動が出現する傾向（これを反応ポテンシャル *E*; excitatory potential という）は，この習慣と動因の積によって決まるとしています。これを式で表すと $E = H \times D$ となります。

学習性無力に関しては，その後さまざまな観点から研究が進んでいます。人間における学習性無力の研究の代表的なものとして，ヒロトとセリグマンの研究があげられます（Hiroto & Seligman, 1975）。彼らはまず被験者に，先行処置として道具的課題か認知課題のいずれかを課しました。この時道具的課題では，ボタンを押せば不快音を停止できる逃避可能群，ボタンを押しても不快音を停止できない逃避不可能群，不快音を聞かされるだけの統制群に分けられ，認知課題では，概念識別に対して正しいフィードバックが与えられる解決可能群，でたらめなフィードバックが与えられる解決不可能群，刺激をただ見るだけの統制群に分けられていました。これらの先行処置課題の後，テストとして，人間用シャトルボックスでの不快音逃避回避という道具的課題か，アルファベットを並べ替えて意味のある単語を作るという認知的課題のいずれかを課しました。その結果，いずれの課題条件においても，逃避不可能群は逃避可能群および統制群と比べて，また解決不可能群は解決可能群および統制群と比べて，遂行成績が劣っていました。このことから，学習性無力の現象は課題の組み合わせにかかわらずかなり一般性をもって生じるものであることがわかりました。また，認知課題のみでも学習性無力が生じたことから，この現象が認知メカニズムに基づいていることが推測されました。

ところで，同じようなコントロール不可能事態を経験しても，その後の無力感には個人差があります。これにはコントロール不可能な事態に対する原因の帰属の仕方が関係しているようです（原因帰属に関しては第７節を参照してください）。アブラムソンらは原因を，内的―外的，永続的――一時的，全体的―特異的の３つの次元で区別しています（Abramson *et al.*, 1978）。内的―外的の区別は，人の内部要因か外部環境かという区別であり，ある人にだけ関係する個人的なものと誰にでも起こりうる一般的なものの違いとみることもできます。例えば，失恋の原因を説明する時に，「私に魅力がないからだ」ととらえるのは内的な原因への帰属であり，「恋愛とは難しいものだ」というのは外的な原因への帰属といえます。コントロール不可能な事態を内的な原因へ帰属させることは自尊心に影響し，無力感を強めると考えられます。永続的――一時的の区別は，時間的に安定しているか不安定かの区別です。例えば，試験に失敗した場合の原因を考えてみると，「頭の悪さ」はすぐには変えられない永続的なものですが，「風邪による体調不良」はすぐに回復するであろう一時的なものです。一時的な原因へ帰属させるよりも，永続的な原因へ帰属させるほうが無力感を強めることは容易に理解できると思います。最後に，全体的―特異的の次元をみると，全体的な原因というのは他のいろいろな事態に影響を及ぼすような原因ということであり，特異的な原因というのは他の事態には影響を及ぼさないような限定的な原因ということです。例えば，仕事がうまくいかない時に，「自分が無能だからだ」と考えるのは全体的な原因への帰属であり，仕事以外のことに対しても無力症状を示してしまいます。しかし,「自分はサラリーマンには向いていないからだ」というように特異的な原因へ帰属させれば，他の事態において無力感を持つことは少ないでしょう。

第 5 節　条件づけ以外の学習

1　観察学習

これまでみてきたのは直接経験による学習でしたが，学習は直接経験によるものばかりではありません。例えば，毒キノコは危険だからみんな食べないようにしていますが，それは 1 人 1 人が毒キノコを食べて死にそうになった経験を持つからではありません。毒キノコを食べて死んだ人がいることを知っているから食べないのです。1 人の人間が自分の直接経験だけによって獲得できる行動や知識は，物理的・時間的制約のために限られています。人間は他者の行動や経験によっても自分の行動や認知を変化させなければ生きていけないのです。

このような学習の研究を行ったのはバンデューラらです（Bandura *et al.*, 1963）。彼らは，大人が人形に殴る蹴るの攻撃を行っている映画を保育園児に見せました。映画の結末は 3 種類あり，攻撃をしていた大人のモデルが賞賛されるもの，罰を受けるもの，賞賛も罰も受けないものがありました。そのいずれかを園児に見せた後，同じ人形がある部屋で遊ばせ，行動を観察したのです。その結果，モデルが罰せられる映画を見た園児は攻撃行動が少なかったのですが，他の 2 種類の映画を見た園児は人形への攻撃が著しく増えました。直接自分が強化されたり罰せられたりしたわけではないのに，行動が変化したのです。このように他者（モデル）の行動や経験を見ることによって生じる学習を観察学習（observational learning）あるいはモデリング（modeling）といいます。なお，バンデューラはこの観察学習の考え方を中心に置いた社会的学習理論（social learning theory）を提唱しています。

観察学習が成立するために重要なのが代理強化です。これは観察者が直接受ける強化ではなく，モデルが受ける強化のことです。上の例でいえば，大人のモデルが受けた賞賛がそうです。また，モデルが受けた罰は代理罰となりますが，これも広義の代理強化の１つといえます。モデルに対するこのような代理強化だけで観察者の行動が変化してしまうのが観察学習です。

ただし，実際の観察学習場面では代理強化だけでなく，直接強化も関係してきます。観察学習によってモデルの行動を模倣すると，結果的に観察者自身の行動も強化されたり罰せられたりすることが多いからです。例えば，観察学習によって，毒キノコを食べないという行動が形成されれば，結果的にその人は命を落とさずにすむわけですから，毒キノコを食べないという行動が直接強化されているともいえるのです。このように，模倣したことが直接強化され維持される学習については模倣学習といわれます。

子どもはテレビアニメを見ることによって，その主人公のしゃべり方や振る舞いを真似するようになったりしますし，大人でも，例えば，高速道路を走っている時スピード違反で他の車が警察につかまっているのを見れば，自分の車のスピードを緩めるでしょう。このように，観察学習の事例は日常生活の中にたくさんあります。

2　知覚運動学習

文字を書く，自転車に乗る，といった運動技能も生まれながらに持っているわけではなく，練習によって徐々に学習・獲得されるものです。これらの学習では，知覚（感覚器官のはたらき）と運動機能の微妙な調整が特に重要であり，知覚運動学習（perceptual-motor learning）と呼ばれます。字が曲がったりゆがんだりした時に，その情報は視覚によって脳に伝達され，手の動きが修正されます。自転車に乗っている時バランスを崩しそうになると，それを三半規管が感知し，バランスを取り戻すように身体を動かすのです。これは自動車の運転のような高度な運動技能の場合にもあてはまります。

運動技能の獲得はいくつかの段階を経て進みます。その過程で，ある段階の学習が極限にまで達すると，一時的な足踏み状態になります。しかし，そこで学習に質的変化が生じると，次の段階に進んで再び学習が始まります。これを何回か繰り返して，その技能は完成に向かうのです。この質的変化の前にみられる停滞期のことを学習曲線の形状からプラトー（高原）といいます。ワープロでキーボードから文字を入力する練習を考えてみましょう。最初は文字単位

トピックス

■ 集中学習と分散学習

運動技能の学習に限らず多くの学習過程において，休憩なしに学習・訓練を続ける集中学習は，適度に休憩をはさむ分散学習に比べて効率が良くない。集中学習では疲労が累積するなどして反応を抑制する（これを反応制止という）ようになり，学習効率が極端に落ちてしまうのに対し，分散学習では休憩中にある程度の忘却や技術の低下は生じるものの，休憩によって反応制止が解消されて効率的に学習が進むからと考えられている。

の入力から始まり，ある程度は入力速度が速くなっていきますが，そのままだとすぐに限界に達してしまいます。そこで文字単位の入力から単語単位の入力へうまく移行できると入力速度は再び上昇するのです。なお，スポーツなどでスランプという言葉が使われますが，それもプラトーと考えることができます。

3　認知的な学習・行動研究

ケーラーは，檻の中のチンパンジーが，手の届かないところにあるバナナを取るために 2 本の棒をつないで引き寄せたり，跳び上がっても届かない高さにぶら下げられているバナナを取るために箱を積み重ねたりすることを観察しました（Köhler, 1917）。これらの行動は，試行錯誤によるものではなく，棒や箱といった道具の使用方法に関する洞察あるいは見通しによって成立すると考えられました。そのため，このような学習は洞察学習（insight learning）と呼ばれています。ケーラーのいう洞察とは，場面を検討したあとで突然生じるものであり，認知構造の転換を意味しています。しかし一方で，チンパンジーの以前の経験がこの学習に影響を及ぼしているという指摘もあり，道具的条件づけの影響も完全には否定できません。

ハルとほぼ同じ時代に研究をしながら，全く異なった理論を打ち立てた学習心理学者にトールマンがいます。ハルが動物の活動を刺激と反応の複雑な連鎖ととらえ機械論的に考えているのに対して，トールマンは動物も目的を持って行動しているのであり，その目的を達成する手段には柔軟性と融通性があると考えました。そして，目的を単位として行動を巨視的にとらえる目的的行動主義（purposive behaviorism）を唱えたのです。

ハルの理論では学習には餌などによる強化が不可欠であると考えるのに対し，トールマンは強化がなくても学習が進行することを実験によって示しました（Tolman, 1932）。ラットに迷路学習をさせる際，最初から強化試行（ゴールに餌がある）を行う群と，無強化試行を数回繰り返したあとで強化試行を行う群を比較したところ，無強化試行群の迷路走行の成績は，無強化試行の間は強化試行群の成績を下回ったものの，強化試行に移行すると即座に同じ水準になったのです。これは強化がない期間にも学習が潜在的に進行して，認知地図（cognitive map）が形成されたためと考えられています。このような学習を潜在学習（latent learning）といいます。

行動の遂行や変容に影響を及ぼす要因として，バンデューラはセルフ・エフィカシー（self-efficacy：自己効力感）という認知的概念を提示しました（Bandura, 1977）。これは，ある行動を起こす前にその人が感じる遂行可能感，自分自身がやりたいと思っていることの実現可能性に関する知識，あるいは自分にはこのようなことがここまでできるのだという考えのことです。例えば，体操選手が難易度の高い技を「確実に成功させることができる」と感じているならば，その行動（技）について強いセルフ・エフィカシーを持っているといえます。

セルフ・エフィカシーはいくつかの情報によって変動します。まず，自分で実際にやってみた結果が重要です。成功すれば「次もまたできるだろう」と感じてセルフ・エフィカシーは上昇しますが，失敗すれば低下します。同様に他者の行動の結果も影響します。他者が成功するのを見れば「自分にもできるだろう」と感じますが，失敗するのを見ると自信を失ったりするものです。また，自分の生理的状態や情動的状態を知覚することも関係してきます。例えば，自信を持って試験に臨んでいたのに，思いがけず胸がドキドキしているのを感じたりすると，急に「失敗してしまうのではないか」と思い始めてしまうことがあります。そのほかにも，暗示や自己教示のような言語的説得もセルフ・エフィカシーを上下させる力を持っています。このような情報を通して形成されたセルフ・エフィカシーの強弱によって，実際の行動遂行の強弱が変わってくるのです。

第６節　人間や動物を行動に駆り立てるもの

１　動機づけとは

人間もそれ以外の動物も，生得的な行動にしろ学習性の行動にしろレパートリーにある行動をでたらめに生じさせているわけではありません。ある行動が生じるにはそれなりの理由があるはずです。行動の理由となっているもの，人や動物を行動に駆り立てている過程を動機づけ（motivation）といいます。もう少し正確にいうと，人や動物の行動を生じさせたり，行動を維持・継続させたり，あるいは行動を終わらせたりする機能が動機づけです。

動機づけは，人や動物の内部から行動へと推す力と，外部から行動へと引っ張る力からなっています。この内部から推す力を動機（motive）とか欲求（need），あるいは動因（drive）といいます。外部から引く力，例えばお金や名誉などは行動の対象であり，目標（goal）とか誘因（incentive）と呼ばれます。したがって，動機づけは，〈動機・欲求・動因〉〈行動〉〈目標・誘因〉からなる系列を指します。

動機には身体的な基礎を持つ生理的動機（physiological motive）または１次的動機（primary motive）と，それを基盤として生じた２次的動機（secondary motive），および社会的動物である人間に特有の社会的動機（social motive）に分けることができます。生理的動機とは飢えや渇きのように個体保存のために必要な動機や，性の動機のように種の保存のために必要な動機のことを指します。２次的動機は生得的・無条件的な生理的動機を基礎として条件づけられた動機，つまり学習によって生じた動機です。例えば，金銭欲は代表的な２次

トピックス

■ホメオスタシス

人間も含めて動物には，身体内部の平衡状態を維持しようとする傾向がある。これをホメオスタシス（homeostasis）という。ホメオスタシスは生理的動機と関係している。例えば，血液中の血糖値が低下すればそれをもとに戻そうという生理的メカニズムがはたらいて空腹感（飢餓動機）が生じ，食行動が引き起こされるのである。ハルは，動因低減説（第４節参照）を主張したが，この考え方はホメオスタシスを基礎としたものである。

的動機ですが，人は生まれながらにこの欲求を持っているわけではありません。成長していく過程で，金銭が食べ物などいろいろなものといつでも交換可能であるということを学習していくからこそ，紙や金属としての価値があるわけでもないのに，金銭を欲しがるようになるのです。社会的動機については次節で詳しく述べることにします。

2　外発的動機づけと内発的動機づけ

実験用のネズミが餌を得るためにレバーを押す。子どもが高校に合格することをめざして受験勉強をする。大人が給料を得るために会社に行って仕事をする。このように目標が外部に明確に存在し，それによって行動が生じている場合を外発的動機づけ（extrinsic motivation）といいます。自分では意識していなくても，実は外部から何らかの報酬が得られていて，行動が維持されているようなこともあります。

これに対して，外的な目標・報酬が存在せず，行動それ自体が報酬となっているような場合もあります。これを内発的動機づけ（intrinsic motivation）といいます。例えば，夢中になって落書きをしている子どもは，親から褒められたいとかお小遣いが欲しいといった理由でそうしているわけではないでしょう。このような行動は，結果として絵が上手くなったり他者から褒められたりお金になったりという効用があるかもしれませんが，はじめからそれを期待して行っているのではありません。純粋にその行為自体が楽しいからするのです。

内発的動機づけに関係の深い動機としては，感性動機（sensory motive），好奇動機（curiosity motive），操作動機（manipulatory motive），認知動機（cognitive motive）などがあります。感性動機とは，何らかの刺激やその変化を求める動機のことです。人間はあまりにも刺激が多い環境にいるとストレスを感じますが，刺激が極端に少ない状態にも長くは耐えられず刺激を求めます。好奇動機とは，新奇なものを求める動機です。私たちがいろいろなところを旅行したり，インターネット上をネットサーフィンしたりして楽しむのにもこの好奇動機が関わっていると考えられます。操作動機とは，何かを操作しようという動機です。子どもが積み木で遊んだり，オモチャを分解したりするのもこの動機が関わっているといえるでしょう。認知動機は，頭を使おうとする動機です。マンガのキャラクターを全部覚えたり，クロスワードパズルを解いたりするのは，それ自体がおもしろいからであって，何らかのメリットを期待しているからではないはずです。

ところで，内発的に動機づけられていて，外的な報酬なしでも行動が生じているところに，外的報酬が与えられるようになるとどうなるでしょう。デシは，そのような事態においては内発的動機づけが阻害されてしまうことを実験で示しました（Deci, 1971）。彼は大学生を被験者として，まず報酬なしでパズル課題を解かせました。次に被験者を2群に分け，一方には引き続き報酬なしでパズルを解かせ，もう一方にはパズルを解いたら報酬を与えるようにしました。そのあとで，再び両群とも報酬なしでパズルを解かせました。その結果，報酬なしから報酬ありに変えられた被験者は，ずっと報酬なしの条件が続いた被験者と比べて，報酬なし条件に戻った時のパズル解き行動の生起頻度が低下しました。もともと好きでやっていた行動に対して報酬が与えられるようになると，自分の興味を割り引いて考え，好きだからやっているのではなくて報酬のためにやっているのだととらえてしまい，内発的動機づけが低下してしまうようです。趣味として楽しんでやっていることでも，それが仕事になってしまったら，それほど楽しめないのではないでしょうか。

3　動機づけに関するその他の研究

アルコールや薬物に対する病的な渇望（中毒）のような動機を説明できる理論として，ソロモンとコービットの相反過程理論（opponent-process theory）があげられます（Solomon & Corbit, 1974）。この理論では，外的刺激によって快の状態（主過程）が生じると，ホメオスタシス的にそれを打ち消すような不快の状態（従過程）が引き起こされると仮定しています。そして同じ刺激を繰り返し経験すると，主過程は変化しないものの，従過程はだんだんと強くなりかつ長く持続するようになると考えます。その結果，刺激がある時の快は相対的に弱まっていき，不快の状態が長びきます。中毒者はこの不快の状態から脱しようとしてアルコールや薬物を求めるというのです。なお，この理論は主過程が不快で従過程が快の場合も想定しています。

感性動機の存在については感覚遮断の実験で研究されています。被験者の視覚と聴覚をアイマスクと耳栓で制限し，綿のようなもので手を覆って触覚も制限した状態でベッドに寝かせます。被験者はだんだんと落ち着きがなくなり，不快感が続き，独り言を言ったり，歌い出したりします。さらに続けるとイライラしはじめ，考えにまとまりがなくなり，幻覚が起こったりします。ほとんどの被験者は，この感覚のない状態を3日と耐え続けることはできません。

好奇動機や操作動機は人間だけでなく動物にもみられます。例えば，外が見えない箱にサルを入れ，聞いたことのない音を箱の外で鳴らすと，サルは小窓を開けて音源を確かめるように外を見ます。小窓を開けても餌がもらえたわけではありません。外の様子を知りたいという好奇動機が満たされるだけで，この行動は安定して生じたのです。また，ハーローは，餌などの報酬がなくてもサルが知恵の輪を解くのに熱中することを示し，サルにも操作動機があることを確かめています（Harlow, 1953）。

第7節　社会的動機（他人との関係の中で生じる動機）

1　社会的動機の種類

勉強でもスポーツでも同級生に負けたくない。有名な会社に入りたい。かっこいい車に乗りたい。気の合った仲間と酒を飲みたい。困っている人がいたら助けてあげたい。このような欲求はいずれも他者との関係性，つまり社会的文脈の中で生じてくるものであり，社会的動機と呼ばれています。社会的動機は生得的なものではなく，学習によって生じたものです。

社会的動機は多岐にわたっており，すべてを列挙することは不可能と思われますが，マレーはそれらを体系的に分類しようと試み，社会的動機のリスト（表３．２）を作成しています（Murray, 1938）。達成動機と親和動機についてはこのあとで詳しく紹介しますので，ここではその他の社会的動機のいくつかを簡単にみておきます。

他者に自分の存在を認めてもらいたい，自分の行動や考えを受け入れてもらいたい，という動機を承認動機といいます。賞賛・誉め言葉が強化子（誘因）として機能するのは，ほとんどの人にこの動機があるからです。承認動機の強い人は同調性が高く，説得されやすく，自己評価が低いことが知られています。

表3．2　社会的動機のリスト

主に事物に結びついた動機	
獲得動機	所有物・財産を求める動機。
保存動機	収集，修理，掃除，貯蔵する動機。
整頓動機	配列し，組織し，片づける動機。
保持動機	所有を続け，集め，惜しみ，節約し，けちになる動機。
構成動機	組織し，建設する動機。
大望，意志力，達成，および威信の動機	
優越動機	優位に立つ動機。
達成動機	障害に打ち克ち，力を発揮し，できるだけよく，かつ早く困難なことを成し遂げようと努力する動機。
承認動機	賞賛を博し，推挙され，尊敬を求める動機。
顕示動機	自己演出し，他人を興奮させ，おもしろがらせ，感動させ，驚かせ，ハラハラさせる動機。
保身動機	中傷されず，自尊心を失うことを避け，よい評判を保とうとする動機。
劣等感回避の動機	失敗，恥辱，軽蔑，嘲笑を避けようとする動機。
防衛動機	非難または軽視に対して自己を防衛し，行為を正当化しようとする動機。
中和動機	報復によって敗北に打ち克とうとする動機。
人間の力を発揮し，それに抵抗し，または屈服することに関係ある動機	
支配動機	他人にはたらきかけ，支配しようとする動機。
服従動機	優越者を賞賛し，進んで追随し仕える動機。
模倣動機	他人を模倣し，競争し，同意し，信じる動機。
自律動機	影響に抵抗し，独立しようと努力する動機。
反動動機	他人と異なった行動をし，独自的であり，反対の側に立つ動機。
他人または自己を損傷することに関係のある動機	
攻撃動機	他人を襲撃し，傷つけ，人を軽視し，悪意をもって嘲笑する動機。
謙虚動機	罰を服従甘受し，自己を卑下する動機。
非難回避の動機	衝動を抑制して，非難，追放，処罰を避け，行儀よくし，法に従う動機。
他人との愛情に関する動機	
親和動機	友情と交友を作る動機。
拒絶動機	他人を差別し，無視し，排斥する動機。
養護動機	他人を養い，助け，保護する動機。
救援動機	援助，保護，同情を求め，依頼する動機。
その他の社会的動機	
遊戯動機	緊張緩和，娯楽，変化，慰安の動機。
求知動機	探求，質問，好奇の動機。
解明動機	指摘，例証，報知，説明，解釈，講釈の動機。

(Murray, H. A. 1938)

攻撃動機については，フロイトやローレンツが攻撃本能とか攻撃衝動と呼んだように生得的なものとする考え方もありますが，直接経験による学習や観察学習が少なからず影響していることは疑いありません。特に親子関係や親の養育態度は大きく影響しています。攻撃動機を低く発達させる要因としては，母親の養護的な態度，与えられる罰が少ないこと，しつけにおける一貫性といった条件が知られています。

2　達成動機と達成行動

高い目標を持ってそれをやり遂げたい，自己に打ち克ち，また競争場面においては他者に勝りたい，という動機を達成動機（achievement motive）といいます。達成動機の高い人は，適度の困難さの課題を好む，自分の遂行結果を知りたがる，精力的に仕事を行う，同僚としては親しい人よりも有能な人を選ぶ，といった特性を持っています。

また，ワイナーによれば，達成動機の高い人は成功の原因を能力や努力に，失敗の原因を努力不足に帰属するのに対して，達成動機の低い人は成功・失敗と努力の量は関係ないと考え，失敗を能力の欠如に帰属するといいます（Weiner, 1980）。なお，原因帰属については第７節の４を参照してください。

達成動機の形成には，幼児期の親の養育態度が関係していると考えられています。「……してはいけない」という制限的しつけをするよりも「……しなさい」という要求的しつけをしたほうが，子どもの達成動機が高まるという研究があります。また，達成動機の高い子どもの親は，子どもが課題に積極的に取り組むように温かい励ましを与えているという報告もあります。しかし，子どもの能力を超えるような要求をすることや，何でも誉めてしまうことは，達成動機の形成にはかえって逆効果だという指摘もあります。

ここで，達成動機および達成行動を説明する理論であるアトキンソンの期待—価値モデル（Atkinson, 1964）について見てみましょう。アトキンソンは，達成傾向（*Ta*; achievement tendency）は成功志向傾向（*Ts*; tendency to seek success）と失敗回避傾向（*Taf*; tendency to avoid failure）の合成によって決まると考えています（$Ta = Ts - Taf$）。そして成功志向傾向を，達成動機の強さ（*Ms*; motive for success）と成功できそうだという主観的確率（*Ps*;

possibility of success)（期待），および成功することによって生じる喜びや満足という成功の誘因（Is; incentive value of success)（価値）の積と考えています（$Ts = Ms \times Ps \times Is$)。ところで，一般的には，簡単にできてしまうこと（成功の確率が高いこと）に成功しても喜びはそれほど大きくないが，困難なこと（成功の確率が低いこと）に成功すれば喜びは大きいという相補関係があると考えられることから，$Is = 1 - Ps$ と仮定します。したがって，$Ts = Ms \times Ps \times (1 - Ps)$ となります。

一方，失敗回避傾向（Taf）も，失敗を避けようとする失敗回避動機（Maf; motive to avoid failure）と失敗の主観的確率（Pf; possibility of failure）および失敗した時の恥や不快という失敗の誘因（If; incentive value of failure）の積と考えられます（$Taf = Maf \times Pf \times If$)。ここで失敗の主観的確率と失敗の誘因も相補関係にある（$If = 1 - Pf$）と仮定すると，$Taf = Maf \times Pf \times (1 - Pf)$ となります。なお，失敗回避動機は学校のテストを受ける時に生じるテスト不安などの不安傾向の強さと考えることができます。

ところで，成功の主観的確率と失敗の主観的確率も相補関係にあります（$Pf = 1 - Ps$）から，$Taf = Maf \times Ps \times (1 - Ps)$ と表せます。したがって，達成傾向（Ta）＝（$Ms - Maf$）$\times Ps \times (1 - Ps)$ となります。そうすると，達成動機（Ms）が失敗回避動機（Maf）よりも強い場合は，成功の主観的確率（Ps）が0.5（難しすぎず易しすぎない）の時に達成行動が出現しやすいことになります。逆に，失敗回避動機が達成動機よりも強い場合には，成功の主観的確率が0.5の時に達成行動が最も出現しにくくなると考えられます。例えば，スポーツに

トピックス

■テスト不安

テスト場面あるいはそれに類似した事態で生じる不安をテスト不安という。MAS（manifest anxiety scale）やTAS（test anxiety scale）などによって測定される。テスト不安の背景には，失敗することへの恐れや他者からの評価に対する不安などがあるとされる。高テスト不安者は課題遂行が良くないことが多いが，それを説明する考え方としては，課題と直接関係のない自己に注意を向けてしまうからだとする注意説や，課題遂行に関係のないこと（自分の能力のことや失敗した時のことなど）を考えてしまうからだとする認知的妨害説，不安のためにテストの準備がよくできないからだとするスキル説などがある。

しろゲームにしろ，勝つか負けるかが微妙な時こそ最もやる気が湧いてくるし，楽しいはずです。しかし，失敗を恐れる気持ちが強くなってしまうと，必ず勝てる条件でしか戦わなかったり，逆に，負けることがわかっている強い相手にばかり挑んだりすることがあるのです。

3　親和動機と親和行動

ほかの人と一緒にいたい，好意を持つ他者に接近し友好的な関係を形成・維持したいという動機を親和動機（affiliation motive）といいます。親和動機は達成動機とならんで代表的な社会的動機ですが，達成動機とは対照的な面があります。親和動機の強い人の特徴としては，電話をかけたり手紙を書いたりする頻度が高い，他者にしばしば承認を求める，アイコンタクトが多い，他者から評価される場面になると不安を感じやすい，自分と異なる意見の人に反発しやすい，といったことが知られています。また，仕事をする時などは個人作業よりも集団作業で良い成績を示し，有能な人よりも親しい人を同僚として選ぶ傾向があります。

親和行動の発生過程は，まず，他者から疎外されたり孤立したりするような事態や長期間にわたって社会的に隔離されたような事態が孤独や不安といった情動を喚起し，その結果，友好関係を形成・維持したいという親和動機が生じ，親和傾向が強まって実際の親和行動が生じる，と考えられます。

不安と親和行動の関係について，シャクターは次のような実験をしています(Schachter, 1959)。まず被験者に，これからやる実験では「非常に強い電気ショックを受けることになる」(高不安群)，あるいは「弱い電気ショックを受けることになる」(低不安群）と教示して，実験開始まで待機させました。そしてその間，１人で待っていたいか，ほかの人と一緒に待っていたいかを選択させたところ，高不安群では多くの被験者が，ほかの人と一緒に待つことを希望しました。この結果は，不安が親和傾向を増加させることを示しています。その理由としては，ほかの人と一緒ならば互いに励まし慰め合うことで直接的に不安を低減させることができるからという考え方と，ほかの人と一緒ならばほかの人の示す情動的反応と比較することで自分自身の情動的状態を知ることができるからという考え方があります。後者の考え方はフェスティンガーの社会的比較理論が情緒の自己評価にも適用されたものです（Festinger, 1954）。社会的比較理論については第８章で紹介します。

4　社会的動機に関するその他の研究

身のまわりに起こるできごとや，自分や他者の行動の原因を推論する過程を原因帰属（causal attribution）といいます。特に，成功と失敗の帰属の問題は動機づけとも密接に関係しています。帰属の研究はハイダーから始まっています（Heider, 1958）。彼は，原因を人の内部に求める内的帰属と外部環境に求める外的帰属とに分けました。例えば，雨の日にある人が廊下で足を滑らせて転んだ場合に，その人の不注意が原因と考えるのは内的帰属であり，廊下が濡れていて滑りやすかったからだと考えるのは外的帰属といえます。

この内的―外的という次元に加えて，ワイナーは安定―不安定，統制可能―統制不可能という２つの次元を導入し，３次元８要因としています（Weiner, 1980）。テスト場面における各要因の例としては表３．３のようなものがあげられます。動機づけ，特に達成動機との関連でみると，例えば，良い成績を普段の努力に帰属すると，努力していれば次も良い成績をとれるはずだから頑張ろうという気持ちになるでしょうが，運に帰属すると，たまたま良かっただけで次はどうなるかわからないとして動機づけは必ずしも高まらないでしょう。また，悪い成績を能力に帰属すると，どうせだめなんだと思うことで動機づけが低下し，学習をしなくなってしまいます。その結果，実際に成績が悪くなり，それをまた自分の能力のなさに帰属してしまうという悪循環に陥る危険性があります。

表３．３　帰属要因の分類と具体例

	統制可能		統制不可能	
	安定	不安定	安定	不安定
内的	普段の努力	一時的な努力	能力	気分
外的	教師の偏見	他者の日常的ではない援助	課題の困難さ	運

(Weiner, B. 1979)

困っている人を助けたり，他者に利益をもたらしたりする向社会的行動のことを愛他行動といいます。この愛他行動を生じさせる動機を愛他動機(altruistic motive) といいます。愛他動機が実際に機能するには他者への共感性の発達が重要です。ホフマンによると共感性の発達は次のようになります(Hoffman, 1989)。まず，自他が未分化な乳児期では，他者の苦痛を自己の苦痛としてしまうような「曖昧な共感」であり，愛他動機はみられません。幼児期になると苦しんでいるのが他者であることは理解できるようになりますが，他者の苦痛の原因や感情を自分と分けて理解することはまだできません。そのため，苦痛場面から逃げ出して自己の苦痛を低減するような「自己中心的共感」にとどまります。児童期になると自他の視点の違いを理解するようになり，他者の感情認知に基づく共感，つまり「他者感情への共感」が可能になります。その結果，他者の苦痛を取り除こうとする愛他行動が頻繁にみられるようになります。さらに，青年期以降では「他者人生への共感」が生じるようになり，長期的な視点から他者の人生を支援しようとする行動が動機づけられます。

愛他行動は利他的行動であるという考えが一般的です。しかし愛他行動もそれを行うことによって自己満足が得られたり，それを行わなければ罪悪感を感じることから，結局は報酬や罰によって外発的に動機づけられている利己的な行動であるとする考え方もあります。

推薦する文献

(学習心理学の歴史的な経緯から最近の研究まで，わかりやすく解説されている)

今田寛　1996　現代心理学シリーズ3　学習の心理学　培風館

(理論のもとになった実験研究も詳しく解説されている)

岩本隆茂・高橋憲男　1987　改訂増補現代学習心理学—基礎とその展開—　川島書店

(エソロジーに興味を持った人が最初に読むのに適している)

Lorenz, K. 1952 *King Solomon's ring*. New York: Crowell.　日高敏隆（訳）1987　ソロモンの指輪　早川書房

(動物実験による動機づけの研究から，臨床場面での動機づけの問題まで，さまざまな視点でそれぞれの分野の専門家が論じている)

日本行動科学学会（編）　1997　動機づけの基礎と実際—行動の理解と制御をめざして—　川島書店

(学習心理学分野の標準的なテキストである。条件づけだけでなく技能学習や観察学習についても詳しく述べられている)

山内光哉・春木豊（編著）　1985　学習心理学—行動と認知—　サイエンス社

引用文献

Abramson, L. Y., Seligman, M. E. P., & Teasdale, J. D. 1978 Learned helplessness in humans: Critique and reformulation. *Journal of Abnormal Psychology*, 87, 49-74.

Atkinson, J. W. 1964 *An introduction to motivation*. N. J.: D. Van Nostrand, Co., Inc.

Bandura, A. 1977 Self-efficacy: Toward a unifying theory of behavioral change. *Psychological Review*, 84, 191-215.

Bandura, A., Ross, D., & Ross, S. A. 1963 Imitation of film-mediated aggressive models. *Journal of Abnormal and Social Psychology*, 66, 3-11.

Breland, K. & Breland, M. 1961 The misbehavior of organisms. *American Psychologist*, 61, 681-684.

Darwin, C. 1859 *On the origin of species by means of natural selection*. John Murray.　八杉龍一（訳）　1963　種の起原　岩波書店

Deci, E. L. 1971 Effects of externally mediated rewards on intrinsic motivation. *Journal of Personality and Social Psychology*, 18, 105-115.

Dethier, V. G. & Stellar, E. 1970 *Animal behavior* (3rd edition). N. J.: Prentice-Hall, Inc.　日高敏隆・小原嘉明（訳）　1973　動物の行動　岩波書店

Festinger, L. 1954 A theory of social comparison processes. *Human Relations*, 7, 117-140.

Garcia, J. & Koelling, R. A. 1966 Relation to cue to consequence in avoidance learning. *Psychonomic Science*, 4, 123-124.

Guthrie, E. R. 1935 The psychology of learning. Rev. Ed. 1952 NewYork: Harper & Row.

Harlow, H. F. 1953 Mice, monkeys, men, and motives. *Psychological Review*, 60, 23-32.

Heider, F. 1958 *The psychology of interpersonal relations*. New York: John Wiley & Sons.　大橋正夫（訳）　1978　対人関係の心理学　誠信書房

Hiroto, D. S. & Seligman, M. E. P. 1975 Generality of learned helplessness in man. *Journal of Personality and Social Psychology*, 31, 311-327.

Hoffman, M. L. 1989 Empathy and prosocial activism. In N. Eisenberg, J. Reykowske, & E. Staub (Eds.), *Social and Moral Values: Individual and societal perspectives*. New Jersey: Lawrence Erlbaum Associates.

Hull, C. L. 1943 *Principles of behavio*r. New York: Appleton-Century-Crofts.

Köhler, W. 1917 *The mentality of apes*. Berlin: Royal Academy of Sciences.　宮孝一（訳）　1962　類人猿の知恵試験　岩波書店

Lorenz, K. 1970 *Studies in animal and human behavior*. London; Methuen.

Murray, H. A. (ed.) 1938 *Explorations in personality*. London: Oxford University Press.　外林大作（訳）　1961；1962　パーソナリティ　誠信書房

Pavlov, I. P. 1927 *Conditioned reflexes* (G. V. Anrep, Trans.). London: Oxford University Press.

Premack, D. 1962 Reversibility of the reinforcement relation. *Science*, 136, 255-257.

Schacter, S. 1959 *The psychology of affiliation: Experimental studies of the sources of gregariousness*. Stanford University Press.

Seligman, M. E. P. & Maier, S. F. 1967 Failure to escape traumatic shock. *Journal of Experimental Psychology*, 74, 1-9.

Skinner, B. F. 1960 Teaching machine. *Scientific American*, 205, 90-102.

Solomon, R. L. & Corbit, J. D. 1974 An opponent-process theory of motivation: I. Temporal dynamics of affect. *Psychological Review*, 81, 119-145.

Thorndike, E. L. 1898 Animal intelligence: An experimental study of the associative process in animals. *Psychological Review Monograph Supplement*, 2, No. 8.

Thorndike, E. L. 1911 *Animal intelligence*. New York: Macmillan.

Thorpe, W. H. 1958 *Learning and instinct in animals*. Mass.: Harvard University Press.

Tinbergen, N. 1951 *The study of instinct*. London: Oxford University Press.

Tolman, E. C. 1932 *Purposive behavior in animals and men*. New York: Appleton-Century-Crofts.

Watson, J. B. 1913 Psychology as the behaviorist views it. *Psychological Review*, 20, 158-177.

Watson, J. B. & Rayner, R. 1920 Conditioned emotional reactions. *Journal of Experimental Psychology*, 3, 1-14.

Weiner, I. B. 1979 A theory of motivation for some classroom experiences. *Journal of Educational Psychology*, 71, 3-25.

Weiner, I. B. 1980 *Human motivation*. Holt, Rinehart and Winston.　林保（抄訳）・宮本美沙子（監訳） 1989　ヒューマン・モチベーション：動機づけの心理学　金子書房

第2部

心理学の主な応用分野

第4章　人間の発達と親密な人間関係の影響

第1節　発達心理学と発達段階

1　発達の概念

「生涯発達心理学」(Life-span developmental psychology) とは，受胎（受精）から個体の死までの期間に，人の身体面と精神面にみられる個体内の年齢的変化について記述し説明する心理学の領域です（Baltes *et al.*, 1980)。誕生時は，およそ身長50cm，体重 3 kg，胸囲35cm 程度の小さな身体ですが，10歳前後の思春期になると急に身体も大きくなりはじめ，15歳前後で成長もピークに達し，大人と変わらない身体の大きさと成熟した身体の機能を持つようになります。その後は，成長のピークを長い間維持していきますが，やがて40歳前後から身体の機能も徐々に減退しはじめ，体力の低下や癌，脳卒中，心臓病，糖尿病などの生活習慣のあり方や老化を原因とする慢性疾患（生活習慣病）が多く発症するようになり，やがて老化の進行とともに，身体の大きさも機能も減退し，やがて死を迎えることになります。このような個人の一生を，その身体的特徴と精神的特徴の両面の発達的特質から，生活年齢（chronological age）を基準にしていくつかの段階に区分したものを，発達段階（developmental stage）と呼んでいます。本来，発達は連続的過程であり，発達を生活年齢で区分し段階づけること自体が不合理であるものの，およその年代的特徴をとらえるために便宜的にいくつかの段階に区分する試みが行われています（谷口，1997)。こんにちまで提唱されている多くの発達説に共通しているのは，胎児期（受精～40週)，新生児期（生後の 4 週間)，乳児期（生後 1 カ月～ 1 年)，幼児期（ 1 年～ 6 年)，児童期（ 6 年～12年)，青年期（12年～22年)，成人前期（22年～35年)，中年期（35年～65年)，成人後期または老年期（65年以上：現代では74歳までを前期高齢期，75歳以上を後期高齢期と呼んでいます）と段

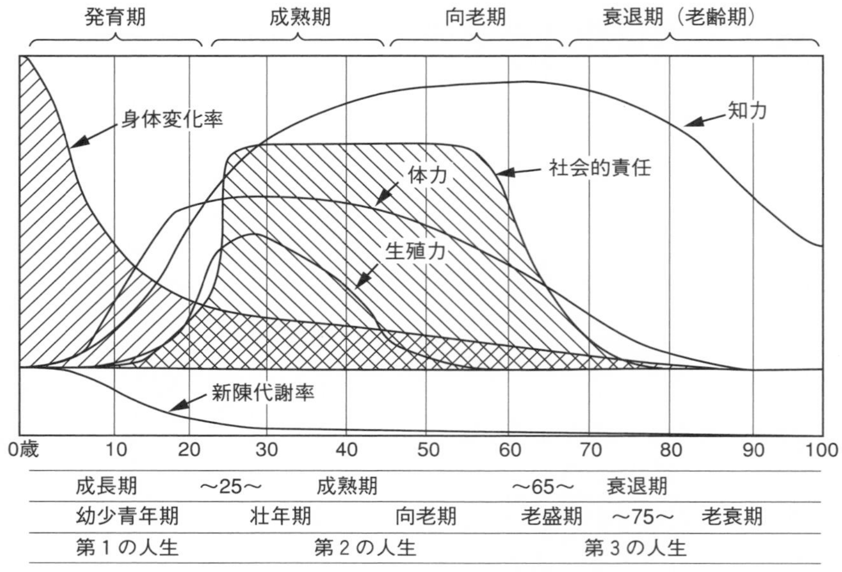

図４．１　生涯発達過程における心身機能の変化と社会的責任（吉田寿三郎 1974）

階に区分する方法です。

図４．１は，人の一生涯に観察される心身の機能の変化過程についてまとめたものです（吉田，1974）。

図に明らかなように，形態面に現れる身体変化率とその生理学的側面としての新陳代謝の速度は，胎児期，乳児期，幼児期の順に速く，成人前期，中年期，老年期の順に遅くなっています。すなわち，形態面にみられる諸々の変化は，発達の初期ほど急激で，発達の後期ほど遅く緩やかになっています。体力や生殖力などの身体生理面にみられる年齢的変化は，青・壮年期にその成熟のピークを迎え，以後は次第に機能の減退が生じます。他方，精神面（行動面ともいいます）に現れる機能の変化率は，発達の中期・後期に至ってピークを迎えます。社会性の成熟は中・高年期にピークを迎えます。家庭・地域・職場での中心的な役割の発揮はその好例です。学力・知能などの認知的能力も，中・高年期にピークを迎えます。特に，知能のなかでも経験（学習ともいいます）の成果として現れる「結晶性知能」(Horn & Cattell, 1966) ないしは「言語性知能」

(Wechsler, 1955) は，正常老化 (normal aging) の範囲にある限り60歳〜70歳台まで，ほぼ成熟の水準を維持することが可能です。このように，心身の形態・機能面にみられる発達的変化は，加齢と並行して減退する側面と加齢とともに必ずしも衰えない側面が存在します。

発達心理学の主な研究分野は，身長，体重，胸囲などの身体面にみられる発達的特徴を測定し，その年齢的差異や年齢的変化を観察していく分野と，人の学習能力，動機づけ，感覚・知覚，知的能力，社会性，性格，体力や運動能力などの精神機能の発達段階ごとの特徴を観察し，それぞれの面にみられる年齢的特徴や法則性を見出していく分野に分けられます（林，1994)。

これらの心身機能の発達段階ごとの特徴や規則性を調べ比較していく方法に，「横断的研究法」(cross-sectional study) と「縦断的研究法」(follow-up study) があります（谷口，1997)。横断的方法は，広範な年齢域（例えば10歳〜70歳）の人に同じテストや同じ機能の測定を行い，その年齢ごとの平均値の得点差を比較することにより，その機能の年齢的差異を調べる方法です。他方，縦断的方法は，個人に同一のテストや機能の測定を定期的（数十年の時間間隔で）に実施することによって，加齢にともなう機能や能力の変化の特質を検討しようとする方法です。縦断的方法は，心身の諸機能の真の年齢的変化をとらえられるという長所はありますが，結果が得られるまでにかなりの時間と経費と労力が必要とされるので，短期の調査研究では成果が得られにくい方法で，個人の研究努力だけで実施するのが困難なことが多いわけです。したがって，通常の研究調査は比較的に短期間に研究成果の得られやすい横断的方法で研究されることが多いのです。ただ，この方法では同一機能の経年的比較が，同一人でない異年齢の集団の平均値で比較されますので，得られたデータは擬似の年齢的変化であり，真の年齢変化をとらえられないという短所もあります。こんにちでは，これらの2つの研究法の相互の不備を補う研究法として，「縦列法」(cross-sequential method) という方法が考案されていますが（谷口，1997)，この研究方法による実証的データは，まだわずかしかないのが実状です。

2　行動発達の原理

発達（development）は，その本来の意味に「巻物を解いて中身を見る」という意味があります。発達には，遺伝と環境の相乗作用の結果として，時間の経過とともに身体面と精神面に現れる顕現的変化のことです。人の発達，ことに乳・幼児期，児童期，青年期を経て成人期に至る発育の著しい時期に認められる行動発達の原理として，以下の6つの基本的原理をあげることができます(三島，1972)。

①発達方向の原理　人の発達は，時系列的に一定の方向，順序，勾配に従って進むという原理です。歩行能力を例にあげると，一人歩きができるようになるまでに，「一人座り」，「助けられて立つ」，「ものにつかまれば立っていられる」，「這い這いができる」，「手をひけば歩ける」，「つかまり立ちができる」，「階段上がりができる」，「一人立ちができる」，「一人歩きができる」という順序をたどります。この発達の順序性は，性差・人種差を超えて不変であり，その発現の時期には個人差があり，数カ月の遅速は認められるのが普通です。

②発達テンポの原理　人の発達は，常に等速度で進むものではないという原理です。一例をあげると，身長の成長比率は，出生時：5歳時＝1：2の比率ですが，15歳時：20歳時＝1：1.1の比率となります。また体重の成長比率は，出生時：5歳時＝1：5の比率ですが，15歳時：20歳時＝1：1.8の比率となります。このように発達のテンポは発達段階の初期に最も速く，成熟段階に近づくほど遅くなります。

③発達交代の原理　人の発達の側面は，情緒，身体運動面，知的面，社会性などに分けられます。これらの側面は，相互に密接に関連しています。発達の交代の原理とは，発達の一側面において，発達の進行の速い時期と遅い時期が交互に来ること，また密接に関連する2つの側面の間で発達の進む速さに遅速の交代現象が起きるという原理です。一例をあげると，身長は5～8歳の時期に成長が速く，8～11歳の時期には成長が緩やかで，12～15歳頃に再び急激な伸びを示します。また身長の伸びが緩やかな時期は，体重の増加が大きく，身長の伸びが急激な時期は，体重の増加は緩やかです。このように伸長期（身長局面）と充実期（体重局面）には，発達テンポの遅速の交代現象が認められます。

人の心は一生成長しつづける

④発達の連続性の原理　発達はたえず連続して進行し，断続・非連続は認められないという原理です。一例をあげると，性行動は思春期にこつ然と発現してくるのではなく，幼児期からの連続する生活環境の中で，性情報による学習，異性との交際などさまざまな社会的刺激を受け続けた結果であり，身体の生化学的変化である思春期の第２次性徴は，付加的条件にすぎないということです。このように一見，本能ともいえる性行動も長年の学習の成果が加わってはじめて正常な性活動につながるわけです。

⑤発達の各側面間並行の原理　人の発達の側面には，相互に高い関連性が認められるという原理です。一例をあげると，知的側面に優秀な子どもは，運動面においても同年齢集団の平均以上の発達を遂げるという事実が認められています。また知恵おくれなどの精神発達に障害のある場合でも同様に，運動面，情緒面，社会性は知的発達の水準に応じた能力を示すという事実が認められま

す。この原理は障害児・者の行動発達の原理としても重要な指導原理です。

⑥発達の個人差の原理　人の各側面の発達現象には，その基底に同一性が認められるものの，各側面の成長・成熟の出現の時期・強さ・型において，個人間に著しい差異が生じるという原理です。発達の個人差を規定する条件は，遺伝（成熟）と環境（学習）の複合的要因としての人種，性，地域，社会階層などです。発達の個人差は，性別による差異よりも個人間の発達差のほうが大きく，また高齢になるほど個人差は拡大し，さらに身体面よりも精神面の発達の個人差のほうが大きいことが認められています。

3　発達段階とその全般的特徴

以下，人の発達の各時期にみられる心身の特徴について概説しておきます。

（1）人生の前半期の発達の特徴

①胎児の世界　胎児には，胎生期の生活があり人生があります。胎生期は，受精卵期（受精～3週の終わりまで），胎芽期（4週目～8週の終わりまで），胎児期（9週目～40週・出生まで）に3区分されます。胎児は，1個の生命として子宮内生活を営んでいます。胎児の生活環境は，外界から閉ざされた「閉鎖性」と地球の重力の影響を受けにくい「羊水内浮遊」という発育の促進されやすい環境を有しています。反面，母体内の胎児が不健康な状態に置かれていることも意外に多く，それが胎芽病（胎芽期の時期に生じやすい疾患や障害）や胎児病（胎児期の時期に生じやすい疾患や障害）に発展し，誕生後の発育不全や障害（脳障害など）の発生に影響します。胎芽期の終わりまでに，ヒトとしてのおよその外形が整うようになります。こんにち，胎生期の行動学的研究の成果により，誕生までのおよそ40週の間に，身長・体重などの形態発育や聴覚などの感覚，手足の運動機能の発達など目覚ましい変化を遂げており，ヒトとしての独自の世界があることが明らかにされています。その延長線に出生後の新生児の生活があるのです（Newman & Newman, 1975）。

②新生児期・乳児期の世界　「ヒトは，他の霊長類などの高等哺乳動物に比べて，最も未熟で無能な離巣性の動物」（Portmann, 1944）として生まれてきます。哺乳類の出生直後の発育状態について比較すると，ヒトの発育が最も未

熟であることが明らかになっています。すなわち，自力で食事ができず，自力で移動もできず，意志伝達のコミュニケーション能力も喃語や片言など未熟な水準にあります。このように生後の約1年間は，養育者に放置されれば生命維持もできない無能で危険な状態で生活しているわけです。生後1年ほど経って，ようやく自立歩行や言語の発達，自力での食事が可能になるという意味で，チンパンジーやゴリラなどの霊長類に比較すれば，生理的に早産の状態で生まれてきていることになります。このような発育状態を，ポルトマンは，比喩的に「子宮外胎児期」と呼んでいます。しかし，発達的に未熟な時期に母体外に放り出され，一個の独立した生命体として多様で豊富な環境刺激を受けることになり，このことがかえって他の霊長類にない独自の高いレベルの発達水準を獲得することにつながったと考えられています。

③乳児期・幼児期　この時期は，発達的にみれば，いわば生物学的存在としての「ヒト」から社会的存在としての「人」（人間）に変化する時期として位置づけることができます。第1反抗期という自我中心の自己高揚の時期がこの発達期に現れます。「自己中心的思考」（ものごとの一面のみに集中して，他の側面を無視しがちな傾向や自分を中心とした立場からしかものごとを見ることができない傾向）や「幼児心性」（大人とは質的に異なる知覚様式）の現れる時期です。幼児心性の具体例として，「相貌的知覚」（自分が見る対象に自分の感情を移入して，その事物が表情や感情を持っていると知覚すること），「実念論」（自分が考えたり話すことや夢の内容などが実際にも存在していると思ってしまうこと），「アニミズム」（すべての物は，生きていて心を持っていると主観的にとらえること），「人工論」（世の中のものは，何でも人間が作ったもの，作れると考えること）などがあげられます。自己中心的思考は，自分の立場以外の他の立場があることに気がつかないという認知の仕方であることから，さまざまな立場を経験させることによって，友達や兄弟など相手の立場からの思考や感情を理解させることが必要となります。幼児期の思考の特徴は，ピアジェ（Piaget）の研究によれば，見かけから受ける印象によって直感的に判断するというところに特徴があります（Piaget & Inhelder, 1966）。直感的とは見えたとおりという意味で，同じものでも見る角度を変えたりすると，その見かけに影響されて判断も変わるということを意味します。ものの保存概念の成立

表４．１　ピアジェによる知的発達の筋道

発達段階	特　徴
感覚運動期 （０～２歳）	対象の認知を，もっぱら感覚と身体運動を通じて行う。行為の対象へのはたらきかけの効果に気づくようになり，意図的に対象にはたらきかけるようになる
前操作期 （２～７歳）	行動が内面化し，何ものかを心に思い浮かべるようになる。イメージや象徴遊びによって，表現することができるようになる。思考は自己中心的で，論理的操作ができない。
具体的操作期 （７～12歳）	具体物による論理的操作ができる。物を大小の順に並べる系列化の操作ができ，保存が成立し，可逆性が可能になる。
形式的操作期 （12歳以降）	形式的，抽象的な水準で論理的に思考することができる。仮説を立てて，予想することができるようになる。

（藤原喜悦 1987）

していない４，５歳の幼児は，同じサイズの２つのコップに入っている同量の水も，片方のコップの水を子どもの目の前で他の形の違うコップに移し替えると，２つの水の量が異なると判断するのはその一例です。

④児童期　基本的生活の場は学校であり，親子・同胞という家族関係から離れて，学級・学校の規範を中心とした日常生活を送る時期です。社会性の面では，協同と競争をともなう行動の出現の時期であり，ギャングエイジ（親や教師や社会の行動規範より，仲間・友人同士のルールに従って行動しがちな年代で，小学校４～６年生の頃を指す）という仲間意識も芽生えてきます。情緒面では，気分・感情の変動の比較的少ない落ち着いた安定期にあります。知的面（Piaget & Inhelder, 1966）では，「具体的操作思考の時期」（７，８歳～11，12歳）ならびに「形式的操作思考期」（11，12歳～）への移行期にあたります（表４．１参照）。「操作」とは，ものごとの矛盾を整理し，いろいろな側面からみてその矛盾をなくすような客観的で論理的な思考ができるようになることを意味しています。幼児期は，この操作が十分にできずに，自己中心的思考の段階にとどまっていますが，児童期に至り客観的・論理的思考（これを，Piagetは脱中心化といいます）ができるようになります。身体・形態面の発育面は，幼児期や青年期ほどには大きな変化はみられませんが，身体発育を規定する生

物学的条件は比較的に安定しており，いわば穏やかな成長期にあるといえます。

⑤思春期・青年期　この時期は，形態面では大人とほぼ同じ体格や体力を持つようになり，第2次性徴（男子では，声変わり，男らしい筋肉・骨格の急激な発育，精通現象など；女子では，乳房の発育，初潮，女らしい体脂肪の多いふくよかな体型など）が発現する時期です。親・教師は，彼らを精神的未熟さから，いまだ子どもとして処遇することが多い反面，身長・体重などは大人の平均を上回る者が多くなり，一般社会は，彼らの大人っぽい体つきから判断して，大人として扱うことが多くなります。死亡率も人生の中で最も低い時期で，健康にも最も恵まれた時期です。小学生と中学生には大きな身体面の差がみられますが，中学生と高校生との間には大きな体格差はみられなくなります。体力・運動能力の発達は目覚ましく，特に手先の器用さ，全身運動の軽快さは成熟水準に達します。知的能力面では，知能が「形式的操作期」にあたり，具体的なことばかりでなく抽象的なものごとについても操作ができるようになり，16～18歳頃になると，知能も一応の成熟水準（大人の思考構造）に達します。社会性（社会的適応能力）は，いまだ十分に成熟していない段階にあります。修学期間の延長にともない，フリーター，パラサイト・シングルなどと呼ばれる社会的自立の時期を遅らせるモラトリアム（moratorium; Erikson, 1959）状態が続く者が多いのも現代社会の特徴です。

⑥成人前期　就職，結婚，子育てなど，自力で経済生活を営むなど現実的な人生体験が始まる時期で，その成功と失敗を通じて，現実の大人社会に次第に適応していく時期です。その意味で，成人前期は実質的な一人前の大人の水準に達する社会的成熟の年齢期です。ちなみに知的能力が大人の水準に達する時期は，およそ16～18歳，情緒的に大人の水準に達する時期はおよそ8～9歳，運動能力が大人の水準に達する時期はおよそ15～16歳です。その意味で，社会性は他の発達面よりも，最も遅れて大人の水準に達します。30歳台に入って，社会の生き方についての一市民としてのひととおりの知識・体験・技術を獲得し，自分なりの人生観も生まれ，市民としての責任ある生き方のできる時期となります。発達的にみれば，3～4歳期（ヒトから人への移行期），12～13歳期（子どもから大人への移行期），30歳期（生き方の転換期）として位置づけられます。特に，30歳台以降は性格的にも内向性から外向性へと転換しやすい

時期であり，人生観にも変化が起きやすく，生き方にも大きな変化がみられる時期でもあります（Newman & Newman, 1975）。

（２）人生の後半期の発達の特徴

⑦中年期　40歳台以降の時期は，身体の形態面は確実に衰退に向かう時期です。体力面では，減退のきざしがみられる時期であり，成人病や神経症などの心身の健康上の問題も増えてくる時期です。この発達期においては，社会の歯車として組み込まれ，生き方の大幅な軌道修正や転換ができにくくなる年代で，生き方の自由性が失われがちになる時期でもあります。他方，生活環境は一生涯の中で最高の広がりを持ち，若者から高齢者まで多世代の人々と交際の機会が多く，社会的に安定した自信ある行動を行える時期でもあります。反面，はじめての体験が少なくなり，好奇心，興味，関心は狭められてくる傾向もあります。人生の意義や価値について深い洞察が可能になり，個性の確立期，熟成の時期として位置づけることもできます。また，この時期は子ども世代が成長・独立し，男性は社会的役割が高まり職務が多忙となり，家庭人としての父親，夫としての役割が薄れがちになります。他方，女性は家事や子育てなど主婦や母親としての従来からの役割から比較的に解放されることが多いので，一時的に生きがい喪失の状況に陥りやすく，新たな生きがいを模索するなど自己同一性の混乱とその再定義を迫られることが多くなります。

⑧老年期　人の一生を眺める時，いくつかの心理的危機に遭遇します。「心理的危機」とは，あるできごとを契機として，個人に緊張，不安，動揺を喚起し，その後の生き方に大きな影響力を持つという意味です（Newman & Newman, 1975）。誰しも共通して遭遇する老年期の心理的危機は，「引退の危機」と「死の危機」です。引退の危機とは，職業人・家庭人として長年にわたり担ってきたさまざまな社会的・家族的役割（部長，課長などの公職）から退くことで，長年培ってきた職業人，社会人として形成されてきた自己概念が混乱しがちになるということです。そして，人生最後の最大の危機は，「死の危機」です。万人に例外なく訪れる死を，どのように受け止めていくかの態度は，無意識のうちにも不安・焦りや抑うつ感情を引き起こしやすくなります。特に，この課題は健康の損なわれやすい老年期に現実的な課題となることが多いこと

から，老年期の最大の発達的危機として位置づけられます（谷口，1997）。

第 2 節　生涯発達を説明する理論

人の一生涯に起こる精神面の発達的変化の過程を独自の観点から説明した発達説について，概説しておきましょう。

1　ハヴィガーストの提起した発達課題説

ハヴィガーストの提起した発達課題説（developmental tasks）は，教育に関する 2 つの相対立する理論の中間領域に位置しています。すなわち，子どもは可能な限り自由にされることで最もよく発達するという自由の理論と，反対に子どもは社会から課せられるさまざまな拘束によって責任ある立派な大人になっていくという拘束の理論です（Havighurst, 1953, 1972）。ハヴィガーストの提起する発達課題は，個人の内的欲求と社会の要請との中間に位置する課題であり，社会と能動的に相互交渉をすることによって解決されます。発達課題は，各発達段階ごとに複数の課題群として提起されています。

所定の発達段階の発達課題を達成することは，次の段階の適応の良き基礎を与えることになると考えられています。各発達期の発達課題として，以下のような課題群が提起されています（Havighurst, 1972）。

①幼児期・児童期初期の発達課題は，養育者依存の母乳から流動食を経て固形食を食べられるようになること，自力歩行，言語発達にともなう会話能力を向上させること，適度なしつけによって排泄習慣を自立させること，社会生活に必要な正・不正の区別や善悪の判断ができるように良心を発達させること，などです。

②児童期中期の発達課題は，自立した活動的な社会生活に必要な身体的技能を獲得すること，自分自身への態度（自己概念）を発達させること，他人と協調していける社会的技能（social skill）を発達させること，男子・女子としての性役割を発達させること，などです。

③青年期の発達課題は，親や異年齢の友人との関係よりも，同年齢の友人たちとの親密な関係を成立させること，両親から情緒的に独立すること，職業を

持つ生活に向けての現実的な準備と心構えを持つこと，などです。

④成人期前期の発達課題は，職業生活を実際にスタートさせること，配偶者を選択して新たな家庭を築くこと，次世代の担い手として子どもを生み育てていくこと，などです。

⑤成人期中期（30歳～60歳）の発達課題は，10歳台に至った子どもを援助し責任ある幸せな成人生活へと導いていくこと，市民としての社会的な責任・義務を全うすること，社会生活を営むに必要な一定の生活水準を維持していくこと，配偶者を人生の最良の友として関係づけること，中年の生理的変化を受け入れ，かつそれに適応していくこと，老親の扶養・介護などの課題に生活を適応させていくこと，などです。

⑥老年期の発達課題は，身体的衰えおよび健康の低下に適応していくこと，退職後の生活（収入の減少，職業と仕事からの離脱など）にうまく適応すること，配偶者や近親者の死を受容すること，自分と同年代の他の人々のグループに加入し，その中で良好な人間関係を結べること，柔軟な姿勢で社会的役割の変化を受け入れ適応すること，満足のいく物理的な居住形態を確立することなどです。

ハヴィガーストによれば，中年期では，社会に対する影響力は最大となり，また同時に社会は彼らに最大の社会的責任，市民としての責任を求めるようになります。しかし，豊かな活動期としての中年期はあまりにも足早に駆けすぎ，ほとんどの人は驚きつつ，まだ旅を始める用意をしているうちに終わってしまったという思いを持って，この中年期の終了と老年期の開始を目にするようになると指摘しています。老年期という時期は，心身の個人差の著しい時期ですが，万人に共通して起きてくる発達的特徴として，心身に認められる老化現象の出現とともに疾病にかかりやすく，不健康状態に陥りやすくなることです。社会的関係も中年期よりも縮小することが多く，金銭面・人間関係面でのもろもろの喪失が認められるようになります。反面，この時期は，人の一生の中でも最も自由時間の多い時期でもあり，生活面での個人的な努力いかんによっては，趣味や新たな創造的活動に従事できる可能性も大きい時期でもあります。生きがいづくり，疾病の予防対策や体力の低下防止の対策，同世代同士の新たな友人関係の構築などがこの時期の発達的課題となります。

2　エリクソンの心理的・社会的な自我発達の8段階説

エリクソンは，人の発達はあらかじめ定められた予定表に従って起きると考えています（Erikson, 1959）。各発達段階には，個人の成熟と社会の要求から生じる心理社会的危機がともない，その危機の解決に成功すれば，精神的に健康な発達が続けられるが，その解決に失敗しそれが蓄積されていけば，精神的に病的障害をもたらす素因になりうるという考え方です（Erikson, 1959; 表4．2）。

表4．2に示されている各発達期の発達課題を要約すれば，次のようになります。

①乳児期（2歳まで）においては，自分のまわりの人たちに対して「信頼」または「不信」の態度を発達させます。幼児がこの段階で他人を信頼することを学べば，成長するにつれて信頼感が他人に対する行動の基本的な動機づけの要因となると考えています。

②幼児期前期（2歳から3歳まで）においては，子どもは独立（自律）の態度を発達させるか，または疑惑と恥が影を落とした行動を発達させるかのいずれかであると考えています。

③遊戯期（3歳から5歳まで）において，子どもは自分のとるべき適切な行動や役割を見つけ出さなければなりません。この試みに成功すれば，自主性（積極性）の発達が促進されるが，失敗すれば罪悪感を発達させることになります。

表4．2　エリクソンの人生の8つの心理的・社会的発達段階

＜発達段階＞	＜発達課題＞			＜課題を実現する力＞
乳児期	基本的信頼	対	基本的不信	希　望
幼児期前期	自律性	対	恥・疑惑	意　志
遊戯期	自主性	対	罪悪感	目　的
学童期	勤勉さ	対	劣等感	コンピテンス
青年期	同一性	対	同一性拡散	忠　誠
成人前期	親密さ	対	孤　立	愛
成人中期	生殖性	対	停　滞	思いやり
老年期	統　合	対	絶　望	知　恵

（Erikson, E. H. 1959）

④学童期（５歳から10～12歳までの思春期開始まで）において，子どもは自分の世界を支配する能力と環境について学ぶという課題に直面します。この課題の達成に成功すれば，自己有能感や自己効力感などが身について勤勉さが獲得されるが，失敗すれば自分を他人より劣ったものとする劣等感を発達させることになると考えています

⑤青年期（12歳から22歳）の基本的葛藤は，自分自身の同一性（自己を発見し，知ること）を学習できるか否かにあります。親，兄弟，教師，友人などの役割モデルとなる人々を模倣することが重要となります。はっきりした役割モデルを見つけ，そのモデルを十分に模倣した青年は，明確で永続的な役割同一性を見出し，確立することができます。現代社会の複雑で流動的な社会では，この役割モデルを自己の独自な同一性に組み入れることができず，青年期以後も自己同一性を見出す努力をしなければならないモラトリアムの状態にある人もいます。

⑥成人前期においては，他人と親密な人間関係に向かうか，他人から孤立する方向に向かうかの基本的な態度を発達させると考えています。

⑦成人中期（中年期）においては，たえざる精神的な成長と発達に向かうか，創造と停滞とに向かうかの選択を迫られます。中年期の心理社会的危機課題（life tasks）として「生殖性（生産性）対　停滞」をあげ，家庭・社会での生産的役割の獲得と充実の必要性をあげています。

⑧老年期においては，自己を価値あるものとする感情（自我の統合性）を維持し人格の円熟化に向かうか，自己の人生に絶望しあきらめ，なにごとに対しても動機づけられなくなるかのいずれかです。この課題の意義は，人生の半生を振り返って，自分の生き方をかけがえのないものとして受容できるか否かであり，この課題の達成に成功すれば，精神的にも穏やかで充実した心境を獲得できるようになります。反対に，この課題の達成に失敗すれば，自己の人生を後悔し，嫌悪を抱くようになると考えられています。

エリクソンは，老年期の人間が最後の力で獲得する英知（wisdom）とは，死そのものを目前にしての，人生そのものに対する超然とした関心であるとしています。英知の獲得には，死をしっかりと意識することが大切であり，死を現実的に視野に入れることができる高齢者などに特有のさらなる精神の発達が

あると指摘しています。

エリクソンの自我の発達理論において，最も重要な概念は「自我同一性」（ego-identity）です。自我同一性とは，自分は何者であるかを自分なりに確認することで，人生観，職業観などに反映します。これは青年期ばかりでなく，中年期や老年期に至るまで生涯を通じて重要な概念です。家族的・社会的役割の不連続が生じやすい老年期では，新たな自己概念の再構築を迫られるという意味で，自我同一性の模索は重要な心理的課題となります。

老年期という時期に適応していくためには，このような心理社会的課題への対処が要請されてきます。なかでも退職後の新たな人間関係の構築は大きな課題となります。

ニューマンとニューマンは，エリクソンの発達説を受けて，老年期を熟年期（later maturity）として位置づけ，その時期の発達的課題として，①加齢による身体の変化に対処すること，②祖父母，退職者，寡婦（夫）などの生活といった新しい役割や活動にエネルギーを向けなおすこと，③自分自身の人生を受け入れること，④死についての考え方を発達させること，であると考察しています（Newman & Newman, 1975）。

さらに，ペックは，エリクソンの理論を受けて，特に中年期・老年期の心理社会的な発達的危機課題について，独自な立場から詳細に考察しています（Peck, 1968）。それによると，中年期の発達的危機として，①体力の危機，②性的能力の危機，③対人関係の危機，④思考の危機の 4 つの課題をあげています。さらに老年期の発達的危機として，①引退の危機，②身体的健康の危機，③死の危機の 3 つの課題を提出しています。

以上のようなさまざまな発達的危機を乗り越え，個々の年齢期の生活に適応していくためには，個人の人格（性格）が重要な役割を果たしていると考えられています（下仲，1997）。特に，老年期においては，複雑な老いの過程にどのように折り合いをつけていくかの適応能力が必要とされてきます。

3　望ましい老後の生き方を模索する理論

老後の生き方を模索する理論には，「サクセスフル・エイジング」（successful aging：幸福な老い）とか「サブジェクティブ・ウェルビーイング」（subjective well-being：主観的幸福感）という用語が使われています（東京都老人総合研究所，1998)。これらの用語は，わが国の言葉になおすと「生活満足」とか「生きがい」に近い概念です。望ましい老後の生き方を模索する理論として，以下の理論があげられます（東，1999)。

（１）社会的活動理論（activity theory）

ハヴィガーストとアルブレヒトが，この理論の代表者です（Havighurst, 1953)。長年，従事した「職業」において得たものを，引退後も継承すること，つまり退職後も，社会的に「活動」を継続することこそが老年期の幸福感を維持させるものであると考える説です。

職業は，成人期の個人生活の中で，多くのウエイトを占めており，個人に役割を与え，対人的交流や能力を発揮する機会を与えてくれます。個人は，このような場面でこそ，喜びや生きがいを感じることができます。すなわち，職業は人に生きる意味を与えてくれる重要な生活の場です。

活動理論を支持する老年期の生き方の考え方として，①引退後（定年退職後）もさまざまな社会参加活動を行っている，②職業生活での知己を失っても，地域社会での新たな社交によって新しい知己を得ることができる，③引退前の活動水準を維持することによって，老年期の生活への適応が可能となる，などがあげられます。わが国においても，終身雇用制度が崩れてきたとはいっても，定年退職後も再就職したり，第２・第３の就職を求めて可能な限り職業を継続しようとする人々が多い傾向があります。60歳台後半期に限って見ても，欧米の約２倍の就業率です。すなわち，生きがいの対象として，家計の維持手段として仕事を続けようとする人が多く，暇は罪悪という旧来の考え方を背景とした“生涯現役”の信念が強い傾向が認められます。

このように，現代社会の先進諸国の20世紀の後半期においては，特に「活動理論」は常識的な考えともいえます。その意味では，日本でも「活動理論」は広く受け入れられる考え方です。

（２）社会的離脱理論（disengagement theory）

カミングとヘンリーがこの理論の代表者です（Cumming & Henry, 1961)。

この理論によれば，引退のもたらす個人の活動量の低下と人間関係の減少は，加齢にともなう自然で避けられない過程であり，それは生産上の世代交代あるいは社会の機能を保つという意味で必然的なことであると考える説です。そればかりではなく，職業中心の生活や社会の第一線の諸役割から退くことを，長年，仕事にかまけて十分に費やすことができなかった趣味やライフワーク（人生課題）に打ち込める機会として，積極的に受け入れることでもあります。その意味では，仕事や社会参加の維持を不可欠に考える活動理論とは相容れない理論といえます。

この説によれば，社会への参加水準が低いほど個人の幸福感は高いと考えられます。個人が社会からの離脱を受け入れるのは，①自分に死が近づきつつあり，残された時間がもうそれほど長くはないと感じた時，②自分の内から湧いてくる力が衰えたと感じた時，③自分の生活領域が以前と比べて縮小してきたと感じた時，などです。このような考え方や実際の生活を送っている高齢者は必ずしも多くはないと思われますが，80歳台，90歳台の超高齢期にはこの理論が妥当する事例は認められます。

（3）継続性理論（continuity theory）

ニューガーテンやアチュリィが，この理論の代表者です（Neugarten, 1968; Atchley, 1976）。社会的離脱理論に対する反論として位置づけられる理論です。継続性理論とは，発達心理学の観点からみれば，老年期にある個人もその前段階からの変化が継続しており，その変化もまた個人が選択してきたものです。社会的離脱によって老年期に適応できるか否かは，個人のパーソナリティによって異なるという考え方を根拠としています。その意味で，老年期の適応に対しては，「活動理論」も「離脱理論」もともに適切な考え方ではないと批判しています。

老年期に至った人々は，自分の力ではいかんともしがたい社会環境や身体の変化のなすがままになっているわけでもなく，個々人が長い人生で確立してきた欲求に沿って環境を能動的に選択しつづける存在であると位置づけています。したがって，活発な社会活動を維持しつづけることで幸福感を得る人もいれば，逆に社会活動を抑制することによって老年期に適応する人もおり，どのような生き方をするかは，パーソナリティのあり方次第であると考えています。

パーソナリティは，人それぞれの加齢パターンや社会的活動と人生に対する満足度の関係を規定する重要な次元であると考えています。このように，活動理論と離脱理論が，活動をしつづけるか，あるいは社会から離脱していくかという一方向的な観点に立って老年期の適応を説明しようとしたのとは対照的に，継続性理論では，老年期に適応し幸福な老いを実現するにはいろいろな方向があり，それは個人のパーソナリティに依存すると考えています。

（4）高齢世代とのつき合い方

高齢者自身による自助努力もさることながら，高齢になるほど他者による支えの必要性が増してきます。健康面，経済面，社会性，性格面など個人差の大きい高齢者世代に接する場合，どのような点に留意して支えていけばよいのでしょうか。高橋と波多野（1990）は，高齢者を上手に支えていく方法として，①高齢者の知的有能さを生かして，できる限りその有能さを発揮できるように援助すること，②多様な人々と接触する機会をできるだけ高齢者に確保すること，③高齢者の自己選択やマイペースの生活をできる限り許容すること，であると指摘しています。

年寄りだからと好意を押しつけることは，高齢者の自尊心を傷つけることになりやすく，他の人々に比べて劣っていることを暗に意味するようなレッテルを貼られたり，何から何まで世話されることは，高齢者の自尊心を低下させます。若い世代は，高齢者に対して無意識のうちに，老いに対する偏見を持って接していることが多いことに留意すべきです。エイジズム（ageism：年齢差別）は，子ども，若年者，中年者の中に確実に存在します。過剰ないたわりや過剰な親切・保護はこれらの偏見の裏返しともいえます。また，ある人の「有能さ」を評価するのに，生産性だけを重視して見るのは適当ではありません。最小限その人が現在最も得意とし，満足している側面を含めて見ることが必要です。老いとともに，動作がのろくなり，若い人ほどには，ものごとや仕事を素早く処理することが苦手となりますが，本人なりのペースでじっくり構えてやれば，かなりの仕事量を的確にこなす能力は十分に残っています。

われわれは，老いることは避けられません。多くの人々は有能でありつづけたいと望むし，長年の心がけ次第では，実際にそれが可能な場合も多いのですが，「よく年をとる」（successful aging）ことを最大限に支えるいろいろな工夫が必要となります（高橋・波多野，1990）。

推薦する文献

（人の出生時の発達的特徴を，他の霊長類と比較しながら平易に解説してある）

ポルトマン，A（著）　高木正孝（訳）　1961　人間はどこまで動物か—新しい人間像のために　岩波書店

（生涯発達的視点から，胎児～高齢者まで広く理解するのに役立つ）

高橋恵子・波多野誼余夫　1990　生涯発達の心理学　岩波新書

（高齢者に関する社会的・心理的問題を広く理解するのに役立つ）

日本老年行動科学会（監修）　2000　高齢者の「こころ」事典　中央法規

引用文献

Atchley, R. C. 1976 Selected social and psychological differences between men and women in later life. *Journal of Gerontology*, 31, 204-22.

東清和（編）　1999　エイジングの心理学　シリーズ高齢社会とエイジング（6）　早稲田大学出版部

Baltes, P. B., Reese, H. W., & Lipsitt, L. P. 1980 Life-span developmental psychology. *Annual Review of Psychology*, 31, 65-110.

Cumming, E. & Henry, W. 1961 *Growing Old, the Process of Disengagement*. New York: Basic Books.

Erikson, E. H. 1959 *Identity and the Life Cycle*. Psychological issues, International university press.　小此木啓吾（訳）　1973　自我同一性—アイデンティティとライフ・サイクル　誠信書房

藤原喜悦　1987　発達・性格心理学—「人間」の理解を深めるカウンセリング　佼成出版社

Havighurst, R. J. 1953 *Human Development and Education*. New York: Longman.

Havighurst, R. J. 1972 *Developmental Tasks and Education*- Third edition. David Mckay Company Inc.　児玉憲典・飯塚裕子（訳）　1997　ハヴィガーストの発達課題と教育—生涯発達と人間形成　川島書店

林洋一　1994　伊藤隆二・橋口英俊・春日喬（編）　生涯発達と臨床心理学（人間の発達と臨床心理学1　第1章　生涯発達の心理　駿河台出版　Pp. 2-23

Horn, J. L. & Cattell, R. 1966 Refinement and test of the theory of fluid and crystallized intelligence. *Journal of Educational Psychology*, 57, 253-270.

三島二郎　1972　人間の生成と形成をめぐって　1971年度早稲田大学公開講座特集・人間形成の諸問題　早稲田大学出版部　Pp. 108-157

Newman, B. M. & Newman, P. R. 1975 *Development Through Life: A Psychological Approach*. Dorsey.　福富護・伊藤恭子（訳）　1980　生涯発達心理学　川島書店

Neugarten, B. L. 1968 Adult personality: Toward a psychology of the life-cycle. In B. L.

Neugarten (Ed.), *Middle age and aging*. Chicago: University of Chicago Press.

Peck, R. C. 1968 Psychological Development in the Second Half of Life. In B. L. Neugarten (Eds.), *Middle Age and Aging*. University of Chicago Press. (Originally Published in: Psychological Aspects of Aging. John E. Anderson, Ed. Proceedings of a Conference on Planning Research, Bethesda, Maryland, April 24-27, 1955. Washington D.C.: American Psychological Association. 1956).

Piaget, J. & Inhelder, B. 1966 *La Psychologie de Lenfant*. Presses Universitaires de France.　波多野完治他（訳）　1969　新しい児童心理学　白水社

Portmann, A. 1944 *Biologishe Fragmente zu einer Lehre vom Menschen*. Berro Schwabe.　高木正孝（訳）　1961　人間はどこまで動物か―新しい人間像のために　岩波新書

下仲順子（編）　1997　老年心理学　現代心理学シリーズ（14）　培風館

高橋恵子・波多野誼余夫　1990　生涯発達の心理学　岩波新書

東京都老人総合研究所（編）　1998　サクセスフル・エイジング―老化を理解するために　㈱ワールドプラニング

Wechsler, D. 1955 *Manual for the Wechsler Adult Intelligence Scale*. New York: Psychological Corporation.

谷口幸一（編）　1997　成熟と老化の心理学―介護福祉士・社会福祉士・臨床心理士のための老年学読本　コレール社

谷口幸一　1997　生涯発達の課題と危機　喜多・前田・安藤・星野（編）　社会福祉援助技術総論第1章　黎明書房

吉田寿三郎　1974　日本老惨―20年後の長命地獄　小学館

第5章　パーソナリティと不適応

第1節　パーソナリティとは

1　人を理解するということ

日常生活の中で，私たちは多くの人たちと関わりを持って生活しています。十人十色という言葉があるように，人々は１人１人が個性を持って，独立した個人として存在しています。一般に，人は性別や年齢，職業や立場などによって，態度や行動の仕方も異なってきます。しかし，同じ立場に立っている同年齢・同性の人でも，当然のようにその態度や行動は１人１人違います。つまり，十人十色であるということは，１億人１億色であり，60億人60億色ということにもなります。

一方，私たちは他者を認知する時，五感を駆使して理解しようとします。服装や髪型など，視覚に感知される情報によって，まずその人を理解します。次に，言葉を交わして，その発声や内容によって，より深くその人をつかむことができるでしょう。また，その人が誰かほかの人とコミュニケートしている様子を見て，その人の別の側面を知ることができます。同じように，その人の職場生活，家庭生活，余暇生活など，多くの生活場面を知ることによって，さらに理解を深めることができます。

このように，人が人を理解する時には，できうる限り多くの視点から，多様な方法と，多面的な側面からの情報を収集し，最終的にそれらを統合していくことになります。しかし，このことは実際には難しいことです。というのは，人は生きて生活しており，一瞬たりとも同じ状態ではないからです。いわば，人間は流動的な存在だ，といってもいいでしょう。したがって，その人を本当に理解しようとするならば，無数の視点・側面から情報を集めるだけでなく，さらにそれを永久に継続していかなければならないことになるのです。

2 パーソナリティの考え方

上でみてきたように考えると，人を理解することはほとんど不可能に近いことになってしまいます。しかし，人を理解したい，自分自身を理解したいという欲求は，誰もが持っているといっても過言ではないでしょう。

例えば「らしさ」という表現があります。自分は女性として「女らしさ」があるだろうか，男性として「男らしさ」はどうだろうか，あるいは「学生らしさ」はどうだろうか，などと考えることはないでしょうか。この「らしさ」は，「赤ちゃんらしさ」「子どもらしさ」「大人らしさ」「教師らしさ」「サラリーマンらしさ」など，あらゆる人間に適用されます。そして，その人にとって妥当な「らしさ」が自他ともに認知されることによって，私たちは安心を得るのです。

「その人らしさ」を別の言葉で表現すれば，それは個性（character, individuality）ということになるでしょう。個性は，したがってその人の行動の仕方，考え方，ものの見方などの態度や行動だけでなく，容姿や雰囲気，能力，感受性など多様な特性の統合されたものといえます。

心理学では，こうした複雑で多様な「らしさ」を整理して，パーソナリティ（personality）という概念で理解しようとするのです。その定義はオルポートによれば，次のようになります。「パーソナリティとは，環境への独特な適応の仕方を決定する心身のシステムの内に含まれる，ダイナミックな組織である」（Allport, 1937）。

日本語では，これに最も近い用語は性格や人格ということになります。近接語として，気質（temperament），個性なども関係の深い語です。それらの関係を図にすれば，図５．１のようになります。気質はいちばん中心の核になる部分で，感受性や反応の強さや早さ，あるいはその人の根本に流れる気分を示しています。気質は，より生得的な傾向の強い部分であるといえます。周辺にいくに従って，成育の過程で習得されて形成される度合いの強い部分になるわけです。

つまり，パーソナリティは遺伝的な素質と，環境的な影響による部分の両方が関係して作られるのだといえるでしょう。「遺伝か環境か」ではなく，「遺伝も環境も」であり，しかも遺伝的素因と環境的素因が相互に関係しあって，そ

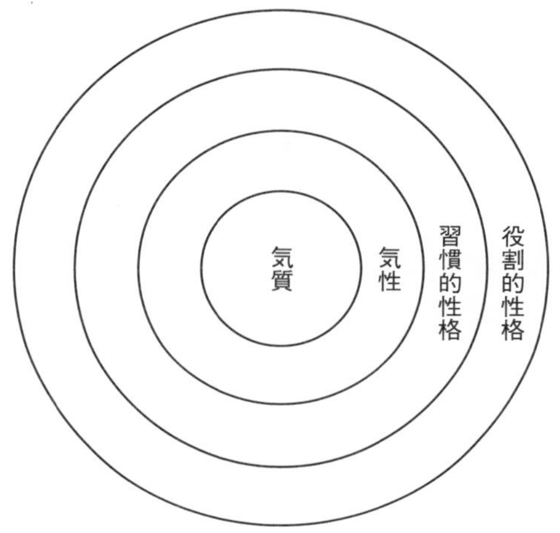

図5．1　性格の側面

の人のパーソナリティが形成されるというのが，現在の心理学の考え方になっています。

いずれにしても，パーソナリティを理解するために，多くの方法が研究され考案されてきています。そこでまず考え出された方法が，いくつかの分類の枠組みを設定して，すべての人を大きくいくつかに分類する類型論（personality typologies）のようなやり方です。例えば，気質や体格による分類などがあります。

また，あるいくつかの基準を設定して，それによって人を測定していく特性論（trait theories）のような方法もあります。例えば，社会性のレベルはどうか，自発性のレベルは，攻撃性は独立性はどうか，と判定していきます。そして，それらを総合してみていくことにより，その人の描写をできる限り精密に行おうというわけです。

3　自分を知るということ

ここまでは，パーソナリティという概念を用いて人を理解する方法について検討してきました。しかし，私たちにとって最大の関心は，人間一般を理解することではなく，自分を理解することなのではないでしょうか。つまり，「自分とは何か」，「どこから来てどこへ行くのか」「何のために生まれてきたのか」「何のために生きているのか」「生きるとは，命とは何か」「死とは何か」などの疑問です。

とりわけ思春期・青年期における最大の関心事の１つは，こうした自らへの問いかけなのではないかと思われます。こうした自分に対する問いかけの，一応の解答を得た時，それを自己概念（self concept）あるいは自己像（self image）と呼びます。自分なりの自己概念をつかみとること，それが１つの課題になります。自分で納得できるような，妥当で的確な自己概念を得ようとするのです。

妥当で的確な自己概念が得られると，自己受容ができ自己肯定感を持つことができます。そうした自分自身の評価に関する感情的な側面を，自尊感情（self esteem）といいます。ただ，妥当で的確な自己概念を得ることは，場合によってはそれほど容易なことではありません。思春期・青年期に特有ともいえますが，理想の自己像と現実の自己像の溝を意識せざるをえないからです。その完全な一致は難しいにしても，どこかで自らを納得させられなければならないのです。

したがって，自己像の乖離（かいり）を避け，何らかのやり方で統合された自己像を自分のものにすることが，青年期の発達課題となるのです。そのことを自我同一性（self identity）の確立といいます。

トピックス

■ フロイト

1856年にオーストリアでユダヤの家系に生まれ，ナチスからの迫害を避け亡命したイギリスで，1939年に亡くなった。ヒステリーの研究からスタートし，のちに無意識の存在を明らかにし，精神分析学の創始者として，心理学のみならず現代人のさまざまな考え方に深い影響を与えた。

イド・エゴ・スーパーエゴからなる自我理論は，現代でも色あせることなく，人間を理解しようとする時に，多くの示唆を与えている。精神分析学はフロイト後も，主にアメリカに亡命した臨床家や研究者たちによって発展してきている。フロイトの娘であるアンナ・フロイトは児童精神分析を発展させ，ユングやアドラーも独自の心理学を展開した。アイデンティティ心理学のエリクソンや，来談者中心療法のロジャーズ，あるいは交流分析のエリック・バーンなどにも大きな影響を与えた。

第2節　さまざまな性格理論

1　性格理論の歴史

個人差の研究は古く紀元前からあったといわれます。人それぞれ，自分はどういった存在か，などの問いかけは人類の持つ共通の課題だったのでしょう。「最近の若い者は困ったものだ」といった記述が，すでに古代の文献に記されていたといいます。

古代ギリシャでは，紀元前5世紀から4世紀に活躍した医学者のヒポクラテス（Hippokrates）が，人間の気質に関して分析を行っています。それは体液病理論といわれるものです。彼によれば，人間の体液には血液のほかに，黒胆汁，黄胆汁そして粘液の4つがあるのです。そして，それらの体液の混ざり方によって，病気が起こるとしました。

その後も，気質や性格に関するさまざまな理論が現れては消えました。例えば，脳の発達が頭蓋の形状に反映するとする骨相学，顔の形，表情，様子などから性格を想定する相貌学，書かれた字の大きさ，形，筆圧，速さ，字と字の間隔やつなげ方などから性格を判断する筆跡学などが知られています。

しかし，これらは単に歴史上に現れ消え去ったのでしょうか。そうともいいきれないかもしれません。少なくとも日常生活においては，現代人である私たちも血液型による人間理解とか，さまざまな占いによる解釈などを完全に無視できてはいないように思われます。また，第一印象や，ステレオタイプ（stereo type）による思い込みなども現実には多くみられるようです。

また，学問的な側面においても，この後みていく各種の類型論などは，古代の類型論の延長線上にあるといっても過言ではないでしょう。

2　類型論と特性論

その1つ目は類型論（personality typologies）です。これは，パーソナリティをいくつかの類型に分けて考えようというものです。例えば，クレッチマー（Kretschmer）の体型による気質の分類はよく知られています。彼は数多くの臨床例から，精神疾患のうち精神分裂病は細身の体型の人に多く，しかも発症前の気質に特徴のあることを発見しました。その気分は非社交的で，無口で用心深く，傷つきやすい特徴があります。これを分裂気質といいます。同様にそううつ病は肥満型の人に多く現れ，その発症前の気質には気分が不安定であるが，善良で社交的で明るく適応のよい特徴があるというのです。これをそううつ気質といいます。また，筋肉質の体型である場合，それを粘着気質と結びつけました。これは粘り強く，几帳面で義理堅い特徴を持っています。

類型論としてほかにはユング（Jung）の内向性・外向性と思考・感情・感覚・直感を掛け合わせて８類型とするものが，よく知られています。

パーソナリティのとらえ方の２つ目は，特性論（trait theories）です。これはパーソナリティをある１つのかたまりとしてとらえるのではなく，人間に共通するいくつかの特性因子を考えていこうとするものです。つまり，ある人のパーソナリティを記述し説明するのに，特性因子ごとの得点をあげて，その人のプロフィルを描き上げます。

特性を12や13の因子にまとめる立場など，いろいろのものがありますが，現在有力なのは５つの因子を主たるものとする立場です。現在用いられている性格テストの多くのものが，何らかの特性論に基づいて成立しています。ただし，特性因子をいくつに決定するか，どういった見方で特性因子を選定するかについては，多くの立場と理論があります。したがって，特性論によるモデルといっても，多種多様なものが存在しているのです。

3　精神力動理論と人間主義理論

３つ目は，精神力動理論（psychodynamic theories）の立場に立つものです。そのスタートはフロイト（Freud）が担っています。フロイトの発達理論によれば，人は性的なリビドーといわれるものに支配されて行動を行います。このリビドーとはわかりやすくいえば性欲のことであり，人の性欲の所在が唇に始まり，肛門，男根（ペニス）と移っていくに従って精神の発達が生じるというのです。そして，発達のそれぞれの時期に特有な性格傾向があって，その時期に固着が生じると，大人になってからの性格に偏りが残ると説明しています。

フロイトの流れを汲む理論は，アドラー（Adler）やユングなどによるものなどその後多く輩出されましたが，とりわけエリクソン（Erikson）は重要です。彼はフロイト流の性との関係から抜け出し，心理的社会的な発達を，ライフサ

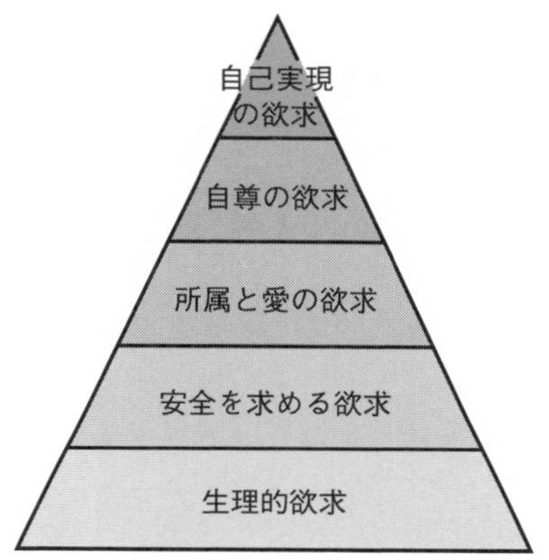

図5．2　マズローの欲求のピラミッド

イクル（life cycle）の視点から整理しました。彼は人生を全部で8段階に区切り，それぞれの段階における課題と危機を提示しています（4章2節参照）。

次は，人間主義理論（humanistic theories）の立場です。1人1人の個性を尊重し，その人の「今ここで」（now and here）の体験に注目します。そして，当然のことながら，過去よりも未来に向かう意志を尊重します。代表的なものは，ロジャーズ（Rogers）の来談者中心的方法（client centered method）によるカウンセリングです。彼の人間観においては，人は自分の可能性を信じて，自己実現（self actualization）をめざすものとされます。来談者中心カウンセリングでは，カウンセラーはその人の自発性と自己実現をめざす意思に寄り添っていきます（6章2節参照）。

マズロー（Maslow）は欠乏動機（deficiency motivation）と成長動機（growth motivation）を定義して，欲求の5段階説を唱えました。欠乏動機はより具体的には生理的欲求，安全を求める欲求となり，図5．2の底辺を構成します。それらが満足されて，はじめて成長動機による社会的欲求の段階に進み，所属と愛の欲求，自尊の欲求そして最終的には自己実現をめざすというのです。

4　パーソナリティに関するその他の理論

まず，相互作用論モデルの立場です。性格を特徴づけるものは生まれつきのものか，それとも成長の過程で形作られるのかという疑問は，古くて新しい問題です。つまり，遺伝が重要なのか環境が大切なのかということです。

この疑問に対して，多くの議論がなされてきましたが，現在では「遺伝か環境か」ではなく，「遺伝も環境も」というのが大方の見方となっています。ある遺伝的素因を持って生まれた人が，その後の成長における社会化の過程で，環境からの影響を受けつつ性格を形成していきます。その際，環境からの影響によって変化したパーソナリティが，また新たにその時点での環境と関わって変化を遂げるのです。つまり，遺伝的・生得的なパーソナリティと，その人の生活している環境との相互作用が繰り返されて，パーソナリティが形成されていくわけです。

最後に，その他の理論やモデルについて概観してみましょう。学習理論（learning theories）は，その人が受けた教育によって態度や行動が影響を受けると考えます。例えば，普通多くの場合人が恐怖を感じないような場面やものに対して，極度に恐怖心を抱く人がいるとします。それを，その人の誤学習や未学習の結果であるとして，学習のしなおしをすることで，行動の仕方を変えようとするのです。

認知モデルによるパーソナリティ形成を考える立場もあります。例えば，ロッター（Rotter）の統制の位置（locus of control）の考え方があります。これは，行動やできごとの原因を，自分の内に置いて考えるか外に置いて考えるかによって，人の行動の仕方に現れる違いを見ようとするものです。

トピックス

■内向性と外向性

ユングの考えでは，人には心的エネルギーが内面へ向かって自分自身に関心が集中するタイプと，外界に向かって活動するタイプがある。彼は前者を内向性といい，後者を外向性と名づけた。

また心のはたらきには，思考・感情・感覚・直感の4つがあるので，これらと内向性・外向性を組み合わせて8つの類型化を試みたのである。つまり，①内向的思考型，②内向的感情型，③内向的感覚型，④内向的直感型，⑤外交的思考型，⑥外交的感情型，⑦外交的感覚型，⑧外交的直感型である。

■5つの因子

特性論の研究は19世紀から続いてきたが，20世紀になってからも種々の理論と仮説が発表されてきた。とりわけコンピュータの発達が顕著になった60年代以降，大量のデータを処理することができるようになり，高度に数学的な処理によって因子の決定が行われるようになった。そうした研究のなかから生み出されたのが5つの因子である。つまり性格を表現する単語を因子分析で整理して，種々の統計学的な処理を行った結果得られた因子が5つとなったのである。それらは具体的には，外向性，調和性，開放性，情緒安定性，誠実性の5つであり，これら5つの因子に基づいて作られた性格検査もできている。

■性欲の発達

フロイトの自我の発達理論によれば，心的エネルギーであるリビドーは性欲の発達に沿って展開する。具体的には性欲を象徴的に代表する身体の部位が，成長とともに変化することになる。

誕生直後は赤ちゃんの性欲は唇に集中する。つまり，唇をほどよく刺激すると，性的に満足できる。したがって赤ちゃんは唇を満足させたくて，母親の乳房を吸引しようと試みるのである。この時期を口唇期という。もう少し成長すると，排泄に興味が移動する。とりわけ大便の排泄に重点が置かれ，つまり身体部位としては肛門が重要な位置を占めるようになる。この時期を肛門期と呼び，1歳半から3歳くらいの時期である。

次は男根期で，性欲が性器に集中してくる。年齢的には3歳から6歳くらいである。この時期に男の子は父親と，女の子は母親との葛藤を経験する。その後性欲はなりをひそめ，潜伏期が訪れ11，12歳に始まる性器期を待つことになるのである。

■フロイトの仲間たち（アドラーとユング）

ユダヤ人であったフロイトは精神分析学の発展にとって不利にならないようにと，自分自身がその代表として世間にアピールすることを避けようとした。そのためもあって，身近な仲間であるアドラーやユングを盛り立て育てた。

しかし研究の進展にともなって，次第に考え方の違いが顕在化するようになり，やがて彼らは袂を分かつこととなった。とりわけユングとの決別は決定的なものとなった。個人の無意識を示し，幼児期の体験を重視するフロイトに対して，人間としての根源的な集合無意識の存在を主張したユングは，独自の道を歩むこととなった。

■ ライフサイクルの視点

エリクソンは，フロイトがあまりに性に重点を置きすぎると考え，そこからの脱却を試みた。そして8つの心理的・社会的発達段階を明確化するに至った。

まず乳児期は，基本的信頼感（basic trust）を形成する時期である。幼児前期は，保持することと解放することを学ぶ時期である。より具体的には，母親からの解放である。幼児後期は，独立した人間として親をモデルとしてさまざまな行動を自発的に試みる。児童期にはものを作ることを通して，自分の能力や勤勉性に気づく。青年期は，アイデンティティの確立の時期である。自分はどういう人間で，これからどう生きていくのかという問いに向き合うことになる。成人前期は，より親密な人間関係，つまり恋愛や結婚を基礎とした「私たちのアイデンティティ」を確立する時期である。成人期は生殖活動を通して，「私たちのアイデンティティ」を次の世代につなげていく時期である。そして老年期は，それまでの人生を振り返り統合し，ポジティブの面だけでなくネガティブな面も含めて，すべてを受け入れていくプロセスである。

以上であるが，ここで大切なことはこれらが常に達成されるとは限らず，常に葛藤と危機を内包しているということである。

■ 学習のしなおし

さまざまな心の問題の背景に，未学習や誤学習があるとして，学習のしなおしをして解決の道を探ることができるという考え方がある。

例えば，柳の木を見てお化けだと思って怖がっているのは，未学習の状態である。そこで，近づいていってその対象を確かめてみれば，柳の枝が風に揺れていただけだと理解できる。その瞬間に恐怖感は消滅する。つまり学習が新たな認識を生み出し，それによって心の状態が変化したのである。

また幼い時に叱られて，泣きながら食べた夕食にニンジンが出た体験がもとで，ニンジン嫌いになってしまうことがありうる。ニンジンが本来的に嫌いなのではなく，誤学習が行われたのである。したがって，楽しい雰囲気の中で美味しく調理したニンジンを食べれば，学習のしなおしができるかもしれないのである。

■ 統制の位置

何らかのトラブルが生じた時に，その原因を自分自身にあるとして，自分を責めるタイプの人がいる。一方で，何でも人のせいにしたり世の中のせいにしたりする人もいる。

前者を内的統制型といい，良い結果が得られた時には，それを自分の努力や能力によるものだと考える。後者は外的統制型と呼ばれ，望ましい状況になった時に，それをチャンスやタイミングあるいは運や誰か他者のおかげと考えるのである。

第3節　性格を知る方法

1　観察と面接

ある人を理解するには，その人の日常生活のありのままの姿を，四六時中観

人の性格は外見でわかる？

察してみるのがいちばん良い方法かもしれません。これは実にもっともらしい考え方のようですが，しかしここには実現困難な点がいくつか隠されています。例えば，四六時中の観察ははたして可能なのでしょうか。また，それが可能であったとしても，どの程度の期間を必要とするのでしょうか。また，観察だけで，その人のすべてを理解できるのでしょうか。観察できるのは，その人の行動面に限られます。心の内面で，どのような葛藤や不安を抱えているのかについては，外面的な観察情報から推し量ってみるしかありません。

このように，人を観察し理解することは，それほど容易なことではないのです。そこで私たちは，何らかの枠組みを設定して，その範囲での限定つきで観察結果から結論を導き出すことにするのです。先述のように，自然な状況下で観察していく方法は，自然観察法と呼ばれます。

対象となる人の活動に参加して，ともに生活時間を過ごしながら観察する場合，それを参与観察法と呼びます。これは，自然観察法と同様対象者は自然な状況下で生活しているわけですが，観察者の参加が何らかの影響を与えることを考慮に入れなければなりません。

日常生活状況下での偶然性や突発性，あるいは観察者からの影響などを取り除いて，より客観性と再現性のある情報を得る目的で考案されたのが客観的条件観察法です。これは，実験室のような行動観察用に設定された条件下で，隣室のワンウェイミラーやテレビカメラからの映像を通して観察します。

個人面接は，より詳しくある人を理解することに適しているといえます。時間をかけて，しかも継続的に面接を繰り返して，互いの信頼関係を構築していくなかで対象者の理解が深まります。しかしこの場合も，観察と同様な影響を受けます。この場合，面接者との関わりにおいて示す対象者の態度や行動を見ていることになるからです。つまり，面接者の人柄や対応の仕方によって，対象者はその時その場での行動を示していると考えられるのです。ほかの面接者であれば，もっと違う態度や行動を示すかもしれません。男性であるか女性であるか，若いか年配者か，受容的か指示的かなど，面接者の特性に結果は影響を受けます。このような，面接者と対象者の相互作用による影響によるゆがみを考慮したかたちで，理解するようにしなければならないのです。

2　投影法テスト

投影法（projective technique）を用いた性格テストが投影法テストです。人は何らかの刺激を与えられると，特定の反応を示します。例えば，泣きべそをかいていた子どもが，お気に入りのアニメのキャラクターの映像を見て，急に泣きやんで笑顔になることがあるかもしれません。こうした反応は，精神分析理論において投射（projection）といわれるもので，一種の防衛機制のはたらきと考えられます。投影法テストは，こうした投射の考え方をベースにして，人の反応の仕方を統合的に理解し，その人の性格や心理状態を明らかにしようとするものです。

テストとしては，刺激として平面図形を用いるもの，立体を用いるもの，言葉を用いるもの，そして行動を用いるものがあります。

平面を用いるものでは，左右対称のインクのしみを示してその反応を見るロールシャッハ法（Rorschach test）がよく知られています。また，PF スタディ（picture frustration test）は，２人の人物が描かれている図版で，一方の人物になったつもりで発言内容を答えるものです。絵画統覚検査（TAT; thematic apperception test）は，解釈がいかようにもできるような曖昧な場面の絵を見せて，被検者の反応を見るものです。そのほか，バウム・テスト（baum test）やコラージュのように，被検者が自由に絵を描いたり貼り絵をしたりして，それをあとで評価するタイプのものもあります。

立体を用いるものとしては，箱庭があります。テーブルにのる程度の浅い木箱に砂を敷きつめたものの上に，被検者が自由に人形や家や植物などのミニチュアを配置していきます。調査者が自然なかたちで寄り添いながら被検者の反応を観察でき，またくつろいだ雰囲気の中で自由に表現しやすい特徴があります。

文章を用いるものでは，文章完成テスト（SCT; sentence completion test）がよく知られています。これは，いくつもの文章の出だしが示され，被検者はそれらの文章の続きを記入していくものです。例えば，「私の好きなものは……」とか「私が小さかったころは……」のようなものです。文章の完成の仕方とその内容から，不安，攻撃，依存などの傾向が分析測定されます。

身体的な動きをともなうものとしては，心理劇（psychodrama）があります。これはモレノ（Moreno）によって始められたもので，脚本のないドラマに被検者自身が参加して，その進行に応じて現れるその人の行動や発言から，性格や心理状態が分析されます。つまり，ドラマの中で架空の人物の役割をとる（role taking，role playing）ことで，その人の無意識や前意識が行動や発言として表現されるわけです。

3　標準検査法

標準検査法の基礎は統計学にあります。つまり，多数の被検者の回答結果から，統計的にある基準を導き出し，それとの偏差からある人の性格傾向を知ろうとするのです。当然ながら，それぞれのテストはその背景となる理論体系を持っています。したがって，そこで明らかにされるのは，その理論に基づいたいくつかの性格特性ということになります。結果は，性格特性のプロフィルのかたちで示されます。

手軽に実施できるので，学校教育やカウンセリングの場面などでよく用いられるものにエゴグラムがあります。これはアメリカのエリック・バーン(Berne) による交流分析 (TA; transactional analysis) を基礎としたものです。TAは精神分析の口語版ともいわれ，精神分析理論をわかりやすく日常生活レベルに適用したものと考えられます。結果は5つの側面の得点によって示されます。第1の側面である批判的親 (CP; critical parent) は，毅然とした態度で他者と接する傾向で，年下の友人や部下に対して厳しく振る舞います。第2の養育的親 (NP; nurturing parent) は，受容的な態度でやさしくいたわりを持って接する側面です。第3の大人 (A; adult) は，客観的な視点を持って現実を見つめ冷静に判断する視点です。第4の自由な子ども (FC; free child) は，天真爛漫で自由で無邪気な振る舞いをする傾向です。第5の適応的な子ども(AC; adapted child) の側面は，従順で良い子として他者に従い，相手に合わせた行動をとります。この5つの側面によって示される性格のプロフィルが，折れ線グラフの形で示されるエゴグラムで，その人の特徴が視覚的にわかりやすく示されます。

矢田部・ギルフォード性格検査 (YGテスト) では，①社会的外向 (S)，②思考的外向 (T)，③抑うつ性 (D)，④回帰性傾向 (C)，⑤のんきさ (R)，⑥活動性 (G)，⑦支配性 (A)，⑧劣等感 (I)，⑨神経質 (N)，⑩主観性 (O)，⑪攻撃性 (Ag)，⑫協調性 (Co) の12の特性が，120項目の回答によって示されます。それぞれの得点が計算され，例えばDが低くSが高い人は，「元気で満足感も高く (D)」「社交的でくったくがない (S)」性格と判断されます。その逆にDが高くSが低い場合は，「精神的に疲れて落ち込みがち (D)」で「人嫌いで口数の少ない (S)」といった性格として理解されるわけです。

MMPI (Minnesota multiphasic personality inventory) は，アメリカのミネソタ大学で開発された性格検査で，日本版がわが国でも広く使われています。ここでは，①心気症，②抑うつ性，③ヒステリー，④精神病質的偏奇性，⑤男性・女性度，⑥偏執性，⑦精神衰弱，⑧精神分裂性，⑨軽躁性，⑩社会的向性の10の特性が示されます。

ほかにも，モーズレイ性格検査 (MPI)，向性検査，クレペリン作業検査(Kraepelin's performance test) など，数多くのものが考案され用いられています。

トピックス

■ 投射

「坊主憎けりゃ，袈裟まで憎い」ということわざがある。憎いという感情を持っているのは，本来坊主という対象であったはずなのに，その代理物として袈裟を憎んでいる。これは，そうした心のはたらきを示している。精神分析理論によればこれを投射というのである。

ある人やものに対するネガティブな感情を，別の人やものにぶつける八つ当たりというのも，投射の1つと考えられる。逆にある人やものに対するポジティブな感情を，目の前の別の人やものに向けることもある。

■ 防衛機制

葛藤や欲求不満に陥った時，そうした感情をそのままにしておくことは苦しいことなので，さまざまな方法で私たちの心は自己防衛のはたらきを講じている。そうした無意識のうちにはたらく心の自己防衛のプロセスを，防衛機制と呼んでいる。

欲しいけれど手に入らないものがあった時，「あんなものもともといらなかったんだ」のように，もっともらしい理由をつけて気持ちを整理することを合理化という。自分自身ができなかったり持っていなかったりすることを，映画やテレビ，小説，マンガなどの世界に浸って，登場人物になりきって満足することを同一化という。つらくて苦しい現実の生活から一時的に目をそらし，閉じこもったり寝込んだりしてしまうことを逃避という。

第4節　パーソナリティの形成と障害

1　パーソナリティの形成

子どものパーソナリティの形成に，家庭環境の影響を否定する人はいないと思われます。祖父母とともに暮らす三世代同居の大家族と，両親と子ども1人の3人だけの核家族では，家庭の雰囲気がずいぶん違っていることでしょう。そうした家庭の違いが，そこで生まれ成長する子どもに異なった影響を与えることは容易に想像できます。

特に，親の育児方法や養育態度は強い影響を与えるといわれています。食事，排泄，睡眠などの基本的生活習慣のしつけについての方法の違いが，子どもに異なった影響を与えます。また，そうしたしつけを一貫して安定した態度で行うか，あるいはムラのある態度で行うかによっても，違いが出てきます。

詫摩ら（1961）によると，子どもの神経質は，「かまいすぎ」「甘やかし」「拒否的」「残酷」などと関係しています。「かまいすぎ」と「拒否的」は，正反対の養育態度ともとれます。その両方と子どもの神経質が同じように関係し

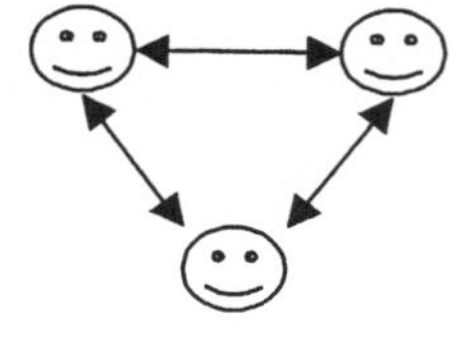

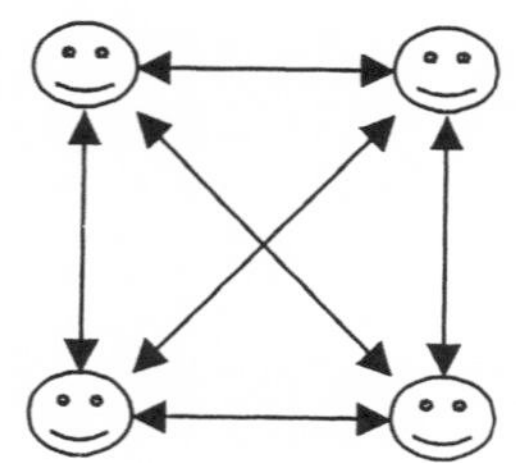

図５．３　家族数と人間関係

ているのは，なぜなのでしょうか。

このことについては，最近では相乗的相互作用によって説明されています。つまり，親が示した態度に対して，子どもが何らかの反応を示します。すると，その子どもの示した反応に応じて，親はまた何らかの態度をとることになります。言い換えれば，親の養育態度が一方的に子どもに影響を与えるのではなく，これこれの反応をする子どもだから親はこれこれの養育態度をとる，ということになります。さらに言い換えれば，子どものパーソナリティが親の養育態度を決定する，という側面もあるのだということになります。

次に，兄弟関係について見てみましょう。単純に人数と人間関係の複雑さを考えてみても，図５．３に示したように１人っ子の家庭と，兄弟のいる家庭では大きな違いがあります。人間関係が複雑になれば，それだけ学びのチャンスが増えることになります。例えば１人っ子の核家族の中では，子どもはいつも親との縦の関係の中で生活することになります。兄弟がいる家庭では，子どもは親との縦の関係だけでなく，いわば斜めの関係をも体験することになります。依田ら（1963）は２人兄弟の長子と末子の性格の違いについて調べています。それによれば，長子的性格は「気に入らないと黙り込む」「人前に出るのを嫌う」「親切」「自制心」「話すより聞き上手」「仕事がていねい」「面倒が嫌い」「控え目」などとなっています。末子的性格は，「おしゃべり」「両親に甘える」「親に告げ口をする」「強情」「依存的」「人まねがうまい」「食事の好き嫌いが多い」「お調子者」「嫉妬深い」「知ったかぶり」「外で遊ぶことが好き」などです。

以上のほかに，子どものパーソナリティ形成に影響を与えるものとして，家庭の属している社会階層や宗教あるいは居住地域などの，社会文化的条件があります。さらには，家族内のコミュニケーションのあり方や，雰囲気などの社会心理的条件も，大きな影響を与えます。また，子どもがある程度成長してからの，近隣の友人・仲間関係や，幼稚園・保育園そして小・中・高等学校での教育環境や人間関係も，無視することはできません。

2　地域性・風土や文化的影響

子どもは家族に囲まれ，また近隣の人間関係や学校環境によって直接的な影響を受けながら成長します。しかし，それらの身近な環境のさらに外側には，社会環境や自然環境が取り巻いています。家族などの身近な環境を通して，間接的に社会や自然の影響を受けているといってもいいかもしれません。

例えば詫摩（1998）によれば，日本列島の北岸地域と東北地方には分裂気質が多く，畿内，瀬戸内海沿岸，九州東岸そして関東奥地にはそううつ気質が多いということです。さらに細かく都道府県単位での，県民性の研究もありますが，時代の移り変わりとともに社会状況の変化やマスコミの影響などで，かなり流動的になっています。

国民性についても多くの研究がなされています。ベネディクトの『菊と刀』（1946）はこうした研究の古典といえるでしょう。そこでは，西欧のキリスト教を背景とした罪の文化に対して，日本社会は他者の目を気にかける恥の文化であるとされます。また，土居（1971）は日本人の基底的な感情として特徴的にみられる，甘えの概念を明確にしました。それは，いわば依存欲求であり，受身的対象愛といえるものです。現在では，この感情は実は日本人のみでなく，人間一般にみられるものとして理解されるようになっています。

3　パーソナリティのゆがみ

（１）適応と不適応

これまでパーソナリティについて，さまざまに検討してきました。この章のはじめに触れたように，十人十色というくらいですから，パーソナリティの違いや広がりは無限といってもいいくらいです。つまり，パーソナリティのあり方には，相当な幅があることになります。

日常の社会生活を営む中で，人それぞれの立場や役割に応じて，そこで適応して暮らしています。しかし，ときとして適応状態からはみ出してしまったり，うまく適応できなくなってしまうこともあります。本人は適応しているつもりでも，周囲からは不適応に見えることもあるでしょう。逆に，まわりからは違和感なく適応しているように見受けられても，本人はまわりに合わせて無理をしているということもあります。

いずれにしても，日常の生活で何とか適応的に暮らしているならば，その人のパーソナリティは健常の範囲にあるといえるでしょう。しかし，もし自分の感じ方や考え方，あるいは態度や行動の仕方を相当にコントロールしなければ生活できないとしたら問題です。

それはまわりの状況や社会が相当にゆがんだ不健全な状態にあるのか，あるいはその人のパーソナリティが不健全になっているのかのどちらかだと考えられます。

（2）特徴的なパーソナリティ

ここでは異常とはいえないまでも，やや偏りのある特徴的なパーソナリティについて記述してみましょう。ストレスとの関連でまずあげられるのが，タイプA行動（type A behavior）をとるパーソナリティです。単純にタイプA，と呼ばれることもあります。これは心疾患の危険因子（risk factor）として指摘されたもので，一言でいえば，仕事に熱心に取り組み，緊張を持続させたまま頑張り続けるようなタイプをいいます（7章3節参照）。そして，気づかないうちに，仕事の疲れやストレスを蓄積しすぎて，病的な状態にまで進んでしまうことがあります。こうした状態が，燃え尽き症候群（burn out syndrome）と表現されました。現代の都市生活者に，決して少なくないタイプです。

完全癖も現代人の多くにみられる特徴的な傾向かもしれません。1つのことに関わり始めると，こだわってしまって，客観的に他人からみると十分目標を達成しているようにみえるのに，本人は満足することができないのです。また，強迫的な傾向も少なからず多くの人に認められます。例えば，カギをかけて出かけたはずなのに，何回も戻って確かめないと気がすまないという行動などがそうです。あるいは，ちょっとした匂いが気になると，衣服を何回も着替えてみたりすることもあります。毎朝シャンプーをして出かけたり，口臭や体臭を気にかけすぎるのも，強迫的な清潔志向といえます。

私たち現代人は，生活習慣や生活様式がある部分では多様化し，また一面では画一化するという複雑な局面に立たされています。しかも，そうした状況がめまぐるしいスピードで流動的に移り変わっていきます。こんな中で，異常と正常の境目はますます曖昧なものになってきています。どこからどこまでと，明確に線を引くことはできません。ここにあげたようないくつかの例にしても，少し気になる傾向とか，ちょっと目につく癖とでもいえるものかもしれません。

こうした傾向は多かれ少なかれ多くの人にみられます。自分でもそれに気づいていて，しかも日常生活に差しつかえがなければ，病的なものと考える必要はありません。自分自身で日常生活に支障が出てきたり，まわりの人たちが迷惑をこうむるほどひどい場合は，ただの癖としては片づけられなくなります。そうした状態について，次の項でみていきましょう。

（３）人格障害

人格障害（personality disorder）については，精神疾患の診断基準に明確に記述されています。つまり，精神医学で使用される１つの専門用語です。英語のパーソナリティを日本語訳する時，性格とするのか人格とするのかによって微妙に概念に違いが生じます。いずれもパーソナリティの翻訳として妥当ですが，人格のほうには倫理的・道徳的な人間観に基づく価値判断がつきまといます。人格障害の診断基準に，何らかの反社会的あるいは非社会的な傾向を示す状態像が記述されていることは，必然的なことなのかもしれません。

アメリカ精神医学会（American Psychiatric Association）が明らかにしている『精神疾患の分類と診断の手引き DSM-IV』が，現在広く世界的に使われるようになっています。そこでは，人格障害の全般的診断基準としては，以下の４点をあげています。これらの点のいくつかについて，ゆがみがみられる場合，つまり通常その社会で期待されるものから偏っている場合に，人格障害が疑われます。

①自分や環境に対する認知　自分や他者およびその他の環境に対する解釈の仕

方のゆがみ。

②感情性　感情の強さ激しさ安定性などの偏り。

③対人関係の機能　他者とのコミュニケーションのとり方の偏り。

④衝動の制御　衝動的な反応がみられ，そのコントロールがうまく行えない。

さらに，そうした傾向が持続的で，自分自身に何らかの苦痛を与えていたり，社会的，職業的な生活に障害を引き起こしていることも，診断の際の重要なポイントです。

人格障害は，現在全部で10のタイプに分類されています。その主なものを見てみましょう。妄想性人格障害（paranoid personality disorder）では，何ら根拠がないのに家族や友人などが，自分に悪意を持った行動をとったり，危害を加えたりすると信じてしまいます。反社会性人格障害（antisocial personality disorder）は，法律に違反する行為や他者に危害や損害を与えるような，反社会的な行為を繰り返すことが特徴です。すぐに怒り出したり，攻撃したり喧嘩や暴力的な行為がみられます。境界性人格障害（borderline personality disorder）は，人との関係において不安定で衝動的な行動が多くみられます。また，自分自身についての理解についても安定せず，自傷行為や自殺のそぶりなどのエピソードがあります。回避性人格障害（avoidant personality disorder）は人と関係を結ぶことを避けようとし，受け入れられるという確信が持てないとなかなか距離を近づけることができません。拒否されるのではないか，否定されるのではないかといった恐れが支配的で，引っ込み思案で自信が持てずにいます。

このほかに，演技性人格障害（histrionic personality disorder），自己愛性人格障害（narcissistic personality disorder），依存性人格障害（dependent personality disorder），強迫性人格障害（obsessive-compulsive personality disorder）などがあります。

これらのいずれもが，他の精神疾患，例えば統合失調症やそううつ病などと似通った症状を呈することがあります。したがって，個々の症状を詳しく検討し，他の疾患と鑑別されなければなりません。

以前は多重人格性障害（multiple personality disorder）といわれていたものは，現在のDSM-IVでは解離性同一性障害（dissociative identity disorder）と

トピックス

■分裂気質とそううつ気質

分裂気質はクレッチマーの気質の分類では，やせ型の体型との一致が多いとされ，内省的で自分の心の中の世界に生きている人である。芥川龍之介のような雰囲気を思い起こすことで，イメージがつかめるかもしれない。社交的でなく，孤独を好み，繊細で空想的な傾向が強いといった特徴がある。

クレッチマーの分類では肥満型の体型に相当するのがそううつ気質である。同調的で社交的，明るく誰とでも交流する。内省的で繊細といった分裂気質とは正反対の気質である。気軽に冗談をとばしたり，大まかで陽気である反面，１人になると急に沈んで憂うつな気分に襲われたりするのである。

して分類されています。

推薦する文献

（性格の研究を幅広い視野で紹介し，性格心理学の問題を議論している）
詫摩武俊（編）　1998　性格　こころの科学セレクション　日本評論社
（わが国の代表的な性格テストの開発者によるわかりやすい性格の解説書）
佐野勝男　1993　新訂性格の診断—人をみぬく知恵　現代心理学ブックス　大日本図書
（パーソナリティのさまざまな側面を心の健康の視点から整理している）
大貫敬一・佐々木正宏　1992　心の健康と適応—パーソナリティの心理　福村出版

引用文献

Allport, G. W. 1937 *Personality: A Psychological Interpretation*. Henry Holt & Co.
青柳肇・杉山憲司（編）　1996　パーソナリティ形成の心理学　福村出版
Benedict, R. 1946 *The Chrysanthemum and the Sword.: Patterns of Japanese Culture*. Houghton Mifflin Co.　長谷川松治（訳）　1972　菊と刀　社会思想社
Berne, E. 1973 *Games People Play*. Grove Press
土居健郎　1971　甘えの構造　弘文堂
Erikson, E. H. 1959 *Identity and the Life Cycle*. Psychological Issues, No.1 : International University Press.　小此木啓吾（訳）　1973　自我同一性—アイデンティティとライフ・サイクル　誠信書房
Friedman, M. & Rosenman, R. H. 1974 *Type A Behavior Pattern and Your Heart*. Fawcett Pub. Inc.
Freud, S. 1920 *Das Ich und das Es*. Wien: Internationaler Psychoanalytischer Verlag.: Fischer Verlag.　井村恒郎（訳）　1964　自我とエス　日本教文社
Jung, C. G. 1960 *The Stage of Life, The Collected Works*. Pantheon.
Kretschmer, E. 1921 *Koperbau und Charakter*. Springer-Verlag New York Inc.　相場均（訳）

1961　体格と性格　文光堂
Maslow, A. H. 1962 *Toward a Psychology of Being*. N. J.: D. Van Nostrand Co., Inc.　上田吉一（訳）　1964　完全なる人間—魂のめざすもの　誠信書房
宮城音弥　1998　「性格研究の方法論」性格　日本評論社
Moreno, J. L. 1964 *Psychodrama I*. Beacon House.
Rogers, C. R. 1942 *Counseling and Psychotherapy: New Concepts in Practice*. Houghton Mifflin Co.　佐治守夫（編）　友田不二男（訳）　1966　カウンセリング　ロジャーズ全集第2巻岩崎学術出版社
Rotter, J. B. 1973 Generalized Expectancies for Internal Versus External Control of Reinforcement. *Psychological Monographs*, 80, 83-88.
詫摩武俊・依田明　1961　性格　大日本図書
依田明・深津千賀子　1963　「出生順位と性格」　教育心理学研究　11，239-246

第6章　心理臨床とカウンセリング

第1節　臨床心理学の諸理論

1　臨床心理学とは

私たちは，健康でいたい，快適な生活をしたいという願いをいつも持っています。また，健康は，身体が病気でないというだけでなく，「こころ」も健康であることを意味しています。

しかしながら，さまざまな事情により，悩みや，葛藤を抱え，「こころ」の健康を保つことができなくなり，毎日の生活が快適に送れなくなってしまうこともあります。このような状態を不適応の状態にあるといいます。不適応状態に陥った人たちを，個人的にも社会的にも少しでも早く，適応の状態に戻すには，専門的な知識に裏打ちされたサポートがないと難しいものです。

心理学的な知見をもとにして，不適応状態にある人々をどうサポートしていくかを追求していく分野は，臨床心理学（clinical psychology）と呼ばれています。臨床心理学は，人の生活に密着して発展してきた学問です。

研究の対象となる問題行動（表6．1）も広い範囲になり，研究方法も実験

表6．1　臨床心理学の対象となる問題行動

問題行動の種類	説　　明
頻度が逸脱している行動	行動の頻度が多すぎたり，少なすぎる行動。
強度が逸脱している問題行動	行動の強さが強すぎたり，弱すぎたりする行動。 強度の不安等により起こす神経症状・心身症状など。
場面や場所が適切でない問題行動	行動そのものが適切であっても，その表出される場面や場所が適切でない行動。
発達的にみた問題行動	発達的にみて適切でない行動。
社会的規範からみた問題行動	社会的規範から逸脱した，反社会的な行動。社会秩序に従わず，規範に反し，社会を悩ませる行動。

的なものではなく，フィールドワークを中心とした，実践的な手法がとられることが多いです。クライエント（client：来談者）との関わり合いを通じ，サポート過程の中で得られた知見をもとに理論を構築していく手法がとられるということです。同時に，それらの知見を活用し，サポート活動を実際に行うことも，臨床心理学の対象となります。

歴史的には古い学問で，初期の頃は，いわゆる「病気」を中心に，病気からの回復をサポートすることを主な目的としていました。現代では，対象も広がり，単に精神疾患や神経症群の問題だけでなく，種々の理由により不適応状態にあり「こころ」の健康を害している多くの人々を対象とするようになっています。近年，特に注目されている領域で，臨床心理学の知見が生かされる場も，精神科，神経科の病院をはじめとし，学校，福祉分野，司法，産業の分野などへと増えています。

しかしながら，臨床心理学は，直接的に「人」に関わる実学的な学問ですので，１つの理論や１つの方法に偏ってしまうと，実際には役に立たず，人に無用のレッテルを貼るだけの結果にもなりかねません。ですから，臨床心理学を学ぶ者は，広い視野と柔軟な思考ができるよう，政治学，社会学，文学，民族学，文化人類学などの心理学の周辺領域についても，広く学ぶ姿勢が要求されます。

2　臨床心理学の諸理論

臨床心理学の理論は大別すると，精神力動的理論，行動主義的理論，人間性心理学的理論の３つに分けることができます。ここでは，各理論について簡潔に解説をします。

（1）精神力動的理論

精神力動的理論とは，フロイトの精神分析やユングの分析心理学に代表される理論です。人間の精神現象は，心理・身体・社会的な種々の力が相互に力動的に関連しあって起こるものであると考え，パーソナリティ構造論と発達論に独自の見解を持っています。

心理過程のなかでも特に無意識過程を重要視し，言語，行為，夢などを分析・解釈することにより人間理解を促進しようとします。また，得られた知見をもとにして，種々の治療技法を行っています。

フロイトは，人の問題行動のもとに無意識があり，無意識に隠れているものを意識化することが精神的健康の回復につながるという立場をとりました。一方ユングは，無意識を個人的無意識と普遍的無意識の二重構造になっており，普遍的無意識はその内容を表現する基本的な形（元型）を持ち，それがおとぎ話や神話に存在するという立場をとりました。

精神力動的理論は発展的に多くの学派を生んでおり，新フロイト派，自我心理学派，対象関係論派，中間派，自己心理学派などが有名です。

（2）行動主義的理論

アイゼンクなど行動主義の立場では，あらゆる行動は学習によるものであって，神経症でさえ，なんらかの理由で不適応的に学習された行動パターンにすぎず，他の行動の学習と同じであると考えます（Eysenck, 1976）。

不適応行動が学習された過程を解明し，適切な適応に向けての行動を再学習することによって，問題行動の解決を図り，精神的健康を回復させようとする理論です。行動療法（behavior therapy）と呼ばれる療法を行い，負の行動様式から正の行動様式に行動の変容を促進することをめざします。

行動主義的理論の特徴は，科学性を重んじている点にあります。科学一般理論と照らし合わせて，理論的にかない，いかなる人によっても観察される，客観性と普遍性を持った事実によって体系づけられたものを見つけようとしています。実証的に証明され，一貫性のある理論のみが必要だという立場をとっているのです。

したがって，治療対象も，心の深層にある内的メカニズムではなく，あくまで症状あるいは問題行動そのものに視点を置きます。学習理論に基づき，①すでに学習され，維持している症状や問題行動を消去すること，②望ましい適応行動を新しく，しかも積極的に習得させることを目的とした諸技法を展開しています。

行動主義的心理療法は，適応的な望ましい行動がとれるようになり，自己コントロール能力や，問題対処能力が向上することによって，自分自身の力で種々の問題が解決できるように導くことを目標にしています。

（3）人間性心理学的理論

人間性心理学は，マズロー，ロジャーズ，メイ（May）などによって提唱された理論であり，代表的なキーワードは，自己実現（self-realization）です。自己実現とは，個人が自分の中にある可能性を実現し，本来の自分自身になることです。自己実現は，すべての人間が持つ生物として不変の精神的本姓であり，科学的に実証可能なものだといいます。この理論によれば，精神的本性はそれぞれの個人に独自のものであり，個人には精神的本性に基づいた固有の成長力が存在します。

問題行動は，この精神的本性が実現できないために起こるものであり，その意味から精神的本性は基本的に「善」であり，精神的本性は抑えるよりも，引き出し，励ますことにより精神的健康が導かれる。つまり，精神的本性の本質的核心が抑えられることにより「病気」が発生するのです。

精神的本性は強いものではなく，明瞭でもない，弱くて，デリケートなものであるが，決して消えることなく，人の中に潜在的に存在しつづけるという考え方をします。人間の潜在力と自己成長能力を重視し，人間とはよりよき生に向かって歩む主体的存在であると考えています。

人間性心理学では，人間を全体的にとらえ，パーソナリティを理解します。最も重要視するのは，人間の外側からみた行動ではなく，直接的な体験であり，研究者やカウンセラーは，常に経験の場から離れずクライエントに関与することが大切です。

選択，創造性，価値づけ，自己実現などの人間が独自に持つ性質を強調し，個人の独自性を常に中心にすえることが大切だと考えます。クライエントの目標，価値，希望，将来などを，成育史や環境要因よりも重視すると同時に，人と状況の関わりを重視し，文化・社会・歴史的条件にも関心を向けます。

また，人間の病的側面だけでなく積極的な側面に注目し，自ら前進的に行動していく存在であるということを重視し，死，孤独，生きる意味などの実存的な問題にも積極的に取り組みます。治療者は，人間が実存的な問題に独自の答えを見出す過程をともに歩む存在であると考えています。

3　臨床心理学の今後の展開

これまでの臨床心理学は主に，問題行動を持っている不適応状態になっている人を対象に，適応状態に導く方法を研究することで学問的発展をしてきました。

しかしながら，対象とする領域が広がるにつれ，さらに積極的に社会貢献をすることを求められてきています。単に問題行動からの回復をサポートするだけでなく，問題行動そのものが起こらないように事前に対処することにより，精神的健康を維持・増進していこうという考え方に基づいた「健康心理学」という分野も生まれています。

広く社会環境や，人間関係にも注目し，臨床心理学と社会心理学，精神保健学の融合をめざした「コミュニティ心理学」というかたちでも発展を続けています。

いずれにしても，人が生きていくということは，1人で存在するのではなく，

トピックス

■ 元型論

ユングによって提唱された理論。あらゆる地域の昔話や神話，異質的文化，夢，精神病患者の妄想などの中に，時間と空間を超えて現れる共通した洞察様式を元型の概念で説明したものである。われわれが本能として理解できるものと元型は，同じ生命活動の側面であり，表裏一体をなすものと考えられ，それは人類の普遍的無意識に由来するものであると規定した。

■ 精神疾患

①人格の障害が重篤で，現実検討能力が失われていること，②自分自身が精神障害であることへの病識が乏しいこと，③体験内容が正常人の了解の範囲を超え，追体験が困難であること，④障害が重く予後が思わしくないこと，などの特徴が認められる精神の状態をいう。また，身体医学の疾患概念と同じように，異常な精神現象の背後に，器質的変化の確認ないしは想定が可能な場合も精神疾患と規定する。代表的なものに，統合失調症，そううつ病，てんかん性精神病などがある。

■ 神経症

神経の構造に明確な変化が認められないにもかかわらず，神経系に起こる機能上の不調や障害をいう。代表的なものに，神経衰弱，強迫神経症，不安神経症，ヒステリーなどがある。

社会との関わりの中ではじめて存在しうるのです。そのなかでも個人の独自性を守り，個人として自己実現や成長をしていくことをサポートする学問として，今後の発展が望まれています。

第２節　カウンセリングの意義と人間観

1　カウンセリングの意義

カウンセリング（counselling）は，「適応上の問題に直面して，サポートが必要な人，つまりクライエントが，心理学的訓練を受けてカウンセラー（counselor）としての専門家から直接的に面接を受けて，適切な処置のサポートを求める過程をいいます。この過程は，主として言語的手段を媒介として，動的な心理学的相互作用を及ぼし合い，問題に直面し，問題を明瞭にし，自ら解決することができるように，認知・感情・態度・人格の変容をもたらすことを目的とする」と定義されます。

また，カウンセリングの機能をまとめると表６．２のようになります。いうなれば，カウンセリングはクライエントが，自分の問題について自ら解決しようとするのをサポートするということです。ですからあくまでも主体はクライエントにあり，カウンセラーはあくまでも「お手伝い」をするという姿勢を崩さないことが大切です。それだけにカウンセラーは，クライエントの認知・感情・態度や人格について鋭い観察力と洞察力を要求されます。

さらに，クライエント自身が自分の問題に気づき，自ら解決をしていくためには，カウンセラーとの間に濃密な信頼関係を構築することも重要です。

そのために，カウンセラーは心理学的な専門知識と訓練を積み，クライエントの「心」に必要以上に入り込みすぎたり，逆に冷たい対応になってしまわないようにしなければなりません。

カウンセリングの創始者の１人ロジャーズは，カウンセラーに必要な条件として，以下の３つをあげています（Rogers, 1957）。

①共感的理解（empathic understanding）

クライエントの内的世界をあたかも自分自身のものであるかのように感じ取り，クライエントに正確に伝える。

表６．２　カウンセリング機能

機　能	説　明
動機づけを強化する	自分の問題をなんとか自分で解決しようとする意欲を強めるようにはたらきかける。
自分の感情を表出させる	今まで抑圧していたり解消しえなかった恐怖心・心配・反感などの悪感情を表出させ，その緊張を緩和させる。
正しい情報を与える	問題に対する正しい知識や情報を与え，誤った知識や情報を持っていたら，訂正させる。
環境を変える	現在の望ましくない環境を心理的，社会的に，ときには経済的に変えさせる。
現状を明確に把握させる	自分の置かれている実情を正確に客観的に認識させる。ただし悲観的にならず，解決への明るい見通しを持たせるようにする。
決断を助ける	適当な時間をとって，いろいろな解決法を提示して，自分で最終的に決断することを支援する。
行動様式の再構成を助ける	問題行動の矛盾を自覚させ，これを克服するように自らの行動を再構築させる。
他の専門家を紹介する	問題行動に特殊な専門性を必要とする場合は，適切な専門家に，適当な機会をみて紹介する。

②無条件の肯定的配慮（unconditional positive regard）

カウンセラーは，クライエントを自己成長の潜在能力を持った人間として尊重し，無条件にあるがままを受け入れ，クライエントに向かい合う。

③真実性（genuineness）

カウンセラーは防衛的にとりつくろったり，専門的権威に隠れたりせずに，正直な自分を出すべきである。そのためには，カウンセラー自らの感情と意識，そして話す言葉とが自己一致していかなければならない。

言い換えれば，クライエントは温かく，包まれた感じの中で，自分の問題と向き合い，自らの成長と，自己治癒力を十分に発揮できる環境を保障され，その中で回復への「作業」をすることができるということです。カウンセリングの意義は，悩んでいる人が自らの力で，適応の状態を作り出すことができるということです。ですから永続的な効果を期待できます。

人は，不適応の状態に一度陥ると，どうしてもネガティブな考え方に支配されてしまう傾向があります。「自分はもうダメだ」とか，「いくら努力しても，良い結果は得られない」などと考えてしまいがちになります。

そこで，自分の問題を自分で解決していくことを学び，次に不適応状態になった時には，「自分でもできる」とか「何とかしよう」という意欲を湧き出させることができれば，ポジティブな考え方，前向きな考え方で，積極的に自分と向き合って生活していくことができるようになります。

2　カウンセリングの人間観

カウンセリングの考え方の基本は，絶対的な人に対する信頼感に裏打ちされた人間観です。

人を成長させるのも，悩みを解決するのも，不適応状態からの脱出をするのも，人との関わりの中でしかできないことであると考えています。そのためには，人の潜在能力，自己治癒力を信じ，それを引き出し，励ますことが必要であり，それによって，その人自身が生活全体を適応状態に導くことが大切だということです。

これは，人の内面には基本的に，よりよい方向，高みにのぼりたいという本能があり，その本能に積極的にはたらきかけることにより，改善への方向へと導くことができるという考えから導き出されています。

カウンセリングの基本理論の１つとなっていますが，人の基本的欲求には生理的欲求，安全の欲求，愛と所属の欲求，承認と自尊心の欲求の４つがあり，これらが充足されると，成長欲求としての真・善・美・独自性・自立・完全性などに対する欲求が起こり，「精神的健康」を求め，自己実現をしようと積極的な行動化が始まると人間性心理学のマズローはいいます（Maslow, 1962）。

またロジャーズは，人の本質を生物体として統合性を持つ有機体ととらえ，この有機体は自律，独立，成長，成熟へと向かう自己実現の能力を内に持っていると考えています。

有機体が環境とのやりとりの中で自他の区別を学び，識別できるようになり，さまざまな姿の自己を意識され，現象的自己が形成されます。現象的自己とは，客観的な自分のことではなく，自分の中で感じられ意味づけられた主観的な自分のことです。たとえば，ある人が「私は明るい」と思っている場合，それが客観的な事実かどうかは別として，本人が自分自身のことをそのように意味づ

人の心の痛みを治すのも人の心

けているわけです。

現象的自己は不安定で，周囲の環境によって影響を受けやすい傾向があります。しかしながら，この現象的自己のなかでも自己概念（self concept）と呼ばれるものは比較的安定しています。「自分はこういう人間である」という思いがいちばん，自己概念に近い感覚です。この自己概念と現実の自分との差が大きくなり，自己不一致と呼ばれる状態になると，パーソナリティの統合性が崩れ，不適応状態になります。

一度，不適応状態に陥ると，自己を守るためにかたくなになり，さらにネガティブな感情に支配されるという悪循環に陥ります。悪循環になりますと，たえず緊張，不安，焦りに襲われる状態になり，不適応状態はさらに悪化します。

この緊張，不安，焦りを取り除くためには，他者から，肯定的な感情の響きを持った言葉を受け取ることが必要です。自己の感情を受け止められたと感じ，自己の中にある成長への欲求が触発され，繰り返されることにより，不適応状態からの脱出が図られるのです。

つまり，人に対して絶対の信頼感を持つことがカウンセリングの人間観ということができます。

3　代表的なカウンセリング技法

（1）精神分析的カウンセリング（psychoanalytically oriented counseling）

親子関係，育児相談，恋愛・結婚・異性問題，人間関係などの問題を持った健常者を対象としたカウンセリングで，神経症者は対象にしません。

精神分析療法の原理である「無意識の意識化」を活用して行うカウンセリングです。人間の行動は無意識の感情に支配されていると考え，そのメカニズムを解明することを目的とした精神分析理論をもとにして構成されています。

精神分析的カウンセリングは，クライエントが自分で気づかないままに繰り返している行動に気づくように促すことによって，行動を変容させるサポート法です。

具体的には，①クライエントの行動に対して問題提起をして，行動のパターンに気づかせること，②クライエントの行動の意味についてカウンセラーが解釈し，その行動がどんな欲求を満たそうとしているかに気づかせること，③クライエントの行動の原因について気づかせること，を目標にカウンセリングを行います。

この過程の中で，クライエントは自分の行動の原因や結果を理解し，行動がより適応的なものへと変容すると考えています。

精神分析的カウンセリングが精神分析療法と異なる点は，①自由連想法を用いない対面法であること，②面接は必ずしも定期的でなくてよく，随意来室を認めていること，③深層の心理にふれる場面は少ないこと，④パーソナリティ変容よりも問題解決に焦点を当てることなどです。

（2）来談者中心カウンセリング（client-centered counseling）

ロジャーズが提唱した，来談者中心療法を基盤としたカウンセリング技法です。

種々の問題の解決には，人間すべてに内在する成長への衝動，潜在的に持っている自己実現への衝動を解放することで，自らの持つ自己治癒力が活動を始めることが大切だと考えます。クライエントはカウンセラーとのふれあいの中で，勇気づけられ，支持されることにより，主体的に，自らを良い方向に向けようとする，という基本理論に基づき実施されます。

カウンセリングの主体は，あくまでクライエントにあるという立場を堅持するので，「来談者中心カウンセリング」と呼ばれるのです。

カウンセラーは，①積極的傾聴により，クライエントの話を引き出して「心」の解放を試みます。そして②共感的理解により，クライエントの問題によって生じている不安を軽減します。共感的理解とは，言語や表情，態度などを通して，相手の感じ方や気持ちを相手の立場になって感じ取ることです。さらに③非評価的な受容により，クライエントの問題内容についての洞察を助けていきます。非評価的な受容とは，ありのままの相手やその体験を温かく受け入れる態度です。このような過程をたどることにより，クライエントが実際的な行動の変容を試みるようサポートします。

クライエントは，カウンセラーのサポートによって，①ありのままの自分に気づき（自己洞察），②ありのままの自分を受け入れ（自己受容），③統合された自分の中で問題を解決しようと決心（自己決定）できるようになり，建設的なパーソナリティの変化を起こすと考えています。

そのためには，カウンセラー自身もありのままの自分を受け入れ，他者を共感的に受け入れることができる存在でなければならないと説いています。

（３）指示的カウンセリング（directive counseling）

ロジャーズが「非指示的（来談者中心）カウンセリング」を提唱する以前から行われていたカウンセリング技法は，総称して，指示的カウンセリングと呼ばれています。

人間の問題行動の発生原因を，科学的に調査し，分析し，診断することを大切にし，これらの結果を踏まえて，クライエントに合理的な指導や助言を与える方法です。

指示的カウンセリングは，次のような３つの過程をたどります。

①必要に応じて，身体検査，心理検査，学力検査などを実施し，また，行動観察，生育歴，家族歴などの事情聴取により資料を収集し，これらの詳細の資

料をもとに問題の意味を理解する。

②問題の意味や性格特徴，家族関係の特質を解釈し，情報を与えクライエント自身が問題の再認識ができるようにサポートする。

③暗示，訓戒，再保証，批判，緩和，賞賛，忠告などの方法によって問題の解明と再体制化をすすめる。

非常に危機的な状況にあるクライエントに介入する時，また，発達途上にある子どもたちには効果的なカウンセリングの方法で，問題行動の解決には有効ですが，長期にわたると，クライエントに必要以上の依存傾向を持たせることがあるので，カウンセラー側に十分な配慮と技能が必要です。

（4）その他の技法および発展

カウンセリングは，「クライエントにより効果的なサポートを行うためにはいかなる方法があるか？」という視点で発展しつづけています。

特に最近目覚ましく発展しているものは，認知心理学，認知療法をもとにした認知行動カウンセリングです。人間の病理的行動は，誤って学習した考え方，イメージ，記憶による，認知のゆがみを改善することによって，問題行動を改善しようとするカウンセリングの方法です。

また，短期療法（ブリーフ・セラピー）を基本にして，クライエントの周囲にある人的な資源（リソース）を正常に活動させることにより，クライエント自身の行動を改善に向けるカウンセリング法なども行われ，日進月歩の状態です。短期療法とは，クライエントが現在抱えている問題の解決に焦点を置き，目標を明確にして短期間での解決を図ろうとする心理療法の総称です。

さらに，「体験」を重視した，グループ・カウンセリングに注目が集まっており，エンカウンター・グループと呼ばれる，出会いの体験を重視した技法や，発展型の構成的エンカウンター・グループ，人間関係の技術的側面に注目したソーシャル・スキル・トレーニングを取り入れたグループ・カウンセリングなども盛んに行われるようになっています。

トピックス

■ ロジャーズ（Rogers）

アメリカの心理学者で，人間性心理学の創始者の1人。現象学的な自己理論に基づいて，自己の構造と機能を中心にした理論を創った。自己実現を促す技法として，非指示的療法を生み出し，来談者中心療法へと発展させた。後期には，グループ・エンカウンターにも関心を向け，現代の心理療法における中心的な考え方と方法を創出した。

■ マズロー（Maslow）

アメリカの心理学者で，人間性心理学の最も影響力のある指導者の1人。人間成長の正常性を重視し，問題解決，知覚，認識という観点から人間を研究し，人間の動機づけについて独自の理論を生み出した。人間の基本的欲求が，生理的欲求・安全の欲求・愛と所属の欲求・尊敬欲求・自己実現の欲求に階層化された段階を持っており，低次元の欲求が充たされてはじめて高次元の欲求が作動するという欲求段階説を提唱し，また，自己実現した人が得る至上の幸福と達成の瞬間である「至高体験」を取り上げるなど，心理療法，カウンセリングに多大な影響を与えた。

■ 適応（adjustment）

生活体が周囲の環境と良いバランスを保つことをいう。ホメオスタシスのように生理機能を重視する場合は順応と呼ばれる。適応には受動的適応と能動的適応があり，前者は，環境に自分を合わせようとすること，後者は，自分の適性に合うように環境にはたらきかける行動をいう。また適応をしようとしすぎて神経症などになることを過剰適応といい，自我を守るために無意識に防衛することを適応機制という。

第3節　ヒューマン・サポートの基本技法

1　ヒューマン・サポートの基礎概念

ヒューマン・サポートの基本的な考え方として，ワイナーは，「患者の情緒的苦痛を取り除き，人間としての可能性の実現を妨げ，報いのある対人関係の楽しみを患者から奪い取っているパーソナリティ特徴を変えるようにサポートすることである」と言っています（Weiner, 1975）。

またコームズは「援助専門職の究極の目標は，人間の潜在力を解放することでなければならない。それは失敗をつくろったり，まして苦痛を防ぐというようなことではない。将来に向かって要求されることは高みに達するということ，できる限り十分な自己実現をサポートすることであり，それはほんの少数の人についてではなく，すべての人についてである」と言っています（Combs *et*

al., 1978）。

これらの言葉が「サポート」の基本的概念をそのまま言い表しているといえます。次に示すのは，サポートの基本的な過程です。

①カウンセラーがクライエントに対して関心を示し，温かく，受容的で，無批判的態度をとり，親密な関係を作る。その関係は理想的友人関係のようなものであり，サポートが必要な期間だけに限られる。

②クライエントは，自分の不安，葛藤，抑圧された感情について話すように勇気づけられ，カタルシス的に感情を表出し，それを批判的でない人と分かち合うことにより，クライエントの心は和らぎ，自分の問題について考えることができるようになる。

③カウンセラーは，クライエントの主観的な感情の世界や思考の世界を探索し，クライエントの考え方を理解し，クライエントとコミュニケーションをとろうとする。

④カウンセラーはクライエントが不適応状態にある時に，なぜあのような反応をしたかを洞察し，クライエントを変えようと試みる。

⑤カウンセラーはクライエントが他者とのつきあい方，対処の仕方を試し，その努力を始める計画を助け，実行するようにサポートする。

あくまでもクライエントを主体的な存在として尊重し，クライエントのペースを守りながら行うことが大切です。カウンセラーは「助けてあげている」という感情を持つのではなく，「手助けをしている」という態度を持ち，クライ

表6．3　援助をする時のルール

①相手のプライバシーを尊重する。
②相手との関係を公正であるように努力する。
③自信を持って語られたことを論議しない。
④性的な問題に関わらない。
⑤自分が望むように相手の時間がとれるとは思わない。
⑥相手を侮辱するような言動はしない。
⑦相手を無視しない。
⑧予告なしに訪問しない。
⑨どんな小さなことでも相手の好意には感謝を表す。
⑩相手と話す時は，相手から視線をそらさない。
⑪偽善的な好感情を見せない。

(Argyle, M. & Henderson, M. 1985)

エントが「いま必要としていること」を中心にサポートをしていくことにつながります。

したがって，クライエントが違えばサポートの目的や方法が違うのは当然のことであり，それに対応するためには，カウンセラーには広く深い知識と柔軟な思考ができることが重要になります。

さらに，カウンセラーは表６．３のようなルールを守ることも要求されています。

2　ヒューマン・サポート専門家に必要な要件

良きヒューマン・サポート専門家になるためには，それなりの学習と訓練が必要です。第１に，これは当然のことですが，サポートを行おうとする時に，そのサポート内容について豊富な知識がなければなりません。

次にサポートが必要となっていることについて，きちんとしたアセスメントができないといけません。アセスメントではまず，外的なもの，つまり事実，事物，組織，システムなど，クライエントが所属している社会の中で起こっているもの，クライエントを取り巻く客観的なものを把握していくことが大切です。さらにクライエントの内的な面，主観的な感情や態度，信念などについても理解ができなければならず，これらのことをリサーチできる能力も求められます。

３つ目は人間観です。ポジティブな人間観といいますが，人に対して肯定的に見る，前向きな思考法を身につけなければなりません。同時に，カウンセラー自身の自己概念もポジティブでなければなりません。

良いところも悪いところも含めて，あるがままの自分をしっかりと認識し，そのことを肯定的にとらえることができなければならないということです。

４つ目は，サポートの明確な目的を持つことができないといけません。やみくもにサポートを行えば，クライエントが救われるということではないのです。必要な，必然性のあるサポートでなければ，クライエントの真の利益にはつながらないこともあります。

最後に，サポートのための方法や技法をどうするかということです。１つの方法や１つの技法だけですべてのクライエントをサポートできるということは

トピックス

■カタルシス

カタルシス（catharsis）とは心理的な浄化作用のこと。過去の忘却された不快な外傷体験や葛藤が意識化され，再体験される時，それらに結びついた激しい情動を放出し表現することができる。その際同時に，心の緊張が解放される。この過程がカタルシスである。

ありません。必要に応じて柔軟にサポートの方法を選択し，技法を選択できるようにしておく必要があります。

いずれにしても知識だけでなく，経験からも学んでいかなければなりません。

ヒューマン・サポートの専門家は，たえず学び続ける姿勢を持ち，新しい情報に敏感であることに努め，同時に，社会の現状に関する統計調査などにいつも目を通し，社会や人々の一般的な傾向をたえず把握するように努め，自分の認知のバイアスを少しでも少なくする努力もしつづけなければなりません。

さらに，実際のサポート場面では，いつも別の選択肢を検討し，必要に応じて判断を遅らせることも必要になります。そのうえで，決定は明確にしなければならないという矛盾したことも要求されます。

言い換えれば，サポート専門家になるいちばんの要件は，あきらめず努力を続けることができ，柔らかい頭と，温かい心を持ちながら，冷静な判断ができるだけの知識を持つことを要求されているということになります。

第４節　グループ・エンカウンター

１　グループ・エンカウンターの誕生

サポートを必要としている人々へのサポート法は，多種多様にあります。そのなかでも近年特に注目されている方法に，グループ・エンカウンターがあります。エンカウンター（encounter）とは「心と心のふれあい」という意味です。エンカウンターの発展には，ロジャーズが関わっています。

ロジャーズは，初期の段階では「非指示的療法（non-directive therapy）」というクライエントの感情や態度を評価せずに受容することを中心とした療法を提唱しました。中期になると「来談者中心療法（client centered therapy）」と呼ばれる，クライエントの主体性を引き出し，励ますことをサポートの中心とする療法に発展させました。後期には「パーソン・センタード・アプローチ（person centered approach）」と呼ばれる実践活動を中心に行うようになりました。

これがグループ・エンカウンターのはじまりになります。それまで，カウンセリング的なサポート活動は，個室でカウンセラーとクライエントが1対1で行うものだけでした。

これに対してグループ・エンカウンターは，個別的なカウンセリングを発展させ，多くの人が同時に参加し，自然なかたちの相互作用の中で自己を開示し，受容しあいます。こうした体験の中で，自己の内面に気づく機会を増加させ，人間関係を発展させることによって，適応状態に向かうことを促進させていきます。

このグループはファシリテーター（facilitator：促進者）と呼ばれるリーダーのサポートを受け，「いま・ここ」という，その場での相互交流，全人格的関わり，自己開示などを行いながら，人間的な成長を相互サポートしようとするものです。これまでのカウンセラー―クライエントの関係とは違った，理性や知性よりも，感情や情動に直接訴えようとする方法です。一度に多くの人をサポートをするには良い方法です。

しかしながら，①エンカウンター終了後に効果がみられるが，実生活での持続はあまり期待できない，②グループ・エンカウンターに参加した人のなかに心的外傷体験をこうむるものがいる，などの問題点も指摘されてきました。

その後もグループ・エンカウンターに対しての期待と批判が交錯する中で，論理療法の創始者であるエリス（Ellis）なども，心理的教育の一環としてこの技法を活用しようと考え，実践しはじめました。

これは，従来の心理学的なサポートのように，不適応状態からの回復など問題行動に陥った人々へのサポートを中心に考えられてきた方法を，積極的に予防という概念で活用しようとする考え方の表れです。

つまり不適応行動に陥らないように，問題行動の発生を予防し，能力・興味・認識・行動・感情をさらに開発・促進していこうという，積極的な考え方です。

この考え方に基づいたサポート技法として，近年注目を集めているものに構成的グループ・エンカウンター(構成法) と呼ばれるものがあります。

2　構成的グループ・エンカウンターについて

構成的グループ・エンカウンターは，エクササイズ（exercise）と，シェアリング（sharing）という２本の柱を大切にしています。

エクササイズというのは，構成的グループ・エンカウンターで，心と心のふれあいを通じて，本音と本音で交流する人間関係を体験し，自己・他者・集団との出会いで感じ取る過程を促進するために用意された課題や実習をいいます。

シェアリングとは，グループ・エンカウンターの体験の中で感じたことや，気づいたことを振り返り，参加者の中で分かち合うことをいいます。

この２本の柱を行うことにより，表６．４に示すような，細分化したねらいの達成をめざします。

構成的グループ・エンカウンターのいちばんの特徴は，エクササイズが「スムーズに，効果的に，楽しく」ということを中心に構成されるということにあります。「スムーズに」ということは，参加者に防衛や心的外傷を与えないように気遣い，参加者の心の準備を十分に保障し，安心して取り組める環境を創出することをいいます。

「効果的に」とは，短期間に，人間関係を創り出し深まる内容にするエクササイズの構成に心がけることをいいます。

「楽しく」とは，ゲーム感覚や遊び心で参加できる内容にすることです。
具体例をあげると，「空気のボールのキャッチボール」というエクササイズでは，実際には存在しない空気のボールを互いに投げ合い，取り合うことにより，心を１つにし，気持ちと行為を共有することで，相互交流を促進し，信頼感を

表６．４　構成的グループ・エンカウンターのねらい

・自己との出会い	→	自己知覚，自己開示，自己表現，自己受容　etc.
・他者との出会い	→	傾聴，他者理解，他者受容，相互信頼　etc.
・集団との出会い	→	役割遂行，集団過程体験，集団の発達促進　etc.

トピックス

■ エリス

アメリカの心理学者で，論理療法の創始者。論理療法は，人が不適応状態になる原因の1つが非論理的思考に縛られていることが多く，これを解放することにより自己実現を促進させることができるとの考えに基づいて構成された。エリスは心理学的教育にも力を注ぎ，論理療法は現在，人間性主義心理療法（RET）へと発展している。

■ 自己開示

自己開示（self-disclosure）とは，自分自身の個人的なことがらを他者に言語によって伝えることをいう。適切な自己開示は，個人の精神的な健康の維持に役立つだけでなく，他者からの疎外感をなくし人間関係を円滑にする作用を持つ。同時に自己開示は，個人と他者の魅力を増大させる効果もある。

醸成することを目的として実施されます。

このようなエクササイズとエクササイズの間にシェアリングを行い，小グループで，体験の中で感じたこと，気づいたことを互いに話し合うことにより，さらに相互理解を促進しようとします。

したがって構成的グループ・エンカウンターは，不適応状態になっている人はもとより，予防にも役立ち，さらには発達段階にある子どもたちが，人間関係を学ぶ機会も与えることができる方法であるといえます。

さらに，エクササイズの内容により適用範囲は無限大に広がる要素を持っています。その意味からも，今後注目されるサポート技法といえます。

第5節　コミュニティにおける心理的支援

1　コミュニティ心理学の誕生

ヒューマン・サポートの方法についての種々の研究が進む中で，不適応状態に陥った人々に対して，治療的に関わることよりも，むしろ予防に力を入れるべきであるという考え方が生まれてきました。

1965年の5月にマサチューセッツ州スワンスコットで開催された会議で臨床心理学者を中心とする小集団討論を経て，心理臨床活動を今後，治療から予防に，そして心理臨床の仕事の中に生態学的視座（人―環境の適合）を取り込むことに意見の一致をみることができました。これがコミュニティ心理学（community psychology）の誕生です。

コミュニティ心理学は，社会心理学と臨床心理学と精神保健学の学際的学問です。またコミュニティ心理学は社会心理学の父と呼ばれているレヴィンの考えを発展させたもので，こんにちではアメリカの心理学会の第27分科会として公認され，急速に発展している学問領域です。

人とその環境（社会的，物理的の両方）は相互作用によって最適なバランスを保っているときが“安定”状態で，適応の状態であると考えます。これを生態学的視座（人―環境の適合）といいます。

したがって，人を環境に適応させるだけでも，環境を変えるだけでも，本当の解決を見出すことはできず，不適応状態になった時は，人と環境の両方を変える必要があると考えます。

ですから，コミュニティ心理学におけるサポートの方法も，個人に対するもの，個人を支える家族に対するもの，個人が所属するコミュニティに対するものを並行して行っていくことを強調しています。

１人で生きているという人はいないと思います。人はいつも“社会”と呼ばれるコミュニティで，人間関係を築き，相互依存，相互交流，相互作用を繰り返しながら生活をしています。不適応の問題も，この関係の中で起こる，認知・感情・態度などの差が引き起こすものであると考えられます。

いうなれば，１人１人が複合的な視野で，柔軟に対応する能力を向上させることにより，多くの不適応状態は適応状態に変化させることも可能であるといえます。同時に１人１人の人間は，弱く，脆い存在ですが，相互に助け合うことでより強い存在となりうることができます。そのことに注目しているのが，コミュニティ心理学です。

2　コミュニティ心理学の重要概念

コミュニティ心理学で大事にしている基本的な概念は，まず「多様性の尊重」です。人々は“異なっている”という権利を持つことを保障します。

異なっているとは，劣っているということではなく，１人１人に差異があるということを事実として受け止め，すべての資源は異なる人々に等しく分配されるべきであるという立場をとっています。

もう１つの大切な概念は，「エンパワーメント」(empowerment) です。これは“人が自ら何かをする”(doing) ということを意味します。人々が，自分自身の生活をより能動的にコントロールできる可能性を高めるプロセスを意味します。

このプロセスにより，人々は，自分自身をコントロールできるだけでなく，より積極的に，能動的に自らのコミュニティに参加することができるようになると考えています。人が，他者によりエンパワーメントされ，独力で何かを“する”(do) ことができるようになることをめざします。

さらに，「代替物の選択」も大切です。人が１人１人異なり，それぞれがユニークな存在である以上，ヒューマンサービスのあり方も，１つの方法ですべての人に対して最善のものになりえないことはいうまでもありません。

したがって，多くの選択肢を提供し，多様なコミュニティ場面やサービスが存在することが必要であり，人々は，そこに選択的に参加するパワーを持つ必要があるという考え方です。用意されるサービスの重要な側面は“アクセスのしやすさ”であると考えます。

これらのことを実現するためにはまず，アクションリサーチ (action research) などの調査方法を駆使し，コミュニティにおける相互作用について理解をすることが必要です。

コミュニティ心理学は，とても広い視野で“人”をとらえていくことが必要とされる学問領域なのです。

3　コミュニティ心理学の特徴と今後の課題

これまでの臨床心理学的なアプローチが，個人的な弱さと問題点に焦点を合わせてきたのに対し，コミュニティ心理学の特徴は，コンピテンス (competence) に注目した点にあります。コンピテンスとは，人が環境と相互作用を行う時に，自己が有能であると感じたいと欲求する基本的願望の１つです。これは一種の支配感ですが，人は誰も，自分が能力がないと感じることを好まず，環境のある部分を支配することからくる“強さ”を感じることを好む

表６．５　コミュニティ心理学における予防的介入レベル

第１次予防 (primary prevention)	ある問題が起こることをまるごと防ぐことを企てる。 健康な状態を維持・増進するために行う活動。
第２次予防 (secondary prevention)	その問題が重く，永続的になる前にできるだけ早く，その問題を解決に導く企て。
第３次予防 (tertiary prevention)	いったん問題が永続的に生起した場合，それの重篤性を減じ，緩和させることを目的とした企て。

傾向を持っているということに注目し，この“強さ”の感覚を保障していくことで，不適応状態になるのを予防しようとします。不適応状態にならないように，予防的で積極的な行動を提唱していることは，コミュニティ心理学の大きな特徴です。

コミュニティ心理学では，サポートの主体をこうした予防的介入に置き，そのレベルには，表６．５のような差異が設けられています。この基準に従って，クライエントに適切なサポートを行うことが重要と考え，それぞれのレベルで必要とされる学問を積極的に取り入れ，活用していくことを提唱しています。

これまでの個人や集団へのサポート技法と比べて，予防ということに焦点を当てたことは画期的なことであり，今後の発展が期待でき，期待しなければいけない学問領域です。しかしながら，まだまだ新しい領域で，十分な実証的な研究の蓄積が必要な段階の学問領域です。

トピックス

■ コミュニティ

コミュニティ（community）とは，伝統的には，近隣社会のような位置および場所を意味する言葉として理解され，また，学校や会社のように，人々を一緒に引き寄せる相互作用のある集団や社会的な連帯を意味する言葉としても使われる。さらに，近年では，個人が生活するために必要と認識している範囲，生活圏を意味する言葉としても使われている。

■ アクションリサーチ

社会変化・改善，社会的諸問題の解決や改善を目的とした実践的研究方法で，その特色は，①現実の中から問題を拾い上げ，実践の中で解決すること，②現場の関係者や対象となる被験者も，研究チームの重要な参加者となること，③研究の目標と実践の目標が一致していること，などにある。

推薦する文献

（臨床心理学の歴史から，今日的問題までわかりやすく解説している）

坂野雄二・菅野純・佐藤正二・佐藤容子　1996　臨床心理学　ベーシック現代心理学 8　有斐閣

（カウンセリングの実際の技法を具体的に解説している）

Egan, G. 1986 *The skilled helper: A sistematic approach to effective helping*. revised edition. Brooks/Cole Publishing Company.　鳴沢實・飯田栄（訳）　1998　カウンセリング・テキスト―熟練カウンセラーをめざす　創元社

（構成的エンカウンター・グループを学ぶための基本書）

國分康孝・片野智治（編）　1992　構成的グループエンカウンターの原理と進め方―リーダーのためのガイド　誠信書房

（コミュニティ心理学の基本書の 1 つ，歴史と成り立ちが理解できる）

Duffy, K. G. & Wong, F. Y. 1996 *Community Psychology*. Newton, Mass.: Allyn & Bacon, Inc.　植村勝彦（監訳）　2000　コミュニティ心理学―社会問題への理解と援助―　ナカニシヤ出版

引用文献

Argyle, M. & Henderson, M. 1985 *The Autonomy of Relationships*. Penguin Books.　吉森護（編訳）　1992　人間関係のルールとスキル　北大路書房

Combs, A. W., Avila, D. L., & Purkey, W. W. 1978 *Helping Relationships: Basic Concepts for helping professions*. Newton, Mass.: Allyn & Bacon, Inc.　大沢博・菅原由美子（訳）　1985　援助関係―援助専門家のための基本概念―　ブレーン出版

Eysenck, H. J. 1976 *The effects of psychotherapy*. International Science.

Maslow, A. H. 1962 *Toward a psychology of being*. N. J.: D.Van Nostrand Co. Inc.　上田吉一（訳）　1964　完全なる人間　誠信書房

Rogers, C. R. 1957 The necessary and suficient conditions of therapeutic personality change. *Journal of consulting psychology*, 21, 95-103.　伊東博（訳）　1966　サイコセラピーの過程　ロジャーズ全集第 4 巻　岩崎学術出版社

Weiner, I. B. 1975 *Principles of Psychotherapy*. New York: John Wiley & Sons, Inc.　秋谷たつ子・小川俊樹・中村伸一（訳）　1984；1985　心理療法の諸原則（上）（下）　星和書店

第7章　健康とストレス

第1節　医学と心理学の関わり

1　歴史的な流れ

健康問題を考える時に，病は気からと古くからいわれているとおり，精神状態が身体の状態に大きく影響することを，私たちは経験的に理解しています。最近では精神状態が身体の免疫機能に直接影響を与えているという科学的事実が多数報告されており，伝統的な医学のあり方にも大きな影響を与えています。医療の場における心理的支援が，単に患者のクオリティー・オブ・ライフ（quority of life; QOL）を高めるのみならず，実際に症状そのものを改善していくことが期待されて，精神科以外の医療現場でも心理療法が試みられるようになってきました。

心理学は，もともと医療との密接な関係の中で相互に発展してきました。19世紀のヨーロッパでは，デカルト（Descartes）の心身二元論による近代自然科学モデルに従って，心の病は脳の損傷，あるいは化学的変化によるものであるという大きな発想の転換がありました。それ以前は精神異常は，魔女狩りにみられるように，超自然的な現象が関与しているものであると認識されていたのです。このような，何でも測定可能な客観的手法で研究していこうという物質還元主義に対して，フロイト（Freud）が精神分析という人間理解の方法を打ち立てます。これは精神病の効果的な治療方法として精神医学の中で発展を遂げてきました。その後，クレッチマー（Kretschmer）が医学的心理学（medical psychology）を提唱しました。その中で彼は，精神と肉体，生理学と心理学，あるいは精神医学と心理学の間をやや哲学的な概念によって埋めてきました。

2　医療心理学，健康心理学

現代の医療は，技術の進歩やハイテク化によって専門分化が進み，チーム医療が必要とされていますが，その中で，治療共同体としてのあり方，治療者患者関係など，医療現場における集団のあり方が問題になってきました。この流れの中で，身体科の医者や他の医療スタッフが，精神科医・臨床心理士に相談したり協力したりして医療行為を行うための，コンサルテーション・リエゾン精神医学（consultation-liaison psychiatry）が注目されています。このように，治療集団や医療に関わるすべてのものまで対象にして医療心理学が提唱されました。

また，公衆衛生学などの進歩により疾病構造も変化して，生活習慣病と呼ばれる，個人のライフスタイルによって引き起こされる疾患が死因の上位を占めるようになりました。ここに至って，禁煙や健康的な食生活，ストレスマネージメントといった健康関連行動を動機づけ実践していくための行動医学（behavioral medicine）が発展しました。行動療法（behavior therapy）や認知療法（cognitive theory），セルフコントロール法などの心理学理論の応用が貢献している分野です。このような，応用心理学の一分野として，医療，保健，福祉との学際領域である健康心理学（health psychology）が，アメリカ心理学会で1978年に認知されました。

また，近年では運動習慣や食生活といったライフスタイルやストレスが脳内神経伝達物質はもとより，遺伝子レベルで，染色体やDNAそのものにまで影響を及ぼしていることが明らかになりつつあります。精神状態は単に性格や行動，環境だけでなく身体的に規定される部分も大きいことが遺伝子レベルで解明されるようになってきたことが，生理心理学研究者を刺激しています。また，精神疾病の予防医学的アプローチに対してもこれからの健康心理学の貢献が期待されています。

3　健康に関わる心理学の位置づけ

このような流れの中で，前述の健康心理学が提唱されたわけですが，これは，行動医学，臨床心理学などを基礎知識として広く人々の健康に関わる心理学を総称しています。医療心理学，あるいは健康心理学という分野はこのように学際的であり，歴史も浅いために，研究法もこれから確立されていく途上にあります。2001年現在の時点では公衆衛生学，精神免疫学，行動医学，健康教育学といった近接領域と，基礎，応用心理学のさまざまな研究法が混在している状態です。

この章では，精神医学，心身医学の基礎知識と，医療現場における心理学の応用について説明します。まず心の病とは何か，その成り立ちと考え方を，最近話題になっている境界型人格障害や多動症候群，摂食障害などを例に説明します。次に，身体の病に大きく関係しているストレスとその対処方法について，性格行動パターンからの研究などを紹介します。さらに心身症や心身相関につ

トピックス

■ クオリティー・オブ・ライフ

個人の生活満足度は物理的，客観的な条件によってのみでは規定されない。すなわち個人の持つ価値観に沿ってどの程度達成できているかが大いに関係しているのである。つまり認知・感情・行動的なさまざまな要因が関係しているため，ただ単に外的な条件を整えるだけでとどまることができない。医療・福祉サービスを考える上で重要な概念の1つである。

■ クレッチマー

ドイツの精神病理学者。臨床精神医学に基づく体型と性格に関する実証的類型論は有名である。

■ コンサルテーション・リエゾン精神医学

精神医学におけるコンサルテーションとは，精神科医・臨床心理士などのコンサルタントが，身体科の医師より，患者の精神状態・行動・治療方針について相談を受け助言する活動である。リエゾンとは，医療スタッフと患者・家族およびスタッフ間の相互関係上の問題を調整していく活動である。従来の精神医学は患者のみを治療対象としていたが，これは治療集団そのものにはたらきかけることにより治療の質を高める効果を期待するものである。

■ 行動療法

不適応行動を変革する目的で，スキナーのオペラント条件づけやウォルプ（Wolpe）の逆静止原理など，実験上確認された学習諸原理を適用し，不適応行動を減弱，除去するとともに，適応行動を触発，強化する方法である。つまり，不適応行動を誤った学習の結果であるととらえ，学習のしなおしで治療しようとする心理療法であり，さまざまな手法がある。

■ 認知療法

予測や判断，信念や価値観といったさまざまな認知要因が，個人の情緒や行動にどのような影響を及ぼしているかを重視し，その認知的要因を治療目的として扱う心理療法である。つまり，個人の考え方を変容していくことによって情緒の安定，適応的認知を効果的に行っていくことを目的としている。

■ セルフコントロール法

心身の安定，健康増進，さらには自己実現をもめざして自分で自らの身体や意識状態などをコントロールするテクニックである。ストレス刺激に対し，どのように認識，対処していくか，また情動や問題行動の制御，注意，集中力を増す，悟りといったレベルまでを目標としたアプローチがある。筋弛緩法や自律訓練法といったリラクゼーション技法がよく用いられる。

■ 精神免疫学

精神状態，つまり中枢神経系の活動が免疫機能にいかに影響を及ぼすか，そのメカニズムを解明し，心身医学的，行動医学的な臨床場面での適用をめざす新しい分野である。サイトカインなど免疫系の情報伝達物質が視床下部に直接作用し，神経伝達物質やホルモン分泌の調節を行っていることも明らかになっている。周辺領域として，主に，癌の精神的側面からの影響を研究する，精神腫瘍学などがある。

いて説明し，最後に医療現場で行われている医療心理学，健康心理学の実際と問題点，課題について述べたいと思います。

第2節　心の病

1　精神障害の診断

心の状態は目に見えないものである上に，どこからが異常あるいは病気で，どこからが正常な性格特性なのか判断が困難です。身体病の症状は自他ともに明らかですが，精神の病に対しては，学会でも常に診断基準が議論の的になっています。精神科医によると被害妄想，関係念慮といった明らかな精神症状を示しているにもかかわらず，一般の者が観察したら，個性が強いとか性格が変わっているというように認識する場合が多いようです。

精神障害（mental disorder）だけでなく，一般に心の状態は多くの要因が関与しています。身体的，心理的条件はもちろんのこと，社会，文化的要因も関わっているので，同じ症状を呈していても文化や時代によっては病とみなされたり正常であったりということさえ起こります。個人的に苦しんでいる場合は病気（illness），あるいは疾病（disease）と呼ばれるものが，個人的なできごとを超えて社会的に意味を持つことになると事例（case）と呼ばれます。例えば，ストーカーを例にとってみると，恋愛感情がコントロールできずに苦しんで眠れない，そのことが気になって何も手につかないという状態は病気であり，他人に被害を及ぼす行動に出ると，事例として扱われるということになります。しかし，ストーカー行為に対しても迷惑だと言いながらまんざらでもない感じを持っている相手であれば事例とはならないのに対し，怖くて社会生活が送れなくなるなどの支障が起きてくる場合では事例として扱う必要が出てきます。個人の病理に対してその属する社会や個人がどのように対応するかで，事例となるかどうかが決定される要素もあるということなのです。

現代精神医学体系の基礎を築いたといわれるクレペリン（Kraepelin）は，それまでは症状によって分類されていた精神病（mental disease）を，疾病論的に分類しました。これは身体疾患の分類方法です。すなわち一定の原因で起こり，一定の症状，経過をとり，一定の予後に至るという疾病単位（clinical entity）で分類したのです。しかしながら，精神の病に関しては原因不明なものも多く，症状，経過，予後についても不確定な要素や未知な部分が多いために，実際はきれいに分類されているとはいえない状態です。それでも，例えばうつ状態を例にしてみると，これは精神障害の症状ですが，いわゆるうつ病からきたうつ状態なのか，何か心理的な外傷経験があったためなのか，あるいは人格的な要素が大きいものなのかなど，原因によって効果的な治療方針も変わってきますから，疾病論的な分類は大変有効です。現在のところ原因が不明な精神病に関しては内因性精神病とされていますが，推論に基づいた仮説的な理論によって便宜的な分類がされているために，診断基準や分類法は数年ごとに改定が加えられています。

2　異常とは

異常という概念には2つのものがあります。1つは質としての異常であり，明らかに苦痛をともなったり，病態生理的変化がある場合をいいます。ストレスの多い現代社会においては，ほとんどすべての人が毎日何らかの精神的苦痛を感じているといっても過言ではないでしょう。精神的に健康な人は，それぞれの場合に応じてさまざまな方法で適切にストレスに対処しているわけです。ストレスが長びいて疲れてきたり，適切な対処方法でなかったりすると，本人あるいは周囲が多大な苦難を強いられる状態が発生してきます。また，精神の障害には，ときとして本人は自覚症状がなくてもまわりが苦しむという場合があります。

２つ目は量としての異常，統計的な基準によって少数派が異常とみなされるという概念です。不登校は，医療の現場において疾病の１つのカテゴリーになっていますが，合衆国でのホームスクール運動（積極的に学校に行かないで家庭教育を行う）の広がりをみると，はたして異常といえるのだろうかという疑問が起こってきます。もちろん不登校になっている背景に，内因性精神障害があったり，深刻な家族病理があったりすることは事実ですが，学校に行かないという行動だけで異常と判断してよいのかどうか，教育の現場でも議論が分かれるところでしょう。しかしながら社会的存在である人間は，特に日本のような単一民族国家においては人と違うというだけで，質的な状態が考慮されることなく，異常というレッテルが貼られるという危険があります。いじめの構造の中にそのような心理がみえますが，社会，集団の心理を理解してそのような悲惨なことが起きないようにと願うものです。

3　心の病の発生機序に関する諸学説

心の病は，生来の遺伝的素質に，幼児期の生活体験，環境，対人関係などによって準備状態が形成され，そこに社会心理的変動や急激な精神的衝撃などが作用して発症すると考えられています。この詳細な過程についてはさまざまな学説があります。

フロイトは，神経症は不安に対する自我の防衛機制の失敗であるという力動的な病因論を展開しました（Freud, 1926）。つまり欲求がうまく満たされない時に無意識のうちに抑圧したものが，神経症的な症状として現れるというものです。その不安というのは男性では男らしさを失う危険，女性では愛情喪失の危険といった分離不安を根底に持つ点で共通しています。

神経生理学的研究においては，ストレスにさらされて起きる生体の恒常性を保つための防衛反応として心の病をとらえています。

マーラーらは，発達論的な考えの中で分離個体化理論を提唱しました(Mahler *et al.*, 1975)。これは，乳幼児が母親から未分化な存在から独立していくまでの精神内的過程で，精神障害はこの発達障害ととらえられています。幼児は，母親から分離していく過程で母親にのみこまれることもなく，見捨てられることもなく，適当な距離を見出そうとします。その時に分離不安が強いと幼児は親の愛情を失う恐れから敏感に傷つきやすくなり，うまくいかないと，行動化が起きます。つまり，母親に対してしがみついたり拒絶したりといった極端な行動が交代して現れます。この時期の幼児の行動は，境界例の患者の行動と多くの点で共通しています。

4　現代社会における精神障害

現代社会においては軽症の統合失調症，またさまざまな特徴を持つ新しいタイプのうつ病が増加しています。かつてはノイローゼと呼ばれていた神経症も，1980年のアメリカ精神医学会による診断マニュアルでは独立した項目はなくなり，さまざまな障害の中に含まれるかたちに変わってきました。また，内因性の強い精神病なのか，心因性の神経症レベルなのか判断がつきにくい症例が増加してきていることにより，境界型人格障害（borderline personality disorder）という新しい概念も出てきました。さらに，精神障害というほどでもないが正常ともいいきれない，いわゆるボーダーライン上の人々が増えていることに公衆衛生上，また教育上危機を感じている人は多いことでしょう。正常から異常までは連続しており，病態像は文化・社会的影響を受けて時とともに変化していますので，診断基準もそれにつれて変化しています。ここでは近年注目されるようになってきた新しい概念を中心に，発生頻度の高いいくつかの精神障害について説明することにします。

5　うつ病とうつ状態

そううつ病（manic-depressive psychosis）という名称はよく知られていますが，最近では気分障害（mood disorder）と呼ばれることが多くなってきまし

現代人はストレスが多い

た。発生頻度が総人口の５％程度というよくみられる障害です。最近では，そう状態とうつ状態という２つの様相を示すものより，うつ状態のみのエピソードを持つケースが多くなっています。これは単極性うつ病とも呼ばれています。

成因の観点からは身体因，内因性のものと心因性のものに分類されますが，遺伝，病前性格，ストレスなどさまざまな要因が絡み合って発症すると考えられています。治療は心理療法とともに抗うつ剤などの薬物療法が有効です。

症状は気分障害といわれるように気分の抑うつ，不安，無力感があり，身体症状としては全身倦怠感，睡眠障害，食欲不振などがあります。ただし，うつをともなった過食や眠りうつ病といった症状を呈することもあります。病前性格はまじめ，几帳面で責任感が強いタイプが多く，そのため本人もまわりも怠けと誤解して叱咤激励し，焦燥感を増して悪化させてしまうことが多いので要注意です。休養によって自然に改善される場合もあります。うつ状態では神経伝達物質アミンが減少しているために，抗うつ剤には脳内アミンを増加させる物質が入っており効果的なようです。回復期に身体の抑制がとれ，起き上がって外出ができるようになってくると，社会復帰へのプレッシャーを感じて自殺をすることがあります。

うつ状態は，ストレス反応として誰でもが経験する心理状態です。心因反応性のうつ状態でも，社会活動が不可能になるほどの抑うつ状態が２週間以上続く場合には，専門家の援助が必要でしょう。精神障害を持つケースでは，ボーダーラインにしろ摂食障害にしろ，抑うつ状態を経験する場合が多いようですが，これは休養すれば改善されるというものではありません。専門家の介入を必要とします。

仮面うつ病（masked depression）というのは精神症状があまり表に出ず，身体症状が強く現れるケースです。身体的な不調，不快感があるのですが，心身症と違うのは検査をしても異常がみられないことが多く，不定愁訴のように訴える症状部位が変化することが多いという特徴があります。精神疾患に対する偏見から精神科にかかることに抵抗を示す場合が多く，中年期の男性に多く発症します。

6　境界型人格障害

境界型人格障害は最近急増している精神障害の１つです。特徴としては，感情が不安定で衝動がコントロールできないということがあげられます。他人や自分自身に対して安定した評価が持てず，ある時は好意的に接していたかと思うと，次の瞬間には人が変わったように攻撃的になったりします。そのために対人関係をうまく結ぶことができず，いらいらしたり抑うつ状態に陥ったりします。さらに進むと，一過性のストレスに対する妄想や，重い解離性障害（ストレスの状況を覚えていないなど）がみられることもあります。そのために重症な精神病かと思われることもあるのですが，たいていは一時的なもので終わります。原因としては，幼児期の母子関係において，自立がうまく達成できなかったという発達障害ととらえる理論が優勢です。

自覚的には慢性的なうつ状態にありますが，抗うつ薬では良くならないことが多いようです。対人関係の不安定さは治療者との間にもありますので，治療契約を厳格にし，契約違反があれば中止というくらいの枠組みが必要です。この枠組みの中で，他人や自分に対する分裂した評価や感情を統合していく試みが行われます。治療者や治療に関わる集団そのものの対人関係まで振り回されてしまう可能性もありますが，その時点での治療者自身の感情やあり方を吟味していく中で患者理解が深まっていきます。

7　摂食障害

摂食障害（eating disorders）は，かつて思春期やせ症と呼ばれたように，多くは思春期の女子に発症し，原因として女性性や成熟の拒否があるといわれてきました。最近では過食症（bulimia）や非定型的なケースがさまざまな年代層で増加しています。極端な断食まがいのダイエットをした反動で，生理的に猛烈な食欲が起こってくるのは自然なことです。太りたくない心理の中で，ある者は，食欲を否定し，そのうちに食欲中枢が正常に機能しなくなって拒食症（anorexia nervosa）に陥ります。またある者は，食欲の衝動に負けて食べ出したら止まらなくなってしまい，やけになって過食してしまいます。その結果，セルフコントロールできないという自己嫌悪に陥ったり，太ることへの恐怖感から自己誘発性嘔吐（self-induced-vomiting），下剤乱用や極端なダイエットを試み，そしてまた過食といった悪循環にはまってしまいます。

最近では，気軽な気持ちでこのような行為を繰り返しているサブクリニカル（subclinical）なケースが多数観察されます。病識が乏しく，競争して皆でやっていたりする現象は，社会病理として大きな問題を投げかけています。このような行動パターンを繰り返すことによって，まさに自分で心身の障害を引き起こしてしまう結果となります。そうなるとさまざまな二次的症状も呈してくるために，治療は多面的な角度からチームによって行う必要があります。家族病理が影響している場合が多いことも知られています。

8　その他の精神障害

アダルトチルドレンとは，もともとはアルコール依存症の親のもとで育った子に多くみられる心の病として，アメリカで注目されるようになった概念です。その特徴はアルコール依存症の親から言語的，肉体的に虐待されて育ち，自己否定的な自己像を持ち，反社会的行動や自己破壊的行動を起こすといったものです。アダルトチルドレンは，目に見えるかたちでの虐待を受けない場合にも発症します。例えば，教育，愛情という名のもとに行われる支配と否定的な影響は人格の成長を阻む有害なものですが，当事者は気づきにくいし認めたくないものでもあります。教育熱心な心理の裏に，自分自身の空虚感，不全感がありそれを子ども支配というかたちで満足させている親と，親の言うとおりに生きることでしか満足感を得られない依存性の強い子どもの間で生まれる，この

トピックス

■ 心的外傷（psychic trauma）

もともと精神分析の用語であったが，戦闘，虐待など人が強いショックやストレスを引き起こす過度な情動体験をした時，それが精神的に適切に処理されないまま否認，抑圧，解離され，コンプレックスとなって，その後の神経症的症状の形成につながると考えられている。

■ 神経症と精神病

病態レベルという観点では，正常から神経症レベル，精神病レベルと移行するに従って重症になる。神経症レベルでは，病識があり，治療契約を結ぶことができ，社会的機能の障害は部分的，限局的である。精神病では社会的機能の障害が著しく，向精神薬の使用が不可欠である。しかし，これは必ずしも予後の善し悪しを決定するわけではない。また，神経症と精神病の中間レベルに境界レベルという状態が存在するのは事実である。

表7.1　正常から異常へ

	正常レベル ←――― 中間的なレベル ―――→ 病態レベル
古典的な境界例論	正常　神経症的性格　神経症　偽神経性分裂病　精神分裂病
DSM-Ⅳにおける人格と障害	正常　人格傾向 ―― 気分変調障害–気分循環障害 ―― 気分障害 人格傾向 ―― 人格障害 ―― 自己愛性 ―― 境界性 ―― 気分障害／総合失調症 人格障害 ―― シゾイド・失調型 ―― 総合失調症
カンバーグの防衛機制論	神経症的人格構造（正常者と神経症者）　境界人格構造（境界例）　精神病的人格構造（精神病）
心　身　症	正常　（過剰適応）（失感情症）　心身症
気質と疾患（クレッチマーと安永）	中心気質　循環気質　循環病質　チクロチミー　そううつ病 粘着気質　類てんかん病質（爆発・気分易変）てんかん 分裂気質　分裂病質（類破瓜型）　分裂病

（福島章ら 1990）

ような親子関係は共依存と呼ばれます。この対人関係では，苦しみながらも互いに必要としていて離れられないという不健康な状態にあります。このようなケースの孤独，不全感を共感しながら気づきを促し成長を支えるといった介入が必要です。

学級崩壊，学校崩壊といった報道でみられるように，教育の現場では従来には存在しなかった大きな変化が児童，生徒に出てきているようです。その中心的な子どもたちの症状は，落ち着きがない，注意散漫，衝動的，社会的に未熟で，扱いに困るというものです。これは，注意欠陥多動障害（attention-deficit hyperactivity disorder; AD/HD）と呼ばれる障害で，教育現場では心理療法や家庭環境を整えるなどの試みが行われていますが，行動療法とともに薬物療法が有効です。脳内の何らかの器質障害，あるいは神経伝達物質の代謝障害が基本にあるという見解が一般的になっています。

1995年の阪神大震災の後に不眠，不安，絶望感などから精神症状を示すケースが多く報告され，PTSD という言葉が一般に知られるようになりました。これは心的外傷後ストレス障害（post traumatic stress disorder）と呼ばれるものです。心的外傷には，いじめ，セクシャルハラスメント，レイプなどの暴行といった個人的な体験もありますが，個人の性格特性によっては同じ経験でも心的外傷にならない場合もあります。症状としてはフラッシュバック現象があげられます。つまり心的外傷となった経験が繰り返し脳裏に浮かび，精神的苦痛を感じたり，それを思い出させる人物，場所を避けたり，不安で眠れなくなったりするというものです。PTSD に対しては認知行動療法が有効です。

第3節　ストレスとその対処法

1　ストレスとは何か

ストレスという言葉はもともと物理学の用語で，外部から力が加えられた時のゆがみを意味していました。セリエ（Selye）がそれを医学的に用いて，生体が内的，外的要因によって神経，内分泌系に変化を起こす状態を説明しました。ストレスを起こす要因，刺激をストレッサー（stressor），それによって受ける主体側の認知をストレス（stress），その身体的反応をストレス反応（stress

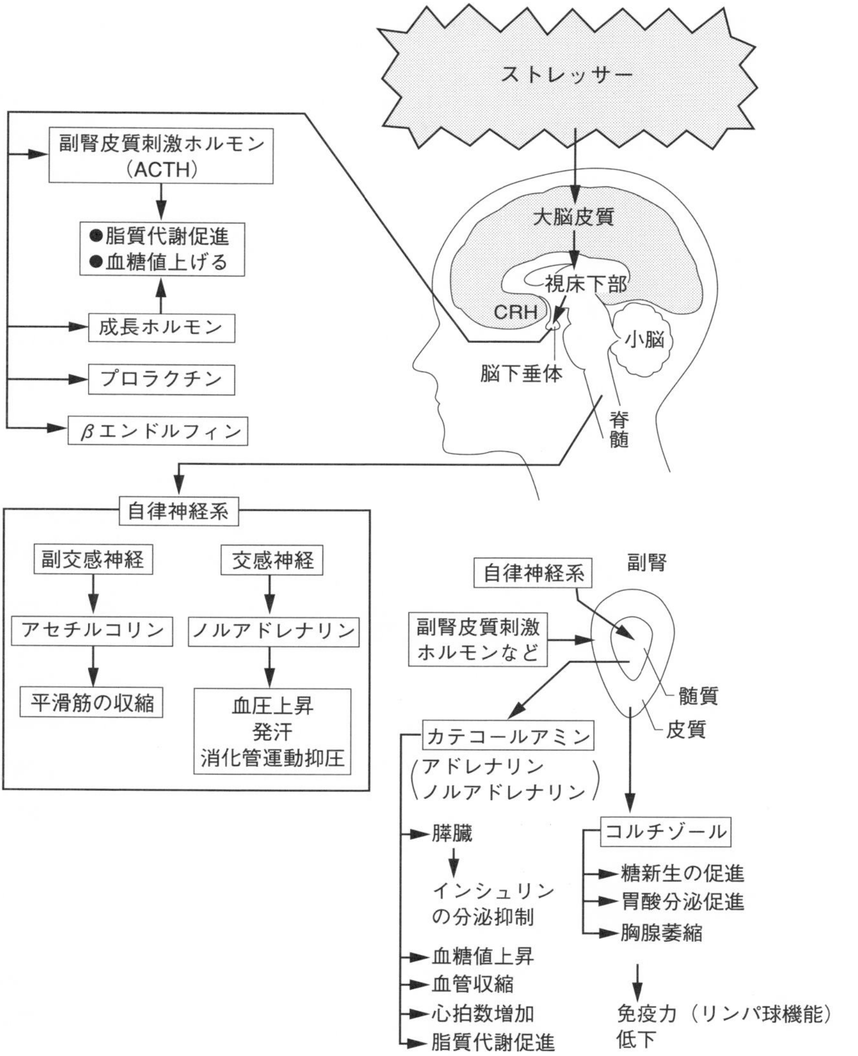

ストレッサー
大脳皮質
視床下部
CRH
脳下垂体
小脳
脊髄
副腎皮質刺激ホルモン（ACTH）
●脂質代謝促進
●血糖値上げる
成長ホルモン
プロラクチン
βエンドルフィン
自律神経系
副交感神経
アセチルコリン
平滑筋の収縮
交感神経
ノルアドレナリン
血圧上昇
発汗
消化管運動抑圧
副腎
自律神経系
副腎皮質刺激ホルモンなど
髄質
皮質
カテコールアミン
（アドレナリン
ノルアドレナリン）
膵臓
インシュリンの分泌抑制
血糖値上昇
血管収縮
心拍数増加
脂質代謝促進
コルチゾール
糖新生の促進
胃酸分泌促進
胸腺萎縮
免疫力（リンパ球機能）低下

図７．１　ストレスの生体反応（森本兼曩 1997）

respondense）と呼びます。主体の心理的要因としてのストレスと，身体反応としてのストレス反応を区別することは，心身相関の概念の中で困難な場合があります。つまり，ストレスで不安になって胸がしめつけられるような思いをしている時に，同時に冠状動脈も収縮しているように，心の感じ方が身体の感じでもあり，どちらが先であるとは言いにくいものもあるのです。また研究者の立場や研究分野によって，ストレス反応を心身両方の反応ととらえて広義のストレスと呼んだり，身体の反応のみをストレス反応と指したりといったように定義が微妙に異なっているところがあります。

近年では，ストレスは単に内分泌系から，末梢，中枢神経系のみならず，免疫系を含む生体防衛機能に大きく影響を与えているというメカニズムが解明されてきました。ストレスは悪いものだという認識が一般的ですが，ストレスそのものはある意味で人生には必要不可欠なものです。目隠しして，手には覆いをして何も触れることができないようにし，快適な温度湿度に保った防音室で，外界の刺激というストレスをできる限り減らすとどのような状態になるかを観察したところ，アルバイトの学生がお金をもらっても嫌だと音を上げたという有名な実験があります。このような刺激遮断の実験にみられるように，人間は刺激がないという環境には耐えられないものです。適度なストレス状態という緊張感によって，充実した人生を送っていくことができるのではないでしょうか。心理的ストレスは，物理的ストレスと違って主体側の状態によって良いストレス（eustress）にも悪いストレス（distress）にもなりえます。この節では，有害なストレスを，個人の努力とまわりのサポートによって良いストレスに変容させていくために，ストレスとその対処方法について説明していきます。

2　ストレスの評価

ホームズとレイは，外界から個人にかかるストレスを客観的に測定するために，社会的再適応評価尺度（the social readjustment rating scale）を提案しました（Holmes & Rache, 1967）。日常生活の中で，例えば，家族の病気，転職，離婚などといったさまざまなできごとによって精神的な負担を感じ，それを克服するための努力が必要とされます。表７．２に示したように，このようなライフイベント（life event）１つ１つに対してそれぞれストレス量を評価しました。これはアメリカ人を対象として作成したもので，配偶者の死が100点，結

表7．2　社会的再適応尺度

順位	できごと	LCU得点	順位	できごと	LCU得点
1．	配偶者の死	100	23.	息子や娘が家を離れる	29
2．	離婚	73	24.	親戚とのトラブル	29
3．	夫婦別居生活	65	25.	個人的な輝かしい成功	28
4．	拘留	63	26.	妻の就職や離職	26
5．	親族の死	63	27.	就学・卒業	26
⑥.	個人のけがや病気	53	28.	生活条件の変化	25
7．	結婚	50	㉙.	個人的習慣の修正	24
8．	解雇・失業	47	30.	上司とのトラブル	23
9．	夫婦の和解・調停	45	㉛.	労働条件の変化	20
10.	退職	45	32.	住居の変更	20
⑪.	家族の健康上の大きな変化	44	33.	学校をかわる	20
12.	妊娠	40	㉞.	レクリエーションの変化	19
13.	性的障害	39	35.	教会活動の変化	19
14.	新たな家族構成員の増加	39	36.	社会活動の変化	18
⑮.	仕事の再調整	39	37.	1万ドル以下の抵当（借金）	17
⑯.	経済状況の大きな変化	38	㊳.	睡眠習慣の変化	16
17.	親友の死	37	39.	団欒する家族の数の変化	15
18.	転職	36	㊵.	食習慣の変化	15
⑲.	配偶者との口論の大きな変化	35	41.	休暇	13
⑳.	1万ドル以上の抵当（借金）	31	42.	クリスマス	12
21.	担保，貸付金の損失	30	43.	些細な違法行為	11
㉒.	仕事上の責任の変化	29		A氏のLCU得点の合計	363点

○印はA氏の1年間のできごと　　(Holms, T. H. & Rache, R. H. 1967)

婚が50点といった得点がつけられています。この得点の単位をライフ・チェンジ・ユニット（life change unit; LCU）得点といいます。ライフイベント評価について，世界各国で同様な調査が行われましたが，驚くほど似かよった結果が得られ，この尺度の普遍性を表しています。

ホームズとレイの研究では，さらにこのLCU得点と健康状態の関連を調査しています。過去1年以内のLCU得点を合計して，150点以内なら健康障害が生じる危険性が30数パーセント，150から300点では50数パーセント，また300点以上になると80パーセント以上になるというのです。

このような調査から，LCU得点をストレス関連疾患を予測する健康指標として利用できることが明らかになりました。結婚や昇進といった好ましい生活上の変化もストレスとなりうることを考えると，ストレス疾患を予防するためには，コントロールできる生活上の変化をできるだけ時期をずらして行うといった工夫が必要でしょう。

ストレス評価のもう1つのやり方は，日常生活における悩み事，いらだち事を評価する方法です。ラザルスとフォルクマンは，特定のライフイベントよりも，生活上の悩み事に対してどの程度悩みを感じているかをストレス量として評価すべきという心理ストレスモデルを提唱しました（Lazarus & Folkman, 1984)。彼らは，日常生活における悩み事として，自分と家族の健康や将来，職場・学校・近所などの対人関係，仕事・勉強・家事・育児の負担，容姿の悩み，不規則な生活，遠距離通勤，騒音などをあげています。

ストレス量の客観的測定法を2つ紹介しましたが，ストレス反応の強さには大きな個人差があります。そこで提案されたのが，自覚的ストレス感の指標です。ストレス反応としての抑うつ状態，不安，不眠などは個人の性格や感受性といった主体側の要因が大きく関わっています。一般に，ストレスがたまっているというような場合には，この自覚的ストレス感のことを指しています。

3　ストレス対処

個人のストレス反応は，ストレスそのものよりも，ストレスにどのように対処するかということで影響を受けるものです。ストレス対処法（stress coping）は，個人の性格，認知様式，行動など主体側の条件と，ストレッサーの質，量によってさまざまなパターンがあります。例えば，隣のピアノの音がうるさくて気になるという場合を考えてみましょう。大きく分けると以下のような対処方法が考えられます。

①積極行動型　問題が起きた時に，解決に向けた行動をとるやり方です。つまり，隣の住人と直接話をしてみたり，防音のために二重の窓にしたりといった行動をとるやり方です。

②積極認知型　問題解決のために情報を集めたり，問題の原因を理性的に見極め，これまでの考え方や態度を変えていこうとするやり方です。この場合には，ピアノがうるさいのは何時頃か，どんな音が気になるのかなど分析して，ストレスにならないような暮らし方を考えたり，楽しむようにしてみたりすることでしょう。

③気晴らし型　問題に対して直接向かっていくのではなくて，好きなことをし

て気を紛らわせるやり方です。ピアノのことはそのままにしておいて，好きなCDをかけたり，歌を歌うとか，家族とゲームをするとかして気にならないような過ごし方をするということです。

④回避型　問題のある状況や人物から回避してストレスを避けるやり方です。ピアノのなる時間に家にいないようにするとか，引っ越すといったやり方です。

これらのストレス対処法は，文化社会的要因によって好ましいものとそうでないものがあります。例えば，問題を客観的に分析して解決行動をとるということは，合衆国では望ましい成功への行動パターンであると認知されていますが，情緒的な結びつきの強い日本文化においては必ずしも成功するとは限らないようです。冷たい，攻撃的だと評価され，対人関係が悪化してストレスが増加する場合さえあります。例えば，職場で問題があったような場合に，直接本人や上司に訴えるより，回避的な行動をとったほうが人間関係の調整をするよりストレスの少なくなる場合もあるでしょう。事実だけを分析して判断，行動していくと，そこに関わっている人間関係や心理状態が変化して，期待したような効果が得られない場合もあるでしょう。その集団の力動や深層心理まで考慮に入れた分析が必要であるともいえます。

気晴らし，回避型の対処法に関しては，不健康な方法をとると二次的にさまざまな健康障害が発生することがあります。例えば気晴らし食いが高じて摂食障害や生活習慣病になったり，インターネット依存から出社，登校拒否になったりというケースです。

4　ストレスに対するその他の研究

望ましい，適切なストレス対処ができるかどうかは，個人の性格や対人関係のあり方で大きな影響を受けます。ここではまず，交流分析（transactional analysis）の手法による性格行動様式とストレス感，ストレス対処法について述べます。

いわゆるストレスに弱い性格というのはどのようなものでしょうか。交流分析でいう順応した子ども（AC; adapted child），または批判的な親（CP; critical parent）としての性格構造が強い場合にストレスを感じやすいという研究結果が報告されています。順応した子どもというのは，ものごとに対して消極的，従順といった適応した行動様式をとる性格構造です。このようなタイプでは，ストレスにあった時，まわりを大変気遣い，助けを求めず１人で耐えるといった不健康な対処の仕方をとります。また，批判的な親という性格構造は，完全主義で勝気，融通がきかないといったものですから，社会生活上大きなストレスを感じることが多いようです。反対にのびのびした，自由な子どもの心を持っている場合には（FC; free child），ストレス感の少ない生活を送れるようです。

ストレスに対処する時に，まわりに助けを求められるかどうかが，個人がストレスに対して適切に対処できるかどうかを大きく規定します。つまり，問題解決がすぐにできない場合においても，悩みを聴いてもらえる友人がいるかどうか，職場で頼れる上司がいるかどうかといったことで，心理的負担は大きく軽減されるのです。心理学ではこのようなまわりの助けのことをソーシャルサポート（social support），社会的支援と呼びます。社会的支援は大きく情緒的支援と，道具的支援に分類されます。悩みを聴いて励ますというようなサポートは情緒的支援です。それに対して，経済的援助や福祉的な活動を実際に行うことが道具的支援です。

ストレスに弱い人，つまり適切な対処行動がとれない場合には，ストレス反応としての健康上の問題が起こります。タイプＡ行動特性という用語はフリードマンとローゼンマンによって提唱されたもので（Friedman & Rosenman, 1970），心筋梗塞のような虚血性心疾患を起こしやすい行動特性を意味します。タイプＡの特徴は，競争心が強く，せっかちで余裕のない態度，仕事熱心で達成意欲が強いなどがあげられます。いらいらして焦っているような心理状態で，アドレナリンが放出されて血糖値，血圧が高くなり，動脈硬化も起こりやすくなります。その結果，心疾患のリスクを高めることになるのです。アメリカ人では競争意欲の高いタイプが一般的ですが，日本人においては個人的な趣味や家族も犠牲にして，休暇もとらずに働くようなワーカホリックな傾向が強いといわれています。その対極にあるのがゆったりマイペースなタイプＢ行動特性です。タイプＡ行動特性を持つ人は，タイプＢ行動特性を持つ人に比べて，虚血性心疾患の危険率が約２倍であることが知られています。タイプＢ

トピックス

■ ラザルスのストレス理論

ストレスの外的条件だけではなく，環境と個人の相互作用を強調する心理ストレスモデルを提唱した。環境からの要求に対する認知的評価や対処行動という個人の変数を導入したのである。個人はストレスにあってネガティブな情動が喚起される。その要求をコントロールできるかどうか評価しながら，低減することを目的とした行動をとるようになる。このような行動はコーピングと呼ばれる。ラザルスは，コーピングを①情動的な苦痛を低減させるためのもの②外部環境や自分自身の内部の問題を解消するためのものに分類している。コーピングを実行する要因を規定するものとしては，認知的評価，自己効力感（self-efficacy），問題解決スキル，社会的スキル，社会的支援（social support）などがあげられる。

行動特性は，交流分析でいう自由な子どもの特性に似ています。

タイプＣは癌にかかりやすい行動特性ということで注目されています。自己主張しない，従順で，自分の感情，特に不安や怒りを抑圧して表に出さないタイプです。心の葛藤にうまく対処できず，抑うつ状態，無力感，絶望感に陥りやすく，免疫機能を抑制して癌の発生や進行を促進すると考えられています。

第４節　心とからだのつながり

1　心身相関のメカニズム

心理的現象を生理学的に説明すると，脳神経系の活動ということになります。感情をつかさどっている大脳辺縁系は，自律神経，内分泌系，免疫系の反応とも関わっており，すべての身体の症状は精神状態に関係しているといっても過言ではありません。ストレスによる生体の防衛反応として，さまざまな身体反応が起こることは神経生理学的研究によって明らかにされています。近年では，精神免疫学の分野で，どのようなストレスがどのようなホルモン，免疫活動に影響を及ぼし，病気の発生進行に関与しているかといったメカニズムが明らかになりつつあります。

うつ状態においては脳内アミン，セロトニンの代謝が関係しており，内分泌系，免疫系にも影響を及ぼすため，うつ状態で自律神経失調の状態が出たり，身体症状が悪化することが知られています。また身体症状が先にあって，予後の不安，経済状態の心配などから不安，うつ状態といった精神症状が起きてくることもあります。これは二次的な障害ですが，それによって免疫機能も低下し身体症状も悪化するという悪循環に陥ることもあります。このように心と体は双方向から影響を及ぼし合っているのです。

2　ストレス反応

ストレス病という言葉があるように，心理的ストレスによって身体症状が引き起こされることがあります。そのメカニズムについて説明しましょう。

社会，心理的ストレッサーはまず緊張，不安などの感情として大脳皮質で受け止められます。それとともに間脳にある視床下部によっても感知され，CRH（コルチコトロピン放出ホルモン）を通じて脳下垂体にストレス刺激が伝わります。脳下垂体では副腎皮質刺激ホルモンが血中に放出され，血糖値の上昇などが起こります。これが内分泌系の変化です。神経系では，ストレス刺激が自律神経系の交感神経系に伝達されて，副腎髄質からアドレナリン，ノルアドレナリンなどのカテコールアミンが放出されます。その結果血糖値上昇，血管収縮，心拍数増加などのストレス反応が起こります。また副腎皮質からはコルチゾールが放出されることによって胃酸の分泌促進，胸部前方にあって細胞性免疫をつかさどる胸腺の萎縮などが起こり，その結果リンパ球の機能低下という免疫機能抑制が起きるのです。

騒音というストレスに長い間さらされると免疫機能が大きく低下していくことが知られていますが，その騒音を自分でコントロールできる手段を与えられているグループでは，コントロール不能な騒音にさらされているグループと同レベルの騒音ストレスが与えられていたにもかかわらず，全く免疫機能が低下しなかったという実験（森本，1997）があります。これはストレスを受ける側がどのようにそれを認知するかによってストレス反応が変化することを意味します。つまり，物理的なストレスというよりも大脳皮質で受け止められる緊張，不安といった感情の違いが，身体症状の違いとして現れてくるということです。コントロールできない状況が大きな心理的ストレスとしてはたらくということになります。

3　神経症と心身症

神経症のなかでも器官神経症と呼ばれるものは，さまざまな身体症状が現れます。耳が聴こえなくなったり，声が出なくなる，首が回らなくなる，立てなくなるなどの症状を示して，それぞれ，身体科を受診します。身体的な原因は不明で不安や抑うつの気分から身体症状が引き起こされるということでは心身症と同様ですが，神経症はノイローゼともいわれるように明らかに精神の障害です。その原因と考えられるストレスが常識的に理解できる場合には，健康な範囲の抑うつや不安ということですから心身症ですが，抑うつ状態になる理由が不可解な場合には神経症が疑われます。

心身症とは心の状態が原因で身体に症状の起きる病態の総称ですが，現在ではすべての病気が心身症的な側面を持っているという理論が主流です。つまり，精神状態やストレスが症状や予後に大きな影響を与えることが明らかになっている，喘息や胃潰瘍といった代表的な心療内科的疾患ばかりでなく，風邪から癌に至るまで，すべて広義の心身症といえるのです。日本心身医学会においては次のように定義されています。「心身症とは身体疾患で，その発症や経過に心理，社会的因子が密接に関与している器質的ないし機能的な病態を言う。ただし，神経症やうつ病にともなった身体症状は除外する。」器質的病態とは形態学的に把握できる病状，例えば胃潰瘍やアトピー性皮膚炎は患部が観察されますがそのようなものを指します。それに対して機能的病態とは，病理組織学的なあるいは生化学的な変化のみられない病態を指します。片頭痛や腰痛，四肢の痺れなどがあります。

また，神経症の患者は，自分の感情に対する気づきやその表現が豊かです。敏感であるために傷つきやすく社会的不適応を起こしやすいのですが，一方心身症の患者においては社会的には過剰適応し，ストレスをため込んで身体症状が発症するという違いがあります。このように心身症の患者のなかには，自分の感情の認知や表現ができない人がいて，心理療法ではうまくいかない場合が多いことから，失感情症（alexithymia）という概念が提唱されました。

表7．3　自律訓練法の公式

背景公式（０公式）	気持ちがとても落ちついている	
第１公式	手足が重だるい	
第２公式	手足が温かい	８週目
第３公式	心臓が穏やかに規則正しく打っている	９週目
第４公式	楽に息ができる	10週目
第５公式	おなかの中が温かい	11週目
第６公式	額が涼しい	12週目

第１，第２公式においては，右手，左手，右足，左足の順に行い，８週間くらいかけてマスターするのが標準である。

4　心身症の治療方法

心身症の身体症状に対しては身体的治療が必要ですが，同時にカウンセリングなどの心理療法も行われます。心身医学的に重要な方法は，自律訓練法（autogenic training）などの，身体にはたらきかけることによって精神の健康さを取り戻そうという方法です。身体にはたらきかける心理療法はボディーワークと呼ばれています。簡単な呼吸法から，筋肉弛緩法，動作法，リラクゼーションストレッチングやダンスセラピーのようなものまでありますが，自律訓練法は習得しやすく，多くの心療内科で応用されています。これは，一種の自己催眠（self-hypnosis）のようなものともいえます。右手が重いといったような公式化された語句を反復暗唱しながら，その内容に関連した身体部位にイメージを持つことによって段階的にリラックスしていく方法です（表７．３）。不安や緊張を緩和させることだけでなく，不整脈，胃の痛みなどの身体症状の緩和も可能です。公式化された語句の反復によって神経系の緊張が低下し，その効果が自律神経系に伝わると，末梢血管拡張，心拍数低下などのリラックス反応が起きて身体症状の緩和が起きるというメカニズムです。

トピックス

■ 脳内アミン，セロトニン

アミンとは，アンモニアの水素原子をアルキル基で置換した化合物である。生体内で生産されるアミンには，神経系に作用するものが多く，エピネフリン，セロトニンなどのホルモンもその一種である。セロトニンは中枢神経系，特に視床下部に多く存在し，神経伝達物質としてはたらき，体温調節，睡眠，摂食抑制などに関与するものと考えられている。

■ 自律神経失調症

身体的自律神経性愁訴を持つが，これに見合う器質的変化がなく，原因も不明な一連の病像を指す。自覚症状としては，頭痛，めまい，疲労感，不眠，動悸，息切れ，胸痛，便秘，下痢など多彩である。治療の基本は精神療法である。

■ 心療内科

1963年に九州大学医学部ではじめて開設された診療科名である。はじめは内科的な疾患のなかでその発症と経過に社会的・心理的な要因が重要な役割を演じている疾患を対象として発足した。しかし，現在では，すべての疾患に対する心身医学的アプローチ，末期患者らの全人的医療，あるいは心理，福祉の専門家らとのチーム医療のあり方等の，教育，研究，実践の場となっている。

■ ボディーワーク

身体にはたらきかけることによって，精神の健康を取り戻すことを目的とした，臨床心理的技法を総称して呼ぶ。動作法，気功，アレキサンダー・テクニック，ダンスセラピーなど，心身相関の理論に基づいて心身の調和を図る。

■ プラシーボ効果

よく効く薬だといって実際は効果のない砂糖水やでんぷんの塊を摂っても症状がなくなるケースがよくある。薬理学の分野では非科学的な根拠のないこととされるが，心理学的な立場からいえば，心身相関を説明する，心的効果という科学的根拠となる。

■ 失感情症

ジフネオスによって提唱された，心身症の病状を説明する概念の１つである（Sifneos, 1973）。特徴としては①想像力，空想力に乏しい②自分の感情や葛藤状態に対する言語化ができない③事実関係をくどくどと述べるが感情がともなわない④対人関係も貧困で機械的対応が多い，などがあげられる。

第５節　包括的医療の中で

全人的，あるいは包括的医療をめざした治療がますます期待される中で，医療機関における心理的支援の方法も多角的になってきました。心身医学やストレス病が認知されてくるにつれて，臨床心理士の仕事は精神科から心療内科をはじめ，あらゆる診療科目に広がってきています。精神免疫学の発展により，精神状態が免疫機能に及ぼす影響が明らかにされると，身体疾病治療の有力な方法として心理療法が評価されるようになってきました。さらに，その対象も患者だけでなく，医療スタッフや，医療機関内での治療者患者関係の精神力動にまで及び，チーム医療によるコンサルテーションの役割まで視野に入ってきています。

具体的には次のようなことが期待されています。

①不眠，不安，うつ状態などの精神症状を持つ患者に対して　精神科医との連携によって行う，カウンセリング，認知行動療法，家族面接などの心理療法。

②いわゆる心身症の患者に対して　内科医からの依頼で行う，心理テストによる心理判定と自律訓練法などの心理療法。

③人格，行動障害の疑われる患者の問題　医療スタッフや他の患者がトラブルに巻き込まれてしまった時の調整やコンサルテーション。

④医療的ストレス状況にある患者の心理的支援　難病，臨死患者，社会・経済的に追い込まれている場合など，主治医，医療ソーシャルワーカーなどと連携した対処。

⑤患者グループのファシリテーター，世話役として　癌患者のサポートグループなどに対して観察，あるいは非構成的グループカウンセリングの実施。

⑥患者教育の一環としての健康教育　生活習慣病の患者に禁煙，減量などの指導を行う際の，心理学的知識を応用した行動修正法や動機づけなどによる教育。

⑦医療スタッフのサポート　産業カウンセラーとして医療従事者の精神衛生的な問題に対処。

このような役割を果たしていくためには，臨床心理学はもとより，精神医学，心身医学をはじめとした一般医学の知識や，診療システムなど，医療の場における常識といったものも必要とされます。コンサルテーションや，医療スタッフをも含めた人間関係の調整を行う場合には，信頼関係を持ったチームの中で，成熟した視点も要求されます。

わが国の，医師を頂点とした医療システムの中で心理の専門家がその専門性を生かして働くためには，実際にはさまざまな困難がともないます。心理学的な視点を提供することは重要ですが，わが国の医療機関においては，残念ながら心理職に対する偏見がまだあり，忍耐強く理解を求めていく必要があります。また，治療方針を決定する責任は主治医が負っていますので，治療者間の信頼関係，心理的事柄に対する理解度，スタッフの性格傾向などをも考慮して治療方針の提言をしていかなければならない場合もあるでしょう。心理至上主義になると，他の医療スタッフとの人間関係がうまくいかなくなり，その結果として患者に対する治療の質が低下してしまうことも考えられます。対象者の心理に対する深い理解，支援とともに，所属する集団力動も考慮していかなければならないのです。医療機関はストレスの多い環境ですので，他者に対する心理的支援とともに，自分自身の精神的健康を保つための注意も必要です。よりよい医療，そして心理的支援のために，第三者的なアドバイスが得られるスーパーバイザーの存在が重要であると思われます。

推薦する文献

（精神医学の研究の歴史が詳しく学べる）

Ellenberger, H. F. 1970 *The discovery of the unconscious.*　木村敏・中村久夫（監訳）1980　無意識の発見―力動精神医学発達史―　上・下　弘文堂

（わが国における健康心理学の概要が記述されている）

中川米造・宗像恒次　1989　医療・健康心理学　福村出版

（心理臨床を志すのに必要な精神医学・心身医学の知識が網羅されている）

福島章・村瀬孝雄・山中康裕（編）1990　臨床心理学体系11　精神障害・心身症の心理臨床　金子書房

（ストレスと心身の健康問題に対して予防医学的研究を概観できる）

森本兼曩　1997　ストレス危機の予防医学―ライフスタイルの視点から　NHKブックス　日本放送出版協会

（医療現場における心理療法の実際が臨床家の視点から述べられている）

乾吉佑・飯長喜一郎・篠木満（編）1991　心理臨床プラクティス第3巻　医療心理臨床　星和書店

引用文献

福島章・村瀬孝雄・山中康裕（編）1990　臨床心理学大系11　精神障害・心身症の心理臨床　金子書房

森本兼曩　1997　ストレス危機の予防医学―ライフスタイルの視点から　NHKブックス　日本放送出版協会

南山堂　医学大辞典　1998　南山堂

Holmes, T. H. & Rache, R. H. 1967 The social readjustment rating scale. *Journal of Psychosomatic Research*, 11, 213-218.

Freud, S. 1926 *Hummung, Symptom und Angst*. Fischer Verlag.　井村恒郎（訳）　1970　制止，症状，不安　フロイト著作集 6　人文書院

Friedman, M. & Rosenman, R. H. 1974 *Type A Behavior Pattern and Your Heart*. Knopf.

Kretschmer, E. 1950 Medizinische Psychologie, 10 Aufl. Thieme.　西丸四方・高橋義夫（訳）　1955　医学的心理学　みすず書房

Lazarus, R. S. & Folkman, S. 1984 *Stress, appraisal, and coping*. Springer-Verlag New York Inc.

Mahler, M. S., Prine, F., & Bergman, A. 1975 *The psychological birth of the human infant; Simbiosis and individuation*. Hutchinson & Co.

Sifneos, P. E. 1972 Short-term Dynamic Psychotherapy: Evaluation and Technique (Topics in General Psychiatry) Cambridge Harvard University Press.　丸田俊彦・丸田純子（訳）　2000　短期力動精神療法―診断・治療面接の実際　現代精神分析双書　第 2 期第12巻　岩崎学術出版社

第8章　対人関係と小集団の心理

第1節　他者や集団との関わりを研究する心理学

1　社会心理学とは

私たちは社会の中で，家族，友人，職場などの集団（group）に所属し，さまざまな他者と関わりを持ちながら生活しています。自分の居場所と感じられる集団があることや周囲の人と親しい関係を持つことは，生きがいの源にもなりますが，一方で，自分が属する集団のために我慢をしたり，身近な人と意

私たちは人間関係の中で生きている

見が対立することなどがストレスの大きな原因にもなります。私たちの人生は，好むと好まざるとにかかわらず，集団や他者との関係によって大きな影響を受けているのです。このように対人関係や集団の中で生まれる人々の行動と心理を研究する心理学の分野は，社会心理学（social psychology）と呼ばれています。

社会心理学は心理学と社会学という2つの学問の影響を受けながら生まれたため，心理学の立場から研究する社会心理学と，社会学の立場から研究する社会心理学がそれぞれ発展していきました。2つの立場を比較すると，心理学的な社会心理学は，他者や集団との関係の中に生まれる個々の人の行動や心理に関心があるのに対し，社会学的な社会心理学は，さまざまな集団や社会の中で生活する人々に共通する行為や意識について関心を持っているという違いが一般的にみられます。社会心理学の研究対象はこのように幅広い範囲にまたがっているため，社会という言葉は，単なる他者の存在から国家間の関係をも含む広い意味を与えられていることに注意してください。

この章では，心理学的な社会心理学が主に対象として扱ってきた，他者との関係や少人数からなる集団における個人の心理と行動について，そしてこれらに影響を与える要因として近年重視されてきている自己（self）のはたらきについても紹介していきます。

2　社会心理学の研究方法

社会心理学は他の心理学の分野と同様に，実証主義と行動主義の影響を受けていたため，社会的な状況と個人の行動との関係を実験法によって検討する研究が行われてきました。具体的には，実験者の設定した社会的な条件のもとで，数名から数十名の被験者の社会的な行動を観察し，その因果関係を調べていくという方法です。しかし社会心理学の実験には，実験室という非日常的な場所に集められ，心理学者の指示によって行う人々の行動が，私たちが社会生活で行っている相互作用を反映しているのかという疑問があります。

社会心理学ではまた，ドイツでゲシュタルト学派の影響を受け，のちにアメリカで活躍したレヴィンらの影響により，社会的な状況が直接人々の行動を決定するのではなく，状況の解釈，評価，予測のような内的な過程を経てはじめて行動が生ずるという考え方が早くからありました。しかし人々の内側で起きている心理は直接観察できません。そこで内的な変数を測定する方法として質問紙法が利用されてきました。これによって日常の社会生活に関するさまざまなテーマ，例えば他人の性格についての判断，自分の能力に対する評価，政治や福祉など社会的な問題への態度（attitude）などを研究できるようになったのです。しかし質問紙法を用いた社会心理学の研究は，そのテーマが回答者自身の社会生活に密接に関係しているため，回答が社会的に望ましい方向にゆがめられてしまうという問題もあります。

トピックス

■ 集団

外部の人々と区別されるような人々の集まりを集団といい，具体的には家族，学校のクラス，スポーツ・チーム，会社の部や課などである。そこに含まれる人は成員（member）という。心理学では集団が持つ特徴として，①直接の対面的な相互作用にせよ心理的な一体感や所属感にせよ，成員間に何らかの関係があること，②成員が集団の目標，規範，価値，行動様式などを共有していること，③成員に与えられる地位や役割が分化されていることなどがあげられる。

■ 自己

自己の１つの意味は，「個人の思考，感情，行動の主体」であるが，人は，自分自身に注意を向け，それを認知することができる。自己が持つもう１つの意味は，「個人が客体として認知する自分自身」である。近年の社会心理学においては，客体としての自己に関する研究が多く行われている。例えば，人は自己をどのように認知するのか，自己への認知はその人の行動にどのような影響を与えるのかなどのテーマがある。

■ レヴィン

第１次大戦後の1918年からベルリン大学で教鞭をとり，ゲシュタルト心理学の発展に貢献するが，1933年ナチスによる迫害のためアメリカに渡り，いくつかの大学で教授を務めた。そして1945年よりマサチューセッツ工科大学でグループ・ダイナミクス研究所の所長として小集団に関する実験研究を行い，集団研究のさきがけとなった。集団の研究以外でも，人の行動を認知的概念を用いて説明しようとした「場の理論」を提唱し，社会心理学で認知的アプローチが重視されるもとになった。また集団や人間の理解を高める感受性訓練の開発のように心理学を社会問題に応用する試みを始めるなど，その後の社会心理学の発展に影響を与えた。

■ 態度

ある対象に対して学習を通して形成された，比較的持続する認知，感情，行動の傾向を態度という。態度は，対象に対して一定のやり方で反応する個人内部の準備状態であり，人がその対象にどのように反応するかを予測するために役立つと考えられてきた。社会心理学において態度という概念は，観察可能な環境内の対象と個人の行動との関係を説明する媒介変数として重視されている。

■ 社会的望ましさ

人の性格や行動などが社会から肯定的に評価されている度合いを社会的望ましさ（social desirability）という。パーソナリティ・テストのように人が自分自身について評定する場合，その回答が社会的に望ましい方向にゆがむ傾向がある。例えば，他人の悪口を言うことは社会的に望ましくない行動なので，人は自分がどの程度悪口を言うかについて評定を求められた場合，実際よりも少なめに回答するかもしれない。

第2節　他者をどのように判断しているか

1　印象の形成

私たちは学校に入学したり会社に入社した時，これまで知らなかった人たちにはじめて出会い，新たな対人関係を築きはじめます。この時私たちの心の中では何が起こっているのでしょうか。相手の表情や振る舞いを見ながら相手がどのような人なのか推測していませんか。そして自分も相手から判断されていると思って緊張しませんか。私たちは，自分が関わりを持っている他者の性格や能力をより正確に判断することによって相手に対して適切な対処ができ，好ましい関係を築いていくことができます。相手の表情や動作，発言，相手についてのうわさ話などによって性格を判断して，こわい人には逆らわないようにするとか，仕事のできそうな人にアドバイスを求める，といったように。外見，行動，外聞など人に関するさまざまな情報から，その人の性格，能力，態度，意図などを判断することを対人認知（person perception）といいます。

対人認知の研究が盛んになるきっかけとなったのは，アッシュの印象形成（impression formation）に関する研究です（Asch, 1946）。印象形成とは，他者に関する断片的な情報から，その人の特性について全体的でまとまりのある印象を作り上げることです。アッシュは2つの学生群に対して，ある人物の特性

表８．１　印象形成に用いられた特性語のリスト

リスト１：知的な—器用な—勤勉な—暖かい—決断力のある—実際的な—注意深い
リスト２：知的な—器用な—勤勉な—冷たい—決断力のある—実際的な—注意深い

(Asch, S. E. 1946)

に関する表８．１のようなリストを別々に提示し，そこで形成されるその人物に対する印象の違いを比較しました。その結果，リストＡとＢは，たった１つの特性語「暖かい—冷たい」が異なっていただけにもかかわらず，「暖かい」という語が含まれていたリストＡを提示された群では，その人物に対しユーモアがあり社交的であるなど，リストＢを提示された群に比べ，より好ましい印象を形成していたことが示されました。このように人々は，「暖かい—冷たい」のような限られた情報からでも，他者の特徴について全体的なイメージを作り上げることができるのです。こうした能力は社会生活の上で非常に重要です。なぜなら私たちは普通，自分が関わりを持つ他者について詳しい情報を得た上で対処できるわけではありません。例えば，入学した学校で初日に会った同級生とはじめて会話をした時のことを思い出してください。私たちは相手についてあまり情報を持たないまま，外見や身振り，わずかの会話から推理して作り上げた人物像に基づいて相手に対処しているのです。

「暖かい—冷たい」のように印象形成に決定的な影響を与える特性を，中心特性といいます。他者の印象を作る上で決定的な情報もあれば，ほとんど影響のない情報もあるのです。また中心特性がリストの最初にあげられた場合に，中心特性が全体的印象の形成に与える影響は大きくなります。これは，私たちがはじめて知り合った人から最初に持たれたいわゆる第一印象が，その後の自分に対する相手からの対応を大きく左右することを示唆する結果です。私たちはそれに気づいているからこそ，初対面の人と会話を始める時にとても緊張するのでしょう。

2　原因の帰属

私たちは，自分の身のまわりで起きるできごとがなぜ起きたのか知ろうとします。ある人が誰かを叩いたのは乱暴な性格のせいなのか，ある人がテストでよい点をとったのは頭がいいからなのかなど。ハイダーは，一般の人々が自分を取り巻く世界で起きるできごとの原因を推測していく過程を，帰属（attribution）と呼びました（Heider, 1958）。彼は，一般的に原因として考慮される要素を個人の力と環境の力に分けました。個人の力としては「意欲」や「能力」が，環境の力としては「課題の困難度」や「運」があげられます。さらに意欲に関連した要素として「意図」と「努力」があげられます。人々は社会的なできごとがこうした要素のいずれによって起きたのかを判断しているとハイダーは考えました。人々があるできごとの原因をどの要素に帰属するかは，できごとに関与した人に対する評価や対処に大きな影響を及ぼします。例えば，意図的に叩いたのか，運悪く手が当たってしまったのかによって，その人への対応の仕方は変わるでしょうし，テストが難しかったか簡単だったかによって，その人の能力評価も変わります。

またハイダーによれば，一般の人々はある行為の原因を行為者や環境が持つ安定した属性に帰属する傾向があるといいます。なぜならできごとが安定した原因で起きたのなら，これからも同じようなことが起きると予測しやすいからです。例えば，乱暴な性格だから人を叩いたのだとすれば，その人はまた誰かを叩くだろうし，テストが簡単だから良い点をとれたのだとすれば，他の人が同じテストを受けても良い点がとれるだろうと予想できるわけです。

3　共変モデル

ケリーはハイダーの帰属についてのアイデアを発展させ，人があるできごとの原因を推論していく過程を，共変原理（covariation principle）という考え方を中心に理論化しました（Kelly, 1967）。共変原理とは，人々はあるできごとの原因をそのできごとともに変化する要因に帰属するという原理です。彼によれば，人は観察している対象とそれに対するある人物の反応を，1）対象となる実体，2）他の人々の反応，3）その事象が起きる時，4）その事象が起きる状況，という4つの側面から検討しているといいます。そしてその人物の反応の原因が対象である実体に帰属されるか否かは，1）一貫性：その反応が時と状況を超えて一貫している，2）合意性：その反応が他の人々の反応と一致している，3）弁別性：その人物が他の対象に対しては異なる反応をする，という 3 つの基準によって決定されます。例えば，よう子さん（ある人物）がエリさん（対象となる実体）を誉めた（反応）とします。もしよう子さんがいつでもどんな場面でもエリさんを誉めていて（一貫性が高い），よう子さんの友人たちもエリさんを誉め（合意性が高い），よう子さんが他の友人のことは誉めたりしない（弁別性が高い）場合，誉めるという反応はエリさんと共変しているので，エリさんが特にすばらしいからよう子さんは彼女を誉めるのだ（対象への原因帰属）と判断されるわけです。反対に，よう子さんがいつでもどんな場面でもエリさんを誉めているが（一貫性が高い），よう子さんの友人たちはエリさんを誉めていない（合意性が低い），そしてよう子さんは他のいろいろな友人も誉めているとしたら（弁別性が低い），誉めるという反応はよう子さんと共変しているので，よう子さんはどんな友人でも誉める人なのだろう（反応者への原因帰属）と判断されるのです。

このように帰属理論は，人々が他者の行為や周囲の状況を観察し，その原因を推理しながら他者について判断を下していく過程を説明しています。帰属理論は一見複雑に感じられるかもしれませんが，それは私たちが日常何気なく行っている他者への判断がいかに複雑であるかを表しているのです。私たちは皆，こうした複雑な判断を日常関わりのあるあらゆる人々に対して常に行っているのです。

4　他者への判断に関する研究の発展

アッシュの研究以後，対人認知に関するさまざまな研究が行われるようになりました。例えば他者を判断するために人々が自分でも気づかずに用いている暗黙の人格理論（implicit personality theory）を明らかにしようとする試みがあります。ローゼンバーグらは，暗黙の人格理論が「正直」や「社交的」などの意味内容を持つ社会的望ましさと，「まじめ」や「毅然とした」などの意味内容を持つ知的望ましさという 2 つの次元から成り立っていることを示しました（Rosenberg *et al.*, 1968）。わかりやすくいえば，人とうまくやれるのか，ものごとをうまくやれるのか，という 2 つの観点から，人々は他者の人格を判断しているというわけです。また大橋ら（1976）は，相貌の分類と性格特性との関連を研究し，例えば，色が白く口の小さい人は消極的で内向的であると見られ，背が低く目の小さい人は責任感がないと見られるなど，人々が外見的な特徴と性格特性とを結びつけて考えていることを明らかにしています。

ハイダーによって提唱された帰属という考え方は，多くの研究に適用されるようになりました。例えば，ジョーンズとデイビスによる対応推論理論（theory of correspondent inferences）は，ある行為のもたらす効果からその行為者の内的な属性（意図や傾性）を推定していく帰属過程を理論化しています（Jones & Davis, 1965）。ここでいう対応とは，観察された行為から行為者の属性が一致する程度を表し，観察された行為からその人の属性を確実に推測できる時に

トピックス

■ 初頭効果と新近効果

ある人物について継時的に得られたさまざまな情報のうち，最初に得られた情報が全体印象を決定づけることを初頭効果（primacy effect），最後に得られた情報が全体印象を決定づけることを新近効果（recency effect）という。初頭効果と新近効果のどちらが印象形成に対してより影響力を持つかは，情報の提示方法などの状況によって異なる。

■ 暗黙の人格理論

一般の人々が持っているパーソナリティに関する信念の体系で，ブルーナーとタジウリなどによって提唱された（Bruner & Tagiuri, 1954）。それは例えば，太っている人はおおらかで，神経質ではないといったように人格特性間の関係についての自分なりの考え方である。本人も自覚しているとは限らないが，他者を認知する際の準拠枠（frame of reference）として重要な役割を果たしている。ローゼンバーグらの研究では，社会的望ましさと知的望ましさの2つの次元が見出されたが，日本では林（1978）が，やさしさや温かさなどからなる「個人的親しみやすさ」，誠実さ，道徳性などからなる「社会的望ましさ」，外向性，積極性などからなる「力本性」の3つの次元を見出している。

■ 対応推論理論

ジョーンズとデイビスによれば，人々はある人物が選択した行為にともなういくつかの効果のうち，選択しなかった行為にはともなわない効果によって，その人物の意図や傾性を推定するという。例えばある女性が，収入は多く外見もよくスポーツが得意な男性Aと，収入は少ないが外見がよくスポーツが得意な男性Bの2人のうち，男性Aを結婚相手として選んだとしたら，その女性はAの選択にともなうがBの選択にはともなわない効果である「収入が多い＝経済的に豊かに生活できる」を理由に男性Aを選んだのだろうと推定される。ある行為をすることで得られるが，他の行為では得られない効果のことを非共通効果という。上記の例における「経済的な豊かさ」は，他の結婚相手では得られない非共通効果である。

対応性が高いといいます。一方ワイナーは，達成行動に関する理論の中で，成功や失敗の原因を何に帰属するかによって達成行動への動機づけが異なってくるという考え方を示し，その後の達成行動の研究に影響を与えました（Weiner, 1972）。これについては，第 3 章で説明しています。また人々が日常行っている帰属の過程がしばしば合理的ではなくゆがんでしまうことを明らかにした研究もあります。ジョーンズとニスベットは，人々が他人の行為はその行為者の内的属性に原因を帰属するのに対し，自分自身の行為は環境に原因を帰属する傾向があると指摘しています（Jones & Nisbett, 1972）。例えば，仕事で同じようなミスをしても，他人がした場合はその人が不注意な人だからだと解釈し，自分がした場合には与えられた仕事が多すぎたからだと解釈するのです。

第 3 節　自分自身をどのように判断しているか

1　社会的比較による自己認知

前節では，私たちが身近な他者をどのように判断しているのかについて述べました。しかし私たちが日頃判断を下している最も重要な人物がいます。それは私たち自身です。私たち自身がどのような人間なのかを知ることは，社会の中で生きていくためにとても大切です。自分の能力や適性を正確に評価できれば，自分に合った進路を選択することができるでしょうし，自分の性格や行動パターンを把握していれば，人間関係をうまく築くために役立つでしょう。しかし，私たちは必ずしも自分のことをよく知っているわけではありません。私たちはどのようにして自分自身を認知しているのでしょうか。自分の外面的な姿は鏡を見ればわかりますが，自分の内面的な特徴はどのように知ることができるのでしょうか。

人が自分を判断する方法について，フェスティンガーは社会的比較という概念を用いて説明しようとしました（Festinger, 1954）。彼によれば，人は自分の意見や能力を評価したいという動因を持っています。意見とは，自分が生活しているさまざまな状況についての認知であり，能力とは，その中で自分ができることについての評価です。これらの判断が不適切であったならば，社会状況にうまく対処できないかもしれません。そして自分の意見や能力を客観的な手段で評価できるのならばよいのですが，社会的なできごとについては，そのような手段が存在しないことも多いのです。こうした場合，人は周囲の他者との比較によって自分の能力や意見の妥当性を評価しようとすると彼はいいます。例えばあなたが数学のテストで70点をとったとします。70点という数値は一見客観的であるようにも思えますが，それが優れているか否かを評価するには，同じテストで他者が何点をとったかを知らなければなりません。さらにフェスティンガーは，人が社会的比較をする時，自分と類似していると思われる他者を比較対象として選択しやすいといいます。数学で70点をとったあなたが比較する相手は例えば同級生かもしれません。同級生がみな70点以上をとっていたら，自分はあまりできなかったのだと思って落胆するかもしれませんし，同級生がみな70点以下だったら，自分はよくできたのだと思って喜ぶでしょう。このように他者に依存して得られる判断の内容は，社会的現実（social reality）と呼ばれ，社会生活の中ではそれがあたかも真実であるかのように受け入れられ，人々に大きな影響を及ぼしているのです。

2　自己概念と自尊感情

あなたは自分がどのような人間だと思っているでしょうか。私たちは社会でのさまざまな経験を通して，自分がどのような人間なのかについて一定の考えを持つようになります。特に青年期は，自分は何者であり自分には何ができるのかなどについて深く考えるようになる時期だといわれています。人が自分自身に関して持っている比較的変化しにくい知覚内容は，自己概念（self-concept）と呼ばれています。自己概念には，性別，年齢，人種，所属集団，集団内の役割などの社会的なもの，性格，能力，興味，行動パターンなどの心理的なもの，容貌，体型，健康状態などの身体的なものまでさまざまな要素が含まれています。ある人は，「20歳の女性で，大学ではサークルのリーダーをしており，英語が得意で，少し神経質，身長は低い」というような自己概念を持っているかもしれません。

こうした自己概念は，私たちがどのような人間なのかを客観的に記述しているとは限りません。自己概念のそれぞれの要素には，程度の差はあっても何らかの評価が込められているのです。例えば上記の女性は，「リーダーである」

表８．２　ローゼンバーグの自尊心尺度

・私は少なくとも他の人と同じ程度には価値のある人間だと思う
・自分にはたくさんの長所があると思う
・自分を失敗者だと感じることが多い（＊）
・何をしてもたいていの人と同じ程度にはうまくできる
・私には自慢できるようなものはほとんどない（＊）
・自分を好ましい人間だと思っている
・自分にだいたい満足している
・自分をもっと尊敬できたらと思う（＊）
・自分が役立たずな人間だと感じることがときどきある（＊）
・自分はだめな人間だと思うことがときどきある（＊）

（＊）は逆転項目　　(Rosenberg, M. 1965)

や「英語が得意」という要素には肯定的な評価を，「少し神経質」や「身長は低い」という要素には否定的な評価を与えているかもしれません。

さらに，私たちは自己のそれぞれの要素に評価を与えているだけでなく，自分の存在全体に対しても評価を与えています。自己に対する全体的な態度は，自尊感情（self-esteem）と呼ばれています。それは自分の価値や能力に対する包括的で比較的変化しにくい評価や感情であり，肯定的なものも否定的なものも含まれます。自尊感情の代表的な研究者であるローゼンバーグによれば，肯定的な自尊感情とは必ずしも自分が優れていると思うことではありません(Rosenberg, 1986)。現実の自己がどうであれ，それに対して尊敬，受容，好意などの感情を持っていることです。彼はまた，簡単に自尊感情を測定できる尺度を開発しています（表８．２）。

自尊感情はどのようにして形成されるのでしょうか。多くの研究者に共通する結論は，両親との関係が自尊感情に強く影響するということです。両親との間に安定した愛着関係を持って育った人ほど，肯定的な自尊感情を持っているのです。また，友人との間に良好な関係を持つ人も肯定的な自尊感情を持っています。幼い子どもは自分について客観的に判断することができません。したがって子どもは，両親がどのように自分に接しているのかに基づいて自分の価値を判断してしまうのです。やがて，学校の友人や仕事の仲間など他の人々との関係を築くようになると，彼らがどのように自分に接しているのかに基づいて自分の価値を判断してしまうのです。いずれにせよ，人は周囲の他者との関わりを通して，自分がどのような人間なのか，どの程度価値のある人間なのかを判断していくのです。

それでは，自尊感情は私たちにどのような影響を与えるのでしょうか。多くの研究において，自尊感情の低さが否定的な精神状態と関係していることが見出されています。自尊感情が低い人は高い人に比べて，抑うつや不安の傾向が高く，ストレス状況に遭遇した時にも希望を失いやすいことがわかっています。私たちは，日頃自分に対してどのような評価や感情を抱いているのかについて，もっと注意を払う必要があります。なぜなら，私たちが自分に与える判断が自分自身の精神的な健康に強く影響しているのですから。

3　自己認知に関するその他の研究

社会的比較の過程についてフェスティンガーは，人が自分の能力や意見を正確に評価する動機によって類似した他者との比較を行うと考えましたが，その後，自分より優れた他者と比較しようとする上方比較と自己を向上させようとする動機との関係，自分より劣った他者と比較しようとする下方比較と自己評価を高めようとする動機との関係など，社会的比較のために選ばれる対象や社会的比較を行う動機について詳しい研究が行われるようになりました（狩野，1980など）。

自己概念を研究するヒギンズらは，自己不一致理論（self-discrepancy theory）の中で，実際の自己の特性である現実自己（actual self）と，自分の希望としてなりたいと思う特性である理想自己（ideal self）との不一致や，同じく現実自己と，自分が義務や責任としてあるべきと思う特性である義務自己（ought self）との不一致が，否定的な感情や不適応傾向をもたらすとしています（Higgins *et al.*, 1986）。理想自己と現実自己の差異は，実際の自分が理想の姿に達していないことを表すので，悲しみや失望を生み出します。一方，義務自己と現実自己の差異は，実際の自分が当然達すべき基準を満たしていないことを表すので，罪悪感や恥を生み出します。このようにフェスティンガーは，人が自分について判断するために他者と比較する過程に注目したのに対し，ヒギンズらは，自分自身が持っている，そうなりたいあるいはそうあるべき姿と比較する過程に注目したといえます。

一方，テッサーは，自己評価維持モデル（self-evaluation maintenance model）を提唱し，ある他者のある課題での業績とその人との心理的距離が自己評価に与える影響について，他者の業績を自分と比べる比較過程による自己評価の変化と，他者の業績の栄光に浴する反映過程による自己評価の変化という 2 つの異なる過程があると主張しています（Tesser, 1984）。そして，人は自己評価を維持し上昇させるように他者との心理的距離や課題への関与度を調整するといいます。自己関与度の高い課題において他者の業績が優れていた場合，その他者と自分を比べる比較過程が生じ，自己評価は低下します。この時人は，自分の業績を高めようとする，課題への関与度を低める，その他者との心理的

トピックス

■ 自己知覚理論（self-perception theory）

ベムによれば，自己知覚とは対人知覚の特殊なケースであり，他者を知覚するのと同じ過程によって自己を知覚するという（Bem, 1972）。私たちは自分の態度や感情などについての内的手がかりが明確でない時，自分の行動やその状況のような外的な手がかりの観察に基づいて，自分の感情や態度のような内部状態を推論するのである。自分がいつもある人の手助けを喜んでしているのを自ら観察することによって，自分がその人に好意を持っているのだと判断する場合などが，その例である。

■ 上方比較と下方比較

人は必ずしも自己に対する正確な評価へと動機づけられているわけではない。人は自己評価を上昇または維持するよう動機づけられている時には，自分よりも下位の人と比較しようとし，自己の能力などを向上させることに動機づけられている時には，自分よりも上位の人と比較を行う傾向がある。例えば病気で意気消沈している場合，自分より重い病気の人と比較することで，自分をより肯定的にとらえようとするのは下方比較である。またスポーツなどの技能を向上させたい場合，自分よりも技能の優れた人と比較することで，いっそうの努力へと自分を動機づけるようにするのは上方比較である。

■ 自己高揚と自己確証

自己に対する認知では，自己高揚（self enhancement）と自己確証（self verfication）という 2 つの動機づけが関わっている。自己高揚とは，自分自身への肯定的な評価や感情を維持したり高めたりしようとすること，あるいは否定的な評価や感情を避けようとすることである。自己確証とは，自分自身について本当の姿を確認するために，自分自身に関する正確な情報を得ようとすることである。

距離を遠ざけるなどの行動をとるといいます。これに対し，自己関与度の低い課題で他者が優れた業績をあげた場合，その他者の栄光に浴することで自己評価が上昇します。この時人は，その他者との心理的距離を縮めるような行動をとるといいます。もしあなたがテニス選手ならば，友人がテニスで自分より優れた成績をあげた場合，あなたは自己評価の低下を防ぐために彼との関係を疎遠にするかもしれません。しかしあなたの友人がピアノで優れた成績をあげたのなら，あなたはその友人を誇らしく思い，より親しい関係を持とうとするかもしれません。

第４節　対人関係の成り立ちとその発展

１　社会的な相互作用

私たちが他者に対してとった行動は，その人に何らかの影響を与えます。あなたが誰かを誉めればその人は嬉しくなるでしょう。誰かをけなせばその人は嫌な気持ちになるでしょう。影響を受けた相手は私たちに対して何らかの反応を示します，そして今度はこの反応が私たちに影響を与えるのです。あなたに誉められた人はあなたに感謝を示し，あなたも嬉しくなるかもしれません。けなされた人はあなたを責め，あなたは嫌な気持ちになるかもしれません。このように人と人が互いに相手に対して行動をとることによって，互いが影響を与え合うことを，社会的相互作用（social interaction）といいます。

社会心理学には，社会的相互作用を，金銭や贈り物などの物的なやりとりだけではなく，情報や行動のやりとりを含む交換の過程としてとらえる社会的交換（social exchange）という考え方があります。この説によれば，人は他者との相互作用から生ずる利得（benefit）を最大化しようと動機づけられています。ここでいう利得とは，お金や品物のような物理的なものや，手助けやアドバイスのような社会的なものだけでなく，愛情や承認を受け取るというような心理的なことも含まれます。いずれにせよ，人は自分にとって得るものがあるがゆえに，他者と対人関係を持つのだというのです。

しかし人は対人関係の中で必ずしも自分の利益だけを求めているわけではありません。私たちの社会には，利益を受けたらそれを与えた人にお返しをしなければならないというルールがあります。これを互恵性（reciprocity）の規範といいます。対人関係における人と人のやりとりを理論化した社会的交換理論（social exchange theory）でも，人は自己の利得を求めるだけではなく，相手と自分の損得を比較しながら衡平（equity）を保つように行動すると考えられています。したがって，人と人の間にお互いにとって得るものがある時，対人関係が生まれ維持されますが，そうでなければ対人関係は壊れてしまうと考えられます。

2　他者への魅力

みなさんはこれまでに，はじめて会ったのになぜか好意を持った人や，少し話しただけで意気投合した人に出会った経験があると思います。私たちは日常生活の中で実に多くの人と出会うにもかかわらず，そのなかから特定の人に対して好意を持つのはなぜでしょうか。人が他者に対して抱く好意や非好意などの感情的な態度は，対人魅力（interpersonal attraction）といいます。社会心理学では，特に対人関係が生まれる初期の段階において対人魅力が重要なかぎになると考え，対人魅力が生まれるさまざまな環境条件や個人特性について研究が行われてきました。

フェスティンガーらは，アパートの住人たちが同じアパートのどの住人と友人になるのかを調査しました（Festinger *et al.*, 1950）。その結果，住んでいる部屋の物理的距離が近い（近接性が高い）ほど，友人になりやすいことがわかりました。社会的交換理論から説明すれば，物理的近接性が高いほど，相互作用から得られる報酬に比べて，相互作用に費やす時間や費用などのコストが少ないことが理由として考えられます。またザイアンスによれば，接触の頻度が多いほどその対象に慣れ親しみ，その結果好意が増すといいます（Zajonc, 1968）。つまり，近くにいる人ほど繰り返し会う機会が多くなり，互いに親近感を持ち好意を持つようになると考えられます。

相手が近くにいることは，お互いの好意を生み出す環境条件ではありますが，近くにいれば必ず好意を持つとは限りません。他者に好意を持つには，その人個人の持っている特徴も関係しているのではないでしょうか。アンダーソンは，555の性格を表す形容詞を大学生に示し，その性格の好意度を数値で評定して

表8．3　好意度の高い性格特性と低い性格特性

	好まれた性格	好まれていない性格
1	誠実な人	うそつき
2	正直な人	いかさま師
3	理解のある人	下品な人
4	忠実な人	残虐な人
5	信用できる人	正直でない人
6	信頼できる人	信用できない人
7	知的な人	不快な人
8	頼りになる人	意地悪な人
9	心の広い人	卑劣な人
10	思慮深い人	だます人

(Anderson, N. H. 1968)

もらい，その平均値を算出しました（Anderson, 1968）。その結果が表8．3です。最も好まれる性格は「誠実な」，「正直な」，「理解のある」などで，反対に最も好まれなかった性格は，「うそつき」，「いかさま師」，「下品な」などでした。いずれの性格特性も人に対する態度や行動と関連する内容であり，その人が他の人とどのような対人関係を持つのかが，好意を持つか否かの重要な判断基準になっていることがわかります。

このように一般的に他者から好意を持たれやすい個人的特徴があるのは確かなようです。しかし私たちが誰かと良好な対人関係を作るためには，相手の特徴だけではなく，自分と相手との相性も関係するのではないでしょうか。バーンとネルソンは，自己と他者が持っているさまざまな対象への態度の類似性が高いほど，その人への好意度が高まることを実験で証明しました（Byrne & Nelson, 1965）。実験の被験者となった学生は，学生寮，SF小説，子どものしつけなどいくつかの対象への態度について調査票に回答し，次に被験者の態度との類似度がさまざまに異なるよう実験者によってあらかじめ操作された他者の回答内容を渡されました。そして被験者は，その人への好意度と，仕事を一緒にすることへの受容度について数値で評定を求められ，この2つの評定の合計点が対人魅力の指標とされました。その結果，自己と他者の態度において類似度が高いほど，相手に対する魅力度も高くなることが示されました。彼らによれば，態度が類似している他者に魅力を感じる理由は，自分と同じ意見を持つ人によって自分の意見の正しさが確認できるという合意的妥当性（consensual validation）にあるといいます。彼らは，人が自分に報酬をもたらす他者に魅力を感じるという前提のもとに，自分の正しさが確認されることは報酬となるので，類似性の高い相手に魅力を感じたのだと解釈しています。確かに私たちは自分の考えに賛成してもらうと嬉しくなるものですし，いわゆる価値観の合う人からはこのような反応が期待できるので，彼らに好意を持ちやすいといえます。

3　自分について語る

みなさんが中学や高校に入学して，たくさんの新しいクラスメートができた時のことを思い出してください。はじめはどんな人との関係もあいさつ程度だったのが，やがて何人かの人とは，悩みを相談しあうよう親密な関係にまで発展したかもしれません。対人関係は一般に，表面的な関係から始まり親密な関係へと発展していきます。それでは，表面的な関係と親密な関係にはどのような違いがあるのでしょうか。１つの違いは，その関係の中で行われる会話の内容です。表面的な関係では，天候，最近起きた事件のニュース，おいしいレストランの情報，有名人のゴシップや共通の知人のうわさ話など，自分たちの外側にある，あるいは公的なことがらについての話が多くなります。これに対し親密な関係では，人間関係の問題，将来の進路，身体の悩み，収入や財産など，外側からはわからない内面的な，あるいは私的なことがらについての話が多くなります。つまり親密な関係では，互いが自分自身についての情報を打ち明けるのです。自己に関するありのままの情報を言語的に他者に伝達することは，自己開示（self-disclosure）と呼ばれています。

また自己開示は，親密な関係にみられる特徴であるだけでなく，対人関係をより親密にしていくはたらきを持っています。自己開示の代表的研究者であるジュラードによれば，一般的に他者から自己開示を受けた人は，それが自分に対する好意や信頼に基づく行動だととらえます（Jourard, 1959）。その結果，他者から何かを受けたらお返しをするという社会規範に従って，受け手もまた相手に対し自己開示を行い，好意や信頼を返します。これを自己開示の返報性（reciprocity）といいます。こうして人と人は自己開示を交換しながら，互いに深く理解しあった親密な関係を築いていくのです。

さらに自己開示には，対人関係を親密にする社会的な効果だけではなく，開示した人自身にもたらされる心理的効果もあります。その１つは感情の表出です。心理療法においても，自分の感情を表出することで精神的な健康を促すことが認められていますが，日常の友人との会話で行われる自己開示でも同じような効果があると考えられます。また自己開示の際には，自己に注意を向けてそれを言語化していく過程が必要なため，普段曖昧な自分自身の内面について明らかにしていく自己明確化というはたらきもあります。

4　対人関係の過程に関するさまざまな研究

社会的相互作用を，利得や成果などの得るものと，コストや投入などの失うものから説明しようとする理論の代表的研究者は，社会学者のホーマンズです (Homans, 1961)。彼は，ある行為が期待した報酬を受けなかったり予期せぬ罪を受けた時，怒りを感じ攻撃行動を行うことが多くなる，ある行為が期待した報酬や期待より大きい報酬を受けたり予期した罪を受けない時喜びを感じ是認的行動を行うことが多くなる，などの社会的交換に関するいくつかの命題を提出しています。

一方，社会心理学者のケリーとティボーは，相互依存理論（theory of interdependence）を提唱し，親密な二者関係について，その関係を継続するか否かを決定する基準や，１人がもう１人に対して一方的に影響を与える勢力関係について，その関係から得られる報酬からコストを差し引いた成果（outcome）という概念を中心に理論化しました（Kelley & Thibaut, 1978）。彼らによれば，人はある二者間の相互作用を続けるか否かを，その関係から得られる成果が満足できるものかどうかに基づいて判断するといいます。

対人魅力の研究では，さまざまな状況，個人の特性，二者の関係性などが対人魅力に与える影響について検討されています。状況の要因については，騒音の聞こえる部屋にいるという不快な状況をともに経験した人には，そうでない場合より好意を持つことが明らかにされています（Kenrick & Johnson, 1979)。個人特性については，特に異性との関係において，身体的魅力度が対人魅力に与える影響や，カップルの身体的魅力度の釣り合いなどが研究されています。

2 人の関係性については，同性が相手の場合，類似性が魅力をもたらすのに対し，異性が相手の場合では，両者がそれぞれ異なる欲求や役割を持ちそれがお互いの不足を補っていること，つまり欲求や役割の相補性（complementarity）が対人魅力を高めるという結果が示されています（Seyfried & Hendrick, 1973）。

自己開示についても多くの研究が行われています。ジュラードとラサコウは，自己開示の程度を，態度と意見，好みと趣味，仕事（勉強），金銭，性格，身体の 6 つの領域について測定する，自己開示質問紙を開発しています（Jourard & Lasakow, 1958）。この方法を用いて自己開示度の性差を調べた結果では，女性のほうが男性よりも自己開示をしやすいことがわかりました。これは，女性が感情を表出することを社会から期待されているのに対し，男性が感情を抑え

トピックス

■ 社会的交換理論

社会的相互作用をそこから生まれる利得（benefit）を最大化するための行動の交換過程として説明しようとする理論。利得とは，行動によって得られる報酬（reward）の価値とそれによって失うコスト（cost）の価値との差である。報酬やコストとして考慮されるものは，財やサービスに限らず，肯定的評価や愛情のように心理的なものも含まれる。社会的交換の法則を理論化しようと試みたホーマンズ（Homans, 1961）や，社会的交換における衡平の維持について論じたアダムス（Adams, 1965）などが有名である。

■ 対人関係の衡平

アダムスの衡平理論によれば，人は自分の仕事に対する投入と，その結果自分が得た成果が一定の比率（成果／投入）になることを期待しており，それが公正か否かは，他者の比率との比較によって判断される。他者と自分との比率が等しい時に衡平となり心理的な均衡状態が生まれるが，等しくない時不衡平となり心理的な緊張が生まれるという（Adams, 1965）。ウォルスターらは，衡平の考えを対人関係に適用した。彼らによれば，人は自己の報酬とコストを考慮するだけでなく，相手と自分のそれらを比較し，自分が損をしている時不満を感じ，得をしている時罪悪感が生まれる。そして相手と自分のそれらが等しい時，つまり衡平である時満足を感じ，その関係は安定するという（Walster *et al.*, 1976）。

■ 単純接触の効果

ザイアンスは，人は単に繰り返し接触するだけでその対象への好意度が増すという単純接触（mere exposure）仮説を提唱している（Zajonc, 1968）。彼によれば，接触する機会が多いほどその対象への熟知性（familiarity）が高くなり，熟知した対象は好まれる傾向にあるという。この仮説は，人の顔などの意味のある対象に限らず無意味単語でも実証されている。

■ **身体的魅力**

対人関係の初期など他者を判断する情報が少ない場合には，容貌や体型など身体的な特徴が他者を判断する重要な手がかりとなる。相手が異性の場合，身体的魅力度の高い人ほど好意を持たれやすいことが示されている（Walster *et al.*, 1966）。一方，マースタインは，実際に交際しているカップル同士の身体的魅力度には差が少なく，釣り合いがとれていることを明らかにした（Murstein, 1972）。それは身体的魅力が自分よりかけ離れて高い相手からは拒絶されると人々が考えるためだという。

■ **ケリーとティボーの相互依存理論**

彼らによれば，二者間の相互作用の成果は，そこから受け取る満足のような報酬と，不快のようなコストによって評価され，人は報酬が大きくコストが小さい相互作用を好む。現在の相互作用を継続するか否かも，成果が満足できるものかどうかを決める基準（これを比較水準という）に基づいて判断されるという。また彼らは，勢力行使についても論じており，二者の１人Ｂがどんな行動を選択しても，もう１人Ａは常に正の成果を得られ，しかも一方的にＢの成果に影響を与えられるという運命統制と，Ａが自分の選ぶ行動によって，Ｂに対してＡの意図する行動を選ばせることができるという行動統制の２つの勢力行使の型をあげている。

ることを社会から期待されているためだと考えられています。

第５節　集団の中の個人

１　集団とは

私たちはほとんど一生を通じて，何らかの集団（group）に所属し，その成員（member）として生活します。例えば，はじめは家族の成員として，学校に入るとクラスやサークル活動，遊び仲間の成員として集団に所属します。心理学では，（１）成員に共通の目標がある，（２）持続的な相互作用がある，（３）成員間に地位と役割の分化がある，（４）共通の規範が成員の判断や行動を統制している，（５）成員間に一体感がある，などの特性を持つ外部と区別される人々の集まりを集団と呼んでいます。サッカーのクラブならば，大会で優勝するという目標を持ち，練習のために定期的に集まり，リーダーやマネージャー，先輩や後輩など地位と役割があり，あいさつの仕方や練習への取り組み方などのルールにメンバーが従い，クラブの一員だという気持ちを持っている，といったように集団としての特性を備えていることがわかります。ただし，集団によってこれらの特性がどの程度はっきりみられるかは異なります。遊び仲間のような集団には，はっきりした目標はなく，リーダーなどの地位も決まっていないかもしれません。

このことは，社会心理学が実験で扱ってきた集団にもあてはまります。社会心理学の研究においては，初対面の人々を一時的に集めて集団とみなし，彼らの行動を観察するという方法が多く用いられてきました。そのため，集団の研究でありながら，実際の社会にみられる家族やサークルのような集団ではなく，互いに知らない他者同士の集まった状況を扱った研究が多いことに注意してください。

2　集団の魅力と凝集性

人々はなぜ集団に所属するのでしょうか，そして，集団からどのような影響を受けるのでしょうか。この問題をはじめて心理学的実験によって解明しようとしたグループ・ダイナミクス研究では，集団に成員をとどめるようにはたらく心理学的な力を，集団凝集性（group cohensiveness）と呼びました。集団凝集性を測る指標としてよく用いられるのは，成員が集団に対して持っている魅力の強さであり，成員が集団に魅力を感じているほど，集団の凝集性も高いと考えるのです。カートライトとザンダーによれば，人は集団に属することによって要求が充足されるほど，集団に魅力を感じるといいます（Cartwright & Zander, 1960）。バックは，人が集団に魅力を感じる源泉として，（１）集団の課題や目標など集団の活動から得られるもの，（２）親和，承認，心理的安定など集団内の対人関係から得られるもの，（３）集団外からの評価，集団の威信など集団の成員であることによって集団外から得られるもの，という３つをあげています（Back, 1951）。サッカー・クラブの例で説明すれば，サッカーをすることや優勝をめざすことにやりがいを感じ，他のメンバーから認められ，彼らと交流することが楽しく，そのクラブのメンバーであることで外部の人から尊敬されているならば，その人はそのクラブに魅力を感じ，そこにとどまろうとすることになります。

集団の凝集性は，成員の行動にどのような影響を与えるのでしょうか。シャ

表８．４　凝集性が生産性の促進と抑制に与える効果

	人数	16〜24分 誘導期間	24〜32分 誘導期間
高凝集・促進群	13	＋2.92	＋5.92
低凝集・促進群	12	＋2.92	＋5.09
高凝集・抑制群	13	−1.00	−2.16
低凝集・抑制群	12	−0.58	−0.42

数値は誘導期間中（16〜24分）の平均枚数から誘導期間前（８分〜16分）の平均枚数を引いたもの

(Schacter, S. *et al.* 1951)

クターらは，凝集性と生産性の関係を検討する実験を行いました（Schacter *et al.*, 1951）。実験の被験者は３人の集団で作業（厚紙を切る，台紙に貼るなど）を分担すると告げられ，実際には１人１人が別室で作業をしました。彼らは，パーソナリティ・テストの結果互いに好意を持ち合えると言われ，その結果チームに対しより好意を持った人たちからなる凝集性高群と，互いに好意を持ち合えないと言われ，チームにあまり好意を持たなかった人たちからなる凝集性低群に分けられました。さらに彼らは，作業中に同じチームのメンバーからの手紙によって作業を速めるように求められる促進誘導群と，作業をゆっくりやるように求められる抑制誘導群に分けられました。この結果，促進誘導の効果は，凝集性の高群と低群で差がみられませんでしたが，抑制誘導の効果は凝集性の高群でより大きいという結果がみられました（表８．４）。つまり成員が集団に好意を持っている集団では，成員は集団からの要請どおりに生産性を低くし，これに対し，成員が集団に好意をそれほど持っていない集団では，成員は集団からの要請にあまり従うことなく作業を行っていたのです。促進を誘導した場合に，凝集性の高群と低群の差がなかったのは，作業の速度を遅くすることは容易にできるが，作業の速度を速めることは能力上の限界もあって難しかったためかもしれません。

３　集団規範の形成

人は集団に所属することで，自分の欲求を充足させようとします。しかし同

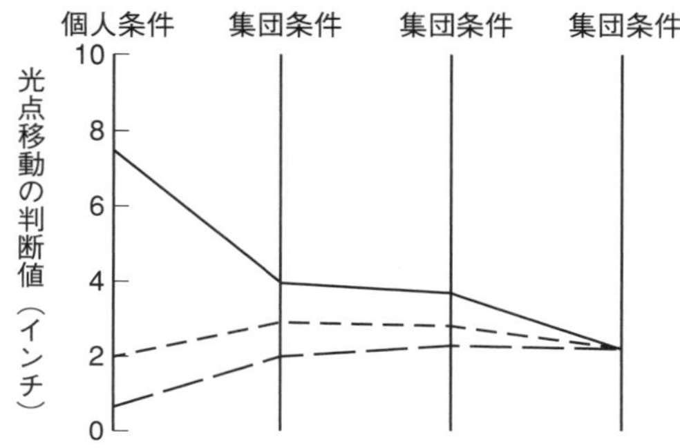

図8．1　光点移動の判断値の変化（3人集団の場合）（Sherif, M. 1935）

時に集団からは，それが好ましいかどうかにかかわらず強い影響を受けることになります。集団が人々の判断や行動に影響を与える際に大きな役割を果たすものとして，集団規範（group norm）があります。集団規範とは，集団の成員によって共有され，成員が従うことを要請される，判断や行動の基準あるいはその様式です。集団規範のはたらきの1つは，集団の成員がどのように考え，行動したらよいかを決定するための準拠枠（frame of reference）になることです。

シェリフは，暗室内で小さい光を凝視すると，物理的には動いていない光点が動いているように見えるという自動運動視現象を利用して，準拠枠としての集団規範の成立について実験を行いました（Sherif, 1935）。3人の被験者が光点の動いた距離を口頭で報告するように求められました。第1セッションは被験者が個人で判断を求められる個人条件で，第2から第4セッションまでは，被験者3人の報告が互いにわかるように行われる集団条件でした。図8．1から明らかなように，個人条件では各々異なっていた判断内容が，集団条件では一定の値へと収束しています。この実験の被験者は，スクリーン上の光点の移動という曖昧な事象に判断を行わなければなりませんでした。人は自分の判断や行動が正しいかどうかを，物理的現実，つまり客観的なものごとに基づいて確かめられない場合，社会的現実，つまり他者の判断や行動を基準にして確かめようとするとフェスティンガーはいいます（Festinger, 1954）。この実験では，被験者が互いに集団内の他者の判断を基準に自分の判断を修正していくなかで，集団の成員の中に１つの標準的な判断の様式，つまり集団規範が共有されていったと理解することができます。

4　集団への同調

集団の影響は，成員にとって常に好ましいものとは限りません。集団から従うことを要請される判断や行動のやり方が，個人にとって心理的な葛藤をもたらす場合もあります。アッシュは，集団内の全員が一致した判断に対する同調（comformity）について実験を行いました（Asch, 1951）。実験群の被験者は，図８．２の左に示す線分が，右の１，２，３の３つの線分のどれと同じ長さかを判断し，他の被験者のいるなか，口頭で報告するように求められました。正答は明らかに２です。しかし被験者が回答する前に，他の７人の被験者（実際には実験のサクラであり，実験の計画どおりに回答する）の全員が一致して明らかに誤った回答をしたのです。実験群の被験者が行った18回の判断試行のうち，12回はこのように他の成員全員が一致して誤った報告をする圧力試行でした。統制群の被験者はこのような圧力を受けずに同じ課題を行いました。実験の結果，統制群ではほとんど誤答がないのに対し，実験群では，真の被験者たちが行った全回答の３分の１が，サクラと同じか同じ方向への誤答でした。この結果は，被験者となった個人に対して，集団全体の判断に同調を迫るような

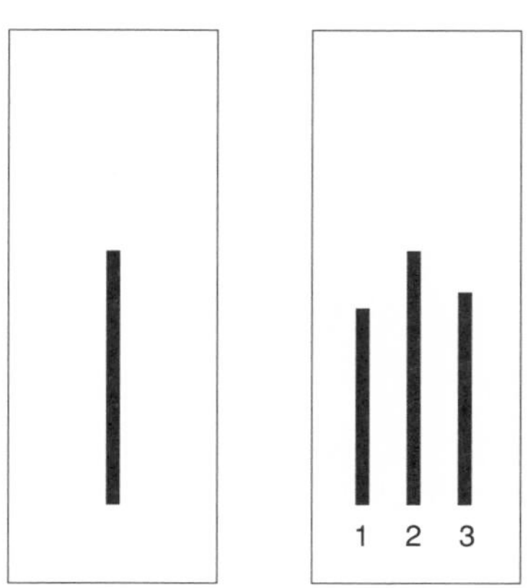

図８．２　同調実験に用いられた線分の例（Asch, S. E. 1951）

心理的な圧力がはたらいたためだと解釈できます。成員に対し，集団の標準的な判断や行動に同調するようにはたらく強制的な影響力のことを，斉一性への圧力（pressure toward uniformity）といいます。しかし彼の実験でも，７人のサクラのうち１人が常に正答した場合，被験者の誤答は全体の5.5%にまで低下しました。被験者にとっては，１人だけ味方がいたわけです。この結果から，同調への圧力が強くはたらくのは，集団成員の判断や行動が全員一致している場合，つまり斉一性（uniformity）を有している場合であり，多数派の判断や行動が一致している場合であっても，これに従わない成員が１人でもいる場合，同調への圧力はかなり減少するといえます。

シェリフとアッシュの実験で生じた同調には，どのような違いがあるでしょうか。シェリフの実験では，判断の対象が曖昧であり，被験者は自分の判断に確信が持てなかったので，自分が正しい判断を行うために他者の判断を心理的に抵抗なく受け入れたと考えられます。こうした行動は内面的同調といいます。これに対し，アッシュの実験では，判断の正否が明確であり，被験者は自分の判断に確信が持てました。したがって，自分と異なる他者の判断を受け入れることなく，集団からの逸脱を避けるために同調したため，被験者には心理的な葛藤が生じたと思われます。こうした行動は表面的同調あるいは追従（compliance）といいます。

5　作業の促進と抑制

私たちは集団に所属するだけではなく，そこでさまざまな活動を行っています。学校では勉強に，サークルではスポーツや文化活動に携わっています。そしてこれらの活動には普通何らかの目標があり，成員はその目標を達成するような優れた遂行（performance）が要求されます。例えば，勉強ならテストで，サークルなら試合やコンクールで，良い成績をあげるような行動が求められるのです。しかし私たちはいつでも優れた遂行を行えるとは限りません。例えばみなさんは，人前で緊張して実力が出せなかったことや，反対に人が見ていないから本気にならなかった経験があるかもしれません。他者の存在は，課題遂行に対してどのような影響を与えるのでしょうか。これまでの研究からは，他者の存在によって個人の遂行が促される社会的促進（social facilitation）と，遂行が妨げられる社会的抑制（social inhibitation）の2つの現象が見出されてきました。一般的に単純な課題では他者の存在が遂行を促進し，複雑な課題では他者の存在が遂行を抑制することが認められています。つまり，私たちが他人のいる場所で何かをうまく行おうとする場合，単純で慣れた行動はうまくいきますが，複雑で不慣れな行動はうまくいかないのです。社会心理学の実験で扱われてきた単純な課題とは，例えば易しいかけ算や着慣れた自分の服を着ることなどの行動であり，複雑な課題とは，難しい計算問題や着たことのない服を着ることなどの行動です。それではなぜ課題の特性によって相反する結果が現れるのでしょう。

ザイアンスは，「他者の存在によって覚醒水準（arousal level）が上昇し，覚醒水準が高い時には優勢反応（dominant response）が起きやすくなる」という仮説によってこの現象を説明しようとしました（Zajonc, 1965）。覚醒水準とは活動への動因を高めるような個人内の状態であり，優勢反応とは出現しやすい動作のことです。よく習熟した動作は優勢反応になります。単純な作業では一般的に，よく習熟した優勢反応が要求されます。この場合，他者の存在は，課題を行う者の覚醒水準を上げ，優勢反応が促されるため，課題の遂行は促進すると考えられます。しかし複雑な課題では一般に，習熟していない難しい行動が要求され，反対に，習熟している動作である優勢反応は，課題遂行の妨げになります。この場合，他者の存在によって覚醒水準が上がることは，課題達成を妨げる動作を出やすくし，課題にとって必要な動作は妨げられてしまいます。その結果，課題の遂行は抑制されることになるのです。

6　集団に関するさまざまな研究

集団は，社会心理学において最も重要なテーマであり，これまでに数多くの研究が行われてきました。シャクターの集団凝集性と生産性の実験は，集団が単純作業に与える影響を検討しましたが，集団による意思決定が個人によるものとどのように違うのかを検討した研究もあります。それらのなかでは，集団による意思決定が個人の場合に比べて，より危険性の高いものになるというリスキー・シフト（risky shift; Wallach *et al.*, 1962）と，より安全志向になるというコーシャス・シフト（cautious shift; McCauley *et al.*, 1973）の異なる

２つの傾向がみられています。いずれの方向にせよ，個人の判断や意見が集団討議のような集団経験の後，より極端な内容になることを集団極性化（group polarization）といいます。

同調に関しては，ドイチュとジェラードが，同調に関する研究にみられた現象を情報的影響（informational social influence）と規範的影響（normative social influence）という概念で分類しています（Deutsch & Gerard, 1955）。情報的影響とは，現実を判断するための参考となる情報として他者の判断を受け入れるような影響であり，規範的影響とは，他者や集団の期待に合致するために他者の判断に同調するような影響です。情報的影響は，シェリフの実験でみられたように，集団の標準を私的に受容している内面的同調に相当し，規範的影響は，アッシュの実験でみられたように，集団の標準への私的な受容がない表面的同調に相当します。またモスコビッチらは，アッシュが研究した斉一性への圧力とは反対の現象である少数派の影響力に関する実験を行いました（Moscovicci *et al.*, 1969）。そして集団内の少数派が一貫して多数派とは異なる反応を続けた場合に，彼らの反応が多数派の判断に影響を与えるという興味深

トピックス

■ グループ・ダイナミクス

レヴィンらによるグループ・ダイナミクス研究センターを中心に，1930年代末から行われた，集団やリーダーシップに関する社会心理学的研究の分野であり，集団力学とも呼ばれている。集団と成員行動の法則を見出すと同時に，社会生活の改善をめざしていたため，実験室での研究以外にも，現実の社会場面を扱う野外調査や参与実験などが行われた。集団の凝集性や圧力，集団による課題遂行，リーダーシップと社会的勢力などのテーマがあり，のちの社会心理学研究に大きな影響を与えた。

■ 評価懸念

コットレルらは，他者がいると自分の行動がその他者によって評価されるのではないかと不安になり，それによって行動への喚起水準が高まるのだと主張した（Cottrel *et al.*, 1968）。こうした不安を評価懸念（evaluation apprehension）という。彼らは，目隠しをされて被験者を観察できない他者のいる「単なる他者」条件では，優勢反応が増加する傾向はみられなかったのに対し，被験者を観察する他者のいる「見物者」条件では，よく習熟した優勢反応が増加することを実験で示した。つまり，単に他人がいる状況よりも，他人に評価される状況が，私たちの行動に影響するのである。

い結果を示しています。

他者の存在と課題遂行については，ラタネらによる社会的手抜き（social loafing）の研究があります（Latane *et al.*, 1979）。社会的手抜きとは，個人で課題を遂行する時の努力量に比べて，集団で課題を遂行する時の努力量が低下することです。彼らは，複数の人が一度に同じ課題を遂行した場合には，１人１人でその課題を遂行するよりも，遂行量が低下することを実験で明らかにしました。個人の努力量を評価できないような集団活動が行われる場合，評価懸念が低下し，その結果，活動への動因も低下するので，人は努力を怠ると考えられます。つまり他者から評価されない仕事では，１人だけ怠けても非難されないし，反対に１人だけ努力しても正当な報酬を受け取れないので，努力しても無駄だと考えて手を抜くのでしょう。

推薦する文献

（社会心理学の各テーマについてわかりやすく解説している）
池上知子・遠藤由美　1998　グラフィック社会心理学　サイエンス社
（対人行動の重要研究をかなり詳しく解説している）
対人行動学研究会編　1986　対人行動の心理学　誠信書房

引用文献

安藤清志　1987　さまざまな測定尺度　末永俊郎（編）　社会心理学研究入門　東京大学出版会

Adams, S. 1965 Inequity in social exchange. In L. Berkowitz (Ed.), *Advances in Experimental Social Psychology*, Vol. 2. New York: Academic Press. Pp. 267-299.

Anderson, N. H. 1968 Likableness rating of 555 personality-trait words. *Journal of Personality and Social Psychology*, 9, 272-279.

Asch, S. E. 1946 Forming Impressions of Personality. *Journal of Abnormal and Social Psychology*, 41, 258-290

Asch, S. E. 1951 Effects of group pressure upon the modification and distortion of judgments. In D. Cartwright & A. Zander (Eds.), *Group Dynamics: Research and Theory. Second edition*. New York: Harper & Row.

Back, K. 1951 Influence through social communication. *Journal of Abnormal and Social Psychology*, 46, 9-23.

Bem, D. J. 1972 Self-perception theory. In L. Berkowitz (Ed.), *Advances in Experimental Social Psychology*, Vol. 4. New York: Academic Press. Pp. 1-62.

Bruner, J. S. & Tagiuri, R. 1954 The perception of people. In G. Lindzey (Ed.), *Handbook of Social Psychology*. Addison-Wesley.

Byrne, D. & Nelson, D. 1965 Attraction as a linear function of proportion of positive reinforcements. *Journal of Personality and Social Psychology*, 1, 659-663.

Cartwright, D. & Zander, A. 1960 *Group Dynamics: Research and Theory. second edition*. New York: Harper & Row.

Cottrell, N. B., Wack, D.L., Sekerak, G. J., & Rittle, R. H. 1968 Social facilitation of dominant responses by presence of an audience and the mere presence of others. *Journal of Personality and Social Psychology*, 9, 245-250.

Deutsch, M. & Gerard, H. B. 1955 A study of normative and informational social influence upon individual judgment. *Journal of Abnormal and Social Psychology*, 51, 629-636.

Festinger, L. 1954 A theory of social comparison processes. *Human Relations*, 7, 117-140.

Festinger, L., Schachter, S., & Back, K. 1950 *Social Pressures in Formal Groups: A Study of Human Factors in Housing*. New York: Harper & Row.

林文俊　1978　対人認知構造の基本的次元についての一考察　名古屋大学教育学部紀要（教育心理学科），25，233-247

Heider, F. 1958 *The Psychology of Interpersonal Relations*. New York: John Wiley & Sons.　大橋正夫（訳）　1978　対人関係の心理学　誠信書房

Higgins, E. T., Bond, R. N., Klein, R., & Strauman, T. 1986 Self-discrepancies and emotional vulnerability: How magnitude, accessibility, and type of discrepancy influence affect. *Journal of Personality and Social Psychology*, 51, 5-15.

Homans, G. C. 1961 *Social Behavior: Its elementary forms*. New York: Harcourt Brace & World.

Jones, E. E. & Davis, K. E. 1965 From act to dispotions: The attribution process in person perception. In L. Berkowitz (Ed.), *Advances in Experimental Social Psychology*, Vol. 2. New York: Academic Press. Pp. 219-266.

Jones, E. E. & Nisbett, R. E. 1972 The actor an the observer: Divergent perceptions of the causes of behavior. In E. E. Jones, D. E. Kanouse, H. H. Kelly, R. E. Nisbett, E. Valins, & B. Weiner (Eds.), *Attribution: Perceiving the Causes of Behavior*. General Learning Press. Pp. 79-94.

Jourard, S. M. 1959 Self-disclosure and other-cathexis. *Journal of Abnormal & Social Psychology*, 59, 428-431.

Jourard, S. M. & Lasakow, P. 1958 Some factors in self-disclosure. *Journal of Abnormal & Social Psychology*, 56, 91-98.

狩野素朗　1980　社会的比較家庭における情報的比較と行動的比較　九州大学教育学部紀要（教育心理学部門），25，35-43

Kelley, H. H. 1967 Attribution theory in social psychology. In D.Levine (Ed.), *Nebraska Symposium on Motivation*, Vol. 15. University of Nebraska Press. Pp. 192-238.

Kelley, H. H. & Thibaut, J. W. 1978 *Interpersonal Relations: A Theory of Interdependence*. New York: Wiley & Sons.

Kenrick, D. T. & Johnson, G. A. 1979 Interpersonal attraction in aversive environments: A problem for the classical conditioning paradigm? *Journal of Personality and Social Psychology*, 37, 572-579.

Latane, B., Williams, K., & Harkins, S. 1979 Many hands make light the work: Causes and consequences of social loafing. *Journal of Personality and Social Psychology*, 37, 822-832.

MaCauley, C., Stitt, C. L., Woods, K., & Lipton, D. 1973 Group shift to caution at the race track. *Journal of Experimental Social Psychology*, 9, 80-86.

Moscovici, S., Lage, E., & Naffrechoux, M. 1969 Influence of a consistent minority on the responses of a majority in a color perception task. *Sociometry*, 32, 365-379.

Murstein, B. I. 1972 Physical attractiveness and marital choice. *Journal of Personality and Social Psychology*, 22, 8-12.

大橋正夫・長戸啓子・平林進・吉田俊和・林文俊・津村俊充・小川浩　1976　相貌と性格の仮定された関連性（１）：対をなす刺激人物の評定値の比較による検討　名古屋大学教育学部紀要（教育心理学科），23，11-25.

Rosenberg, M. 1965 *Society and Adolescent Self Image*. Princeton University Press.

Rosenberg, M. 1986 Self concept from middle childhood through adolescence. In J. Suls & A. G. Greenwald (Eds.), *Psychological Perspectives on the Self*, Vol. 3. New Jersey: Lawrence Erlbaum Associates. Pp. 107-136.

Rosenberg, S., Nelson, C., & Vivekanathan, P. S. 1968 A multidimensional approach to the structure of personality and impressions. *Journal of Personality and Social Psychology*, 9, 283-294.

Schacter, S., Ellertson, N., McBride, D., & Gregory, D. 1951 An Experimental Study of Cohesiveness and Productivity. *Human Relations*, 44, 229-238.

Seyfried, B. A. & Hendrick, C. 1973 When do opposites attract? When they are opposite in sex and sex-role attitudes. *Journal of Personality and Social Psychology*, 25, 15-20.

Sherif, M. 1935 A study of some social factors in perception. *Archives of Psychology*, No. 187. In M. Sherif & C. W. Sherif 1969. New York: Harper & Row.

Tesser, A. 1984 Self-evaluation maintenance process: Implications for relationships and for development. In J. C. Masters & K. Yarkin-Levin (Eds.), *Boundary Areas in Social and Developmental Psychology*. New York: Academic Press. Pp. 271-299.

Wallach, M. A., Kogan, N., & Bem, D. J. 1962 Group influence on individual risk taking. *Journal of Abnormal and Social Psychology*, 65, 75-86.

Walster, E., Aronson, V., Abrahams, D., & Rottman, L. 1966 Importance of physical attractiveness inf dating behavior. *Journal of Personality and Social Psychology*, 4, 508-516.

Walster, E., Bersheid, E., & Walster, G. W. 1976 New directions in equity theory research. In L. Berkowitz (Ed.), *Advances in Experimental Social Psychology*, Vol. 9. New York: Academic Press. Pp. 1-42.

Weiner, B. 1972 *Achievement Motivation and Attribution Theory, Theories of Motivation: From Mechanism to Cognition*. Rand Mcnally College Publishing Company.

Zajonc, R. B. 1965 Social facilitation. *Science*, 149, 269-274.

Zajonc, R. B. 1968 Attitudinal effects of mere exposure. *Journal of Personality and Social Psychology* (*Monograph Suppl., Pt. 2*), 1-29.

第9章　現代社会で生きる心理

第1節　組織と仕事の心理

1　組織の心理学

現代は組織（organization）の時代といわれています。なぜなら現代の社会では，私たちの生活を成り立たせているあらゆる活動が，組織によって行われるようになっているからです。例えば私たちが毎日消費している加工食品や電化製品を製造し販売している会社も組織ですし，みなさんが通っている学校も利用している交通機関も組織によって運営されています。そして，このように私たちの社会が組織によって成り立つようになった結果，みなさんが就職して働く場所もまた多くの場合，組織なのです。

それでは，組織とはいったい何でしょうか。組織とは，共通の目的を達成するために人々の活動を調整する体系であり，組織内の地位やその機能が専門分化していること，各地位とそこに与えられた権限と責任が階層化していること，組織成員の活動が目的の達成に向けて合理的かつ意図的に調整されていることなどの特性を持っています。企業を例にすれば，社会に貢献して利益をあげ，それを従業員に分配するという目的を持ち，それを達成するように従業員の活動が合理的かつ意図的に調整されています。そして経営，生産，販売などの専門的職能と，課長，部長，取締役などの地位の階層も存在しています。

組織に関する心理学的な研究は，産業・組織心理学という分野で行われてきました。そこでは，企業を中心にして組織の生産性をいかにして高めることができるかが重要なテーマとなってきました。そして，生産性を高める心理的な要因として数多く研究されてきたのが，組織などで働いている人々の仕事に対する動機づけ（work motivation）です。そして社会が豊かになるにつれ，どのようにしたら人々が仕事に対して満足し動機づけられるかという問題は，働く人々の働きがいや自己実現と結びつけて考えられるようになりました。また，組織の目標を達成し成員の動機づけを高めるために重要な役割を果たすリーダーのあり方についても研究がなされています。産業・組織心理学においては，主に職場のような小集団のリーダーを対象にして，どのようなリーダー行動が集団の生産性と成員の満足を高めるのかを実証的に検討する試みが数多く行われてきました。

2　ホーソン研究と人間関係論

組織における人々の心理が注目されるきっかけとなったのは，1927年から1932年にかけて行われたメイヨーらによるホーソン研究（Howthorn research）です（Mayo, 1933）。シカゴのホーソンという工場で照明と作業能率の関係を調べる実験が行われたところ，なぜか照明の強度に関係なく，実験に参加した従業員の生産能率が上昇しつづけたという結果に終わりました。ホーソン研究ははじめ，この原因を解明するために行われたのです。

従業員による集団作業を観察する実験と，従業員の会社や仕事に対する態度を調べる面接調査を行った結果，従業員の作業能率は，物理的な作業環境よりも会社や監督者への態度，職場の人間関係などの心理的，社会的な要因によって大きく影響されていることが明らかとなりました。最初に行われた照明実験に参加した従業員もまた，自分たちが研究のために特別に選ばれて注目されていると思ったために動機づけが高まり，結果として業績も上昇したのでした。

それまで組織の管理者たちの間では，職務を合理化して生産性を上げ，それによって賃金を上げることができれば，従業員の仕事への動機づけも高くなるだろうという科学的管理法の考え方が受け入れられていましたが，ホーソン研究は，人々の職務行動がしばしば非合理的な感情に影響され，さらにそれは職場の非公式な仲間集団の影響を強く受けていることを示したのです。このように心理的，社会的な要因を重視したメイヨーらによる組織や人事の管理論は，人間関係論（human relations approach）といいます。

3　組織の管理と業績

人が自分の属する会社について説明する時に，会社の規模，成長度，扱う商品やサービス，知名度のような特徴以外にも，前向き，言いたいことが言えない雰囲気，風通しがよい，古い体質などといった社会的あるいは心理的な特性を指摘することがあります。同じような業種や規模の企業であっても，それぞれの組織には，その成員が共通して従っている考え方や行動，コミュニケーションなどに一定のスタイルがあるようです。

リカートは，こうした目に見えない組織の特性を管理システムとしてとらえ，動機づけ（部下を動機づける方法），コミュニケーション（情報の量や方向），相互作用と影響過程（相互の協力や部下の参画），意思決定（決定がなされる場所や必要な知識），目標設定（目標の決め方や目標への態度），統制（部下の関心や情報の歪曲），業績（生産性や転職率）という７つの管理行動の要因について測定する質問票を開発しました（Likert, 1967）。そして各部門の従業員による回答の平均値によって，各部門の管理システムの特性を診断しました。さらにこの診断結果に基づいて彼は，組織の管理システムを，独善的専制型のシステム１，温情的専制型のシステム２，相談型のシステム３，集団参画型のシステム４という４つのレベルに分類し，システム４に近づくほど，組織の業績や従業員の満足度が高いと考えました。

調査の結果，高業績をあげている組織の管理方法は，システム４の集団参画型であることが示されました。さらにある企業で管理方法をシステム４へと近づける組織改革を試みた結果，当初は独善的専制型と温情的専制型の中間のレベルにあった管理システムが，相談型のレベルにまで変化し，これと同時に，組織の生産性の向上と従業員の会社への態度の改善などの効果が得られました。彼の研究は，組織の社会的，心理的な特性が，組織の生産性や成員の満足に影響を与える重要な要因であることを示しているといえます。

4　リーダーシップ

会社の職場にせよ学校のサークルにせよ集団には目標があり，それを達成するために成員は何らかの役割を与えられています。一般に，集団の中で最も中心的な役割を果たしているのはリーダーでしょう。リーダーは，集団の他の成員の考えや行動に対して強く影響を与える存在です。集団の成員が，集団の目標達成のために他の成員に影響を与える過程を，リーダーシップといいます。

心理学においてはじめてリーダーシップを実証的に研究したのは，グループ・ダイナミクス研究であり，ホワイトとリピットの社会的風土に関する実験は，その代表的なものです（White & Lippitt, 1960）。彼らは，10歳の少年５人と成人のリーダー１人からなるいくつかの集団を編成し，週に一度集まって趣味の活動を行ってもらいました。リーダーは，専制型，民主型，自由放任型という３種類のリーダーシップ・スタイルで子どもたちの指導を行いました。専制的リーダーシップとは，リーダーが決定を行い，メンバーに命令し，活動の結果をリーダーが主観的に評価するという方法です。民主的リーダーシップは，集団成員全員による討議によって決定を行い，リーダーはこれを援助し，活動の結果は客観的な基準によって評価するという方法でした。自由放任的リーダーシップは，決定を集団成員に任せ，リーダーは最小限の参加しか行わず，求められた時のみに活動内容や評価について伝えるという方法でした。

各リーダーシップのもとでの子どもたちの行動を調べた結果，専制型では，仕事量で民主型とあまり差はなかったものの，仕事の質では民主型に劣り，攻撃的行動，依存的行動，画一的行動が多かったのです。成員の不満も強く実験から脱落する者もいました。これに対し民主型では，仕事量で専制型とあまり差はなかったものの，成員たちは独創的な仕事を行い意欲が最も高く，成員同士も友好的でした。自由放任型では，仕事の質も量も低く，成員の意欲も低いものでした。このように実験の結果は，民主的リーダーシップがさまざまな点で優れていることが示されました。

その後，リーダーシップの研究は，企業の職場集団のように現実の社会で活動する集団において，リーダーの行動と集団の業績や成員の満足との関連性を検討するものへと移行していきました。オハイオ州立大学の研究（Halpin & Winer, 1957など）では，組織の管理者の行動を部下に記述してもらい，その結果の分析から，リーダーの行動には，配慮（consideration）と構造づくり（initiating structure）という２つの次元が見出されました。配慮とは，リーダーが部下との信頼関係や部下からの尊敬を生み出す行動であり，構造づくりとは，部下の役割や仕事の手順を明確化し，集団の目標達成へと導く行動です。

これらの２つの次元は互いに独立しており，リーダーがどちらか一方の行動をとるとは限らず，両方の次元において高いリーダーも，ともに低いリーダーもありえます。一般的には，配慮と構造づくりの両方の次元で高いリーダーが，他のリーダーよりも優れていると考えられています。

5　仕事への動機づけ

人々は日常の職業生活の中で，どのような時に満足を感じ，どのような時に不満を感じるのでしょうか。ハーズバーグらは，企業で働く技師と会計士を対象に面接調査を行い，仕事で良かったこと，嫌だったことについて話してもらい，それぞれの質問に対する回答を満足をもたらす要因と不満をもたらす要因とみなしました（Herzberg *et al.*, 1959）。表９．１は，回答に現れた要因について満足を感じた率と不満を感じた率を表しています。仕事を達成できたかどうか，他者から仕事を認められたかどうか，仕事の内容そのものなどは，満足をもたらした要因として多くあげられていますが，不満をもたらした要因としてあげられるのは少ないことがわかります。これに対し，会社の政策と経営，

表９．１　仕事で満足および不満を経験したできごと

要　因		満足体験時	不満足体験時
1	達成	41	7
2	承認	33	18
3	仕事自体	26	14
4	責任	23	6
5	昇進	20	11
6	賃金	15	17
7	成長の可能性	6	8
8	部下との対人関係	6	3
9	地位	4	4
10	上司との対人関係	4	15
11	同僚との対人関係	3	8
12	技術的監督能力	3	20
13	会社の政策と管理	3	31
14	作業条件	1	11
15	私生活	1	6
16	職務の安定	1	1

数値は%

（Herzberg, F. *et al.* 1959）

監督者の技術，給与などは，不満をもたらした要因として多くあげられていますが，満足をもたらした要因としてあげられることは少ないのです。

この結果から彼らは，仕事における達成や承認など仕事自体に関することがらは，満足をもたらす原因にはなっても不満の原因にはならないと考えました。これらは，動機づけ要因（motivator）と呼ばれています。反対に，会社の政策と経営や，監督技術など仕事の周辺的な条件に関することがらは，不満の原因になっても満足の原因にはならないと考えられます。これらは，衛生要因（hygiene）と呼ばれています。そして彼らは，人々の業績やモチベーションを高めるには，仕事の周辺的条件である衛生要因について配慮するだけでは不十分であり，仕事自体への主体的な関与を促す動機づけ要因を充足させなければならないと結論づけました。彼らの調査結果は，満足の原因を自分自身に帰属し，不満の原因を自分以外に帰属するという人々の防衛的な回答傾向の表れであるという批判もあります。しかし，人々の仕事への動機づけを高めるためには，仕事自体を改善することが必要であるという指摘は，その後の職務設計の研究へと発展していきました。

6　組織と仕事に関する研究の発展

組織についての研究は，主に2つの方向から検討されています。1つは，従業員が組織に対してどのような態度を持っているかという視点で，ポーターらによる組織コミットメントという概念が，最も多く用いられている概念です（Porter *et al.*, 1974）。組織コミットメントとは，個人が所属する組織と自分自身を同一視している程度です。スティアーズは，仕事の特性や仕事上の経験が，組織コミットメントを高め，その結果従業員の出勤率や仕事量などが増えるという傾向を見出しています（Steers, 1977）。もう1つの視点は，組織そのものがどのような心理学的な特性を持っているのかというもので，組織風土（organizational climate）はその代表的な概念です。組織風土とは，組織の成員が共通して知覚している，組織の価値や行動様式に関する心理的な特性です。リトヴィンとストリンガーは，構造，報酬，温かい雰囲気，葛藤など9つの次元から組織風土を測定し，組織風土がモチベーションや業績に影響することを示しています（Litwin & Stringer, 1968）。

リーダーシップの分野では，集団が置かれている状況によって，有効なリーダーシップが異なってくると主張する条件適合理論（contingency theory）が生まれるようになりました。フィードラーの理論（Fiedler, 1967）はその代表です。彼は，リーダーが集団を統制しやすいような有利な状況を，課題が構造化の程度，リーダーの地位勢力，リーダーと成員間の関係の 3 つの変数によって定義しました。リーダーシップのスタイルは，対人関係志向から課題志向までの 1 次元でとらえました。そして彼は，課題が構造化され，リーダーの地位

トピックス

■ 期待理論

「仕事への努力によってどのくらい確かに成果が得られるか」，「仕事の成果がどのくらい価値を持っているか」などの認知的な要因によって仕事への動機づけを説明しようとする考え方を期待理論（expectancy theory）という。ヴルームは，ある行為（職務への努力）がある結果（高い業績）をもたらすだろうという確信を「期待」，その結果が二次的な結果（高い給与）をもたらすだろうという確信を「道具性」，結果の持つ魅力度を「誘意性」と呼び，これらが高くなるほど，その行為への動機づけが高くなるという（Vroom, 1964）。

■ 科学的管理法

テイラーは，当時の工場でみられた非効率的な作業のやり方や権威主義的な監督などを改め，1つ1つの作業を分析した上で能率的なものに標準化し，これに基づいて1日の標準的な生産高を定め，それを超えた人に高い賃率で給与を支払うことによって作業員の動機づけを高めるという新しい管理方法を体系化し，これを科学的管理法（scientific management）と名づけた（Taylor, 1911）。こうした新しい管理論はやがて工場の生産全体の効率化へと発展し，近代的な大量生産システムの出現をもたらしたが，一方で工場労働を，細分化された単純な反復作業へと変質させ，はたらきがいの喪失などの労働問題を生み出した。

■ 人的資源論

科学的管理法が経済的な動機づけを，人間関係論が社会的な動機づけを重視したのに対し，20世紀の後半になると，仕事への動機づけの基礎を個人の自己実現や成長への欲求に求める考え方が生まれるようになった。アージリスの成熟－未成熟理論（Argyris, 1957）は，当時の産業組織が持っていた，人間を機械の一部とみなすような非人間的性質と，成熟した人間が持つ自己実現や成長を求める人間性との矛盾を指摘した。またマクレガーのX 理論 Y 理論（McGregor, 1960）は，経営の考え方やスタイルを，専制的で命令的な X 理論と民主的で参加的な Y 理論に分類し，Y 理論に基づく管理を行う必要性を主張した。こうした新しい経営管理の思想は人的資源論（Human resources theory）と呼ばれている。

勢力が強く，成員との関係が良好である有利な状況と，その反対である不利な状況においては，課題志向のリーダーシップが集団の業績を高めるが，集団の状況が有利でも不利でもない中程度の場合には，対人関係志向のリーダーシップが集団の業績を高めることを示しました。

ハーズバーグは，仕事への動機づけを高めるために，仕事の多様性を高める職務拡大化や，仕事の自律性を高める職務充実化のような仕事自体の革新の重要性を主張しましたが，その後，ハックマンとローラーは，質問票によって職務の特性を診断するテストを開発しました（Hackman & Lawler, 1971）。そして，すべての人々にとって効果的ではないけれども，仕事を通じて達成や成長を求めるような高次欲求を持つ人々にとっては，多様性や自律性などの得点が高い複雑な仕事が，職務への動機づけを高める効果を持っていることを明らかにしています。この結果は，自己成長や自己実現のような高次欲求を満たすことによって仕事への動機づけを高めるように主張した人的資源理論の考え方を実証するものといえるでしょう。

第２節　ものごとへの態度はどのように作られるのか

1　態度とは

私たちは社会生活の中で，身近な人々や集団，日用品や建物など，数多くのものごとに接しています。特に情報や通信の技術が進歩した現代では，新聞，テレビ，インターネットなどのメディアを通じ，私たちは身のまわりで接するものごとの範囲をはるかに超え，世界中の情報を得られるようになっています。そして，こうしたものごとに関わる中で，私たちは，それらに対して何らかの考えや感情を持ち，一定の行動をとろうとする傾向があります。例えば，「テレビは最新の情報を教えてくれる」，「テレビは好きだ」，「家でよくテレビを見ている」といったようにです。ある対象に対して，学習を通して作られた，比較的持続的な認知や感情そして行動への傾向を，態度（attitude）といいます。

態度には，認知的な要素，感情的な要素，行動的な要素があると心理学者はとらえています。認知的要素とは，対象についての知識や信念であり，感情的要素とは，対象に結びつけられた感情であり，好き嫌い，賛成反対などがあります。行動的要素とは，対象に対して一定の行動を行う準備状態で，接近や回避，支援や攻撃などの行動をとろうとする傾向です。

態度は，私たちが生きている複雑で変化する世界に対して，明確で変わらない意味づけを与えることによって，適切な反応ができるようにする役割があります。生活の中で遭遇するさまざまなものごとに対して態度を持つことにより，私たちは自分が生きている世界にうまく適応しようとしているのです。また人々には態度と一貫するような行動をとる傾向があり，態度を知ることは，ものごとに対する人々の行動を予測するために役立つと考えられています。例えば，テレビが好きだという態度を持っている人は家でよくテレビを見るだろう，と予想できるわけです。

2　態度の形成

ものごとへの態度はどのようにして作られるのでしょうか。スタッツとスタッツは，人名がスクリーンに提示されると同時に肯定的な意味の言葉（幸福など）を聞いてそれを復唱すると，その名前への好意がより高くなり，反対に否定的な意味の言葉（苦労など）を聞いてそれを復唱すると，その名前への好意がより低くなることを実験で証明しました（Staats & Staats, 1958）。これは，肯定的あるいは否定的な意味を持つ別の対象と一緒に提示されることによって，もともと意味を持たなかった対象について肯定的あるいは否定的な態度が形成されたと解釈できます。これは，古典的条件づけによって態度が形成されたことを表しています。つまり，もともと意味を持たなかったものごとに対しても，意味を持つ他のものごとともに経験されることで，新たな意味が与えられていくのです。

またインスコは，大学生への電話によるアンケート調査を行い，祭りに関する自分の意見を表明してもらいました（Insko, 1965）。そして，回答者が祭りへの賛成意見を表明した時にだけ，質問者が「よし」と言って反応した場合，１週間後の調査で回答者は祭りに対してより肯定的な態度を持つ傾向がありました。しかし，回答者が祭りへの反対意見を表明した時にだけ，質問者が「よし」と言って反応した場合には，１週間後の調査で回答者は祭りに対してより否定的な態度を持つ傾向がありました。これは，他者に承認されるという報酬によって，特定の態度が強化されたと解釈できます。これは，道具的条件づけによって態度が形成されることを表しています。

3　態度の斉合性

社会心理学者たちは，ある人が持っている関連性のある態度同士には，斉合性（consistency）があると考えています。例えば「スポーツは健康に良い」という態度を持つ人は「スポーツが好きだ」という斉合的な態度を持つが，「スポーツは嫌いだ」という矛盾する態度は持たないだろうと考えることができます。しかし，もし自分の態度の間に矛盾が生じた場合，人々はどうするのでしょうか。

フェスティンガーは，自分や自分を取り巻く環境に関する認知要素間の関係が矛盾している状態を不協和（dissonance）と呼びました（Festinger, 1957）。彼によれば，不協和は不快な緊張をもたらすので，人はこれを低減するために，認知要素の一方を変化させるなどして，認知要素間の協和（consonance）を作り出そうとするといいます。彼の理論は，認知的不協和理論（cognitive dissonance theory）と呼ばれています。例えば，「喫煙は有害だ」という認知と「私は喫煙している」という認知は不協和を生み出すので，「喫煙は有害ではない」というように認知を変化させるか，喫煙をやめて「私は喫煙をしない」と認知を変化させて，協和を作り出そうとするというのです。

フェスティンガーとカールスミスによる強制承諾の実験では，被験者が退屈な課題を行ったあとで，次の被験者に対し「課題はおもしろい」と伝えるように頼まれ，謝礼として１ドルか20ドルをもらい，頼まれたとおりにしました。実験後に課題への感想を被験者に尋ねた結果，20ドルをもらった者よりも１ドルをもらった者のほうが，課題をおもしろかったと評価する傾向がありました。20ドルをもらった被験者は，課題はおもしろいというウソに対して，「自分が高い謝礼をもらったからウソをついた」ととらえることで，認知的な協和を作り出せるが，１ドルをもらった被験者はそれができず不協和による緊張が強くなるため，「本当に課題はおもしろかった」と認知することで協和を作り出そうとしたと彼らは説明しています（Festinger & Carlsmith, 1959）。

4　態度に関するさまざまな研究

態度はそれと一貫した行動への準備状態であり，態度によって行動を予測することができると考えられてきましたが，実際には，態度と行動は必ずしも一貫しません。アイゼンとフィッシュバインの合理的行為モデル（reasoned action model）は，この問題を説明する理論として提案されました（Ajzen & Fishbein, 1980）。このモデルによれば，行為を直接規定するのは，その行為をしようとする意図であり，意図を規定するのは，その行為についての態度と，その行為に関する主観的規範です。ここでいう態度は，その行為がどのような結果をもたらすかについての信念と，その結果に対する評価を表し，主観的規範とは，周囲の人々がどのような行為を期待しているのかという認知と，その期待に従おうとする動機の強さを表します。つまり人が何かを行う時には，その行いについての自分の考えと同時に，他者から何を期待されているのかもまた重要な要素として考慮されるといえます。

フェスティンガーの認知的不協和の理論が，個人の内側にある認知要素の間の斉合性を維持するために，態度が変化する仕組みを説明しようとしたのに対し，ハイダーの認知的均衡理論（cognitive balance theory）は，ある対象への態度と他者との関係の間の斉合性を維持するために，対象への態度や他者との関係が変化する仕組みを理論化しました（Heider, 1958）。ハイダーは，ある人

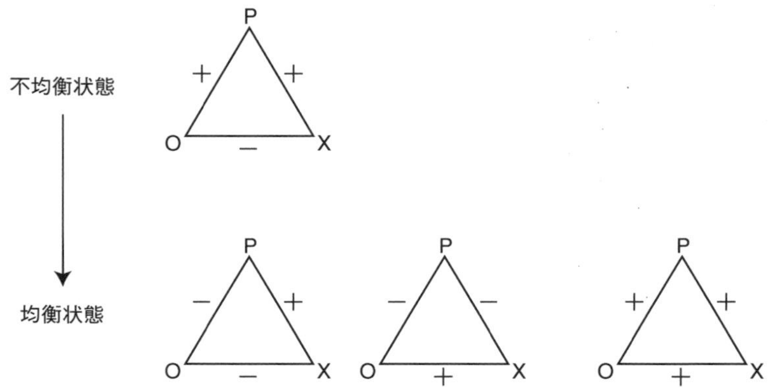

図９．１　P―O―Xシステムにおける不均衡と均衡の例（Heider, F. 1958）

(P) の，ある対象 (X) に対する態度は，その人と対象に関連する第三者 (O) との関係が影響を与えるといいます。そしてＰ—Ｏ—Ｘシステムが均衡している時にはシステムは安定していますが，Ｐ—Ｏ—Ｘシステムが不均衡の時，人は３つの関係のどれかを変化させることで，システムを均衡化させようとするのです（図９．１）。つまり人は，他者との関係を維持するためにある対象への態度を変化させるかもしれないし，ある対象への態度を維持するために，他者との関係を変化させるかもしれないのです。

トピックス

■ 認知的不協和理論と自己知覚理論

フェスティンガーらが行った強制承諾実験の結果については，ベムが自己知覚理論（8章を参照）の立場から反論している。彼によれば，人は自己の態度を十分に了解しているわけではない。このため他者の行動やその状況を観察してその人の態度を推論するように，自己の行動や状況を観察して自分自身の態度を推測するという。したがって強制承諾実験の被験者もまた，自己の行動や状況から自分自身の態度を推測したと考えられる。つまり被験者は，高い報酬をもらって課題がおもしろかったと告げる行動に対しては，高い報酬のために行ったのだという外的帰属を行い，低い報酬にもかかわらず課題がおもしろかったと告げる行動に対しては，本当におもしろかったから行ったのだという内的帰属を行ったのだとベムは解釈している。

■ ハイダーの認知的均衡理論

P，X，Oの3つの要素の間の関係には＋と－の2種類がある。他の要素を一体と認知する場合（類似，所有など）や，肯定的に評価する場合（好意，賛成など）は＋の関係となり，反対に一体と認知されない場合や否定的な評価が与えられる場合は－の関係となる。3つの関係の符号の積が＋ならばP—O—Xシステムは均衡しているのでシステムは変化しないが，3つの関係の符号の積が－ならばP—O—Xシステムは不均衡となる。この時人は，3つの関係のどれかを変化させることでシステムを均衡化させようとする。例えば，あなた（P）が友人（O）と親しい関係（P—Oが＋）にあり，あなたがアクション映画（X）が好き（P—Xが＋）なのに，友人はそれが嫌い（O—Xが－）ならば，P—O—Xシステム内の関係の積は（＋）×（＋）×（－）＝（－）となり，不均衡になる。この時あなたは，友人との関係が悪くなる（P－Oが－）か，あなたもアクション映画が嫌いになる（P—Xが－）か，友人もアクション映画を好きになるようにはたらきかける（O—Xが＋）ことによって，システムを均衡化させようとする。

第３節　説得による態度の変化

１　説得的コミュニケーション

私たちがメディアから得ている情報のいくつかは，私たち受け手の態度や行動を特定の方向に変えようとする意図を持って発信されています。例えば，テレビ・コマーシャルは，消費者が商品に対して肯定的な態度を持ち，その商品を買うように促します。また政治家は，有権者が自分に対して肯定的な態度を持ち，選挙で投票するように語ります。人の態度や行動を，主に言語的な手段を用いて，特定の方向に変化させようとすることを説得（persuasion）といい，説得を目的としたコミュニケーションを，説得的コミュニケーション（persuasive communication）といいます。効果的な説得的コミュニケーションは，その受け手がある対象についてそれまで持っていた態度を変化させることがあります。一定の期間にわたって維持されてきた態度が変化することは，態度変容（attitude change）と呼ばれています。

受け手の態度を変えるためには，どのようなコミュニケーションが効果的なのでしょうか。説得的コミュニケーションと態度変容に関するこれまでの研究では，説得の技法が一方的に受け手の態度変容を引き出すわけではなく，さまざまな要因が関連していることが明らかになっています。態度変容に影響を与える主な要因は，説得的コミュニケーションの送り手，その内容，その受け手です。

２　態度変容を引き出す要因

ホヴランドとワイスは，情報の送り手の特性である信憑性（credibility）と受け手の態度変容との関係を検討しました（Hovland & Weis, 1951）。信憑性とは，送り手がどの程度信じられるかを表します。彼らはいくつかの話題について，一方のグループには信憑性の高い送り手からの情報として，他方のグループには信憑性の低い送り手からの情報として，同じ情報を被験者に提示しました。例えば，新薬の抗ヒスタミン剤という話題について，生物・医学雑誌（信憑性が高い送り手）からの情報だと伝えられた場合と，大衆雑誌（信憑性が低い送り手）からの情報だと伝えられた場合で，受け手の態度変容の差を比

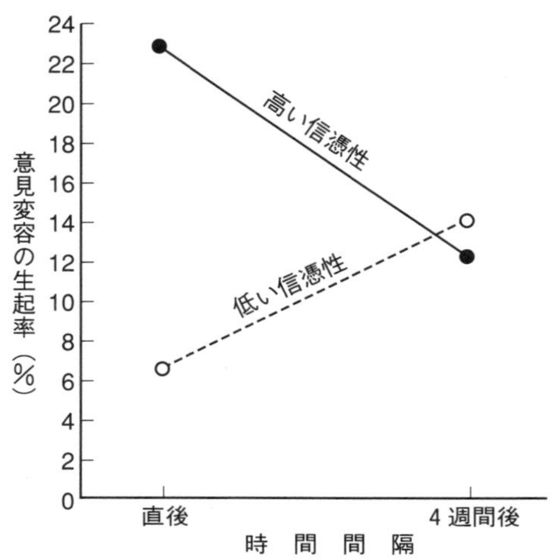

図9．2　情報源の信憑性と説得効果の時間的変化
（Hovland, C. I. & Weis, W. 1951）

較しました。その結果，送り手の信憑性が高いと，説得による態度変容も生じやすいことがわかりました。しかし図9．2に示すように，時間の経過とともに信憑性による効果の差はなくなってしまったのです。これは，情報が提示される時点では，信用できる送り手からより強く影響されるものの，時間が経つと情報の発信元がどこかを忘れてしまい，信用できない送り手からも同じように影響を受けてしまう危険性を示しています。

情報の内容については，恐怖を喚起する説得の効果についての研究があります。レヴェンサールらは，破傷風の恐ろしさと予防法について，高恐怖条件と低恐怖条件の2種類のパンフレットをそれぞれ別の被験者グループに読んでもらいました（Leventhal *et al.*, 1965）。高恐怖条件では，破傷風の患者や傷口のショッキングなカラー写真を見せられ，低恐怖条件では，患者の表情を描いた絵のように穏やかな内容が見せられました。そして両条件とも，予防注射が破傷風への万全な防御法であり，希望者には大学の保健センターで予防注射を無料で受けられることも伝えられました。その結果，高恐怖条件ほど予防注射の重要性を高く評価し，恐怖を喚起されるほど説得による態度変容が大きいことが示されました。しかし，この研究に先立って，ジャニスとフェッシュバックが歯の病気と歯の磨き方について同様の実験を行った結果では，強い恐怖を喚起するほうがむしろ説得の効果が小さかったのです（Janis & Feshbach, 1953）。この矛盾する結果は，恐怖喚起とともに提示される解決策の受け止められ方によって説明されています。レヴェンサールらの実験では，予防注射が恐怖を解消する解決法として効果的であると受け入れられたのに対し，ジャニスらの実験では，歯磨きが恐怖を解消する解決法としては不十分であると受け取られたため，伝えられた危険性を過小評価することで恐怖に対して防衛したと解釈されているのです。

情報の受け手が説得的コミュニケーションにどのように反応するのかを研究したものとしては，シェリフとホヴランドによる社会的判断理論（social judgment theory）があります（Sherif & Hovland, 1961）。この理論によれば，個人は，ある話題に関して自分が事前に持っている態度を基準として，説得的コミュニケーションで唱導される態度を判断します。個人の事前態度に近い態度は受け入れられるが，離れた態度は拒否されやすいと考えられます。受け入れられる態度の範囲を受容域，受け入れられない態度の範囲を拒否域といい，この 2 つの域の中間にあり，受容も拒否もされない範囲を非関与域といいます。彼らによれば，個人の事前態度を係留点（基準のこと）として，説得的コミュニケーションで示された態度が，受容域にある場合には正当だと評価され，それが唱導する方向に態度変容をしやすくなります。一方，示された態度が拒否域にある場合には不当だと評価され，それが唱導する方向への態度変容は起こりにくくなります。さらに，送り手の信憑性が高い場合には受容域が拡大するため，事前の態度から比較的離れたメッセージ内容であっても態度変容は起こりやすくなり，話題の自我関与が高い，つまり自分自身にとって重要な話題の場合には拒否域が拡大するため，態度変容は起こりにくくなるといいます。

3　態度に関する他の研究

説得的コミュニケーションの送り手の要因については，ホヴランドが，信憑性を，話題に関する知識量を表す専門性（expertise）と，送り手の誠実な意図を表す信頼性（worthiness）の 2 つに分けています。ボクナーとインスコは，送り手の専門性が高いほど態度変容も大きいことを明らかにしており

(Bochner & Insko, 1966)，ウォルスターらは，送り手の信頼性が高いほど態度変容も大きいことを明らかにしています（Walster *et al.*, 1966)。

情報の内容に関する研究では，一面呈示と両面呈示という，情報を提示する2種類の構成法について効果を比較したものがあります。一面呈示とは，送り手が主張する結論に有利な情報だけを伝えるやり方であり，両面呈示とは，送り手が有利な情報だけではなく不利な情報も伝えた上で結論を主張するやり方です。一面呈示と両面呈示の研究では，どちらかがより効果的であるという単純な結果はみられず，受け手があらかじめ持っていた態度の方向や知識量などによっても提示方法の効果は異なってきます（Lumsdaine & Janis, 1953)。

情報の受け手に関しては，説得的コミュニケーションに対して受け手が抵抗を示す現象を扱った研究があります。例えば，ブレームによる心理的リアクタンス理論（theory of psychological reactance）は，自由を回復したいという動機づけであるリアクタンス（reactance）という概念を用いて説得への抵抗を

トピックス

■ 送り手の専門性

ボクナーとインスコは，送り手の専門性が受け手の態度変容をもたらすことを示している（Bochner & Insko, 1966)。彼らは，「能率を上げるために睡眠時間を減らしたほうがよい」という話題で，いくつかの被験者群に，それぞれ異なる睡眠時間数を主張する内容を提示した。その結果，極端で常識からは考えにくい説得内容（2時間以下の睡眠を主張）では，専門性が低いYMCA（青少年の団体）の指導者による情報として提示された場合より，専門性が高いノーベル賞受賞の生理学者による情報として提示された場合に，受け手の態度変容が大きかった。

■ 送り手の信頼性

ウォルスターらは，検察の権限強化に対する賛否について，検察官と容疑者という2種類の送り手からのものとして情報を被験者に提示した（Walster *et al.*, 1966)。送り手が検察官の時，検察の権限強化賛成は自分の利益となるため，送り手の信頼性が低いとみなされ，権限強化反対では，送り手の信頼性が高いとみなされる。一方，送り手が容疑者の時，検察の権限強化反対は自分の利益となるため，送り手の信頼性は高いとみなされ，権限強化賛成では，送り手の信頼性が低いとみなされる。実験の結果は，検察官，容疑者のいずれが送り手であるにせよ，自己の利益になる主張をするために信頼性が低いとみなされた説得では，受け手の態度変容が少なく，自己の不利益になるために信頼性が高いとみなされた説得では，受け手の態度変容が大きかった。

説明しています（Brehm, 1966）。彼は，ある意見に同意するように求める圧力がかけられると，人は自分の態度の自由を守ろうとしてリアクタンスが喚起されるために，かえって説得に抵抗するようになると主張しています。

またマクガイアの接種理論（inoculation theory）は，医学における予防接種と細菌への免疫力の考え方を，説得に対する抵抗にあてはめました（McGuire, 1964）。彼によれば，自分が属する社会やその文化の中で広く受け入れられ，疑問の余地のない信念である自明の理（cultural truism）への反論に対して人は免疫を持っていないため，自明の理への反論を受けると容易に説得されてしまうのです。したがって，説得が行われる前に予防接種のように自明の理への反論を受けておき，反論に対してあらかじめ論駁防御（refutational defense）をしておくと，自明の理に反対する説得的コミュニケーションの影響を受けなくなるといいます。

第 4 節　人はなぜ互いに傷つけ合うのか

1　攻撃行動

残念なことに，私たち人間は互いに傷つけ合ってきました。それは身体的な暴力に限らず，財産を奪ったり，精神的な苦痛を与えるなどさまざまです。物理的にせよ精神的にせよ，他者に対し，その人が望まないにもかかわらず，意図的に危害を加えようとしてとられる行動を，攻撃行動（aggressive behavior）といいます。

なぜ人が他者を攻撃するのかについて，動物行動学者は，それが個体や種の保存に役立つ生得的な本能であると主張します。つまり自分や自分の子孫を守るために，攻撃行動をとるのは，人間を含めた動物にとって生まれつき備わった機能だというのです。これに対し多くの心理学者は，攻撃行動も他の行動と同様に学習によって獲得される後天的なものだととらえています。人が攻撃行動によって何らかの報酬を得た場合，その行動が強化されると考えるのです。

攻撃行動は，暴力によって他人から欲しい物を奪うなど，反社会的な行動で報酬を得ることによって強化されるとは限りません。伝統的な社会においては，男性が喧嘩に勝つことは男らしい行動として承認されることもあります。この場合，攻撃行動は社会からの期待に合致し，他者からの承認という報酬を得て強化されることになります。またバンデューラによれば，攻撃行動は他者の攻撃行動を観察することによっても学習されるといいます（Bandura, 1965）。観察の対象となるのは，実際に目の前にいる人物だけではありません。テレビ番組や漫画の登場人物による攻撃行動を観察することでも，攻撃行動は促進されてしまうのです。

2　権威への服従

一般に人々は，ある人物が暴力行為を起こした場合，その人が暴力的な性格だからだといったように，行為者にその原因を求める傾向があります。しかし，ある国で徴兵された若者たちが戦争で他国を攻めたとしたら，この若者たちがみな暴力的な人間なのだという説明はできません。むしろ，国の命令に従う忠実な人間なのだと説明したほうが納得できるかもしれません。

ミルグラムは，ごく普通の人々が権威に従っていく過程で，他者に危害を加えてしまう危険性を実験から見出しました（Milgram, 1965）。被験者は，記憶に及ぼす罰の効果についての科学的研究であるという説明を受け，教師役を割り当てられました。そして，隣の部屋にいる生徒役の被験者（実際はサクラが演技している）が課題に誤答した時に，罰として電気ショックを与えるよう命じられました。電気の強さは15ボルトから450ボルトまでの30段階に分かれており，誤答するたびに強くなっていきます。実験が始まると，生徒役のサクラが電気ショックで悲鳴を上げて抗議する音が壁を通して聞こえてくるのです。教師役の被験者が実験の中止を求めても，実験者は続行するように命じます。実験に先立って精神科医や一般市民に結果を予測してもらったところ，最後のレベルである450ボルトまで命令に従う者は１人もいないだろうと予測されました。しかし実際には62%の被験者が，危険と表示された450ボルトの目盛りになるまで電気ショックを与え続けたのです（図９．３）。

ミルグラムの実験は，被験者に強い精神的苦痛をもたらしたとして批判されましたが，この実験の結果は重要な意味を持っているといえるでしょう。ミルグラムは，人が権威に服従して報酬を得るという社会的秩序を内面化しているといいます。人は自分が属する集団の権威に従って行動しますが，その行動自

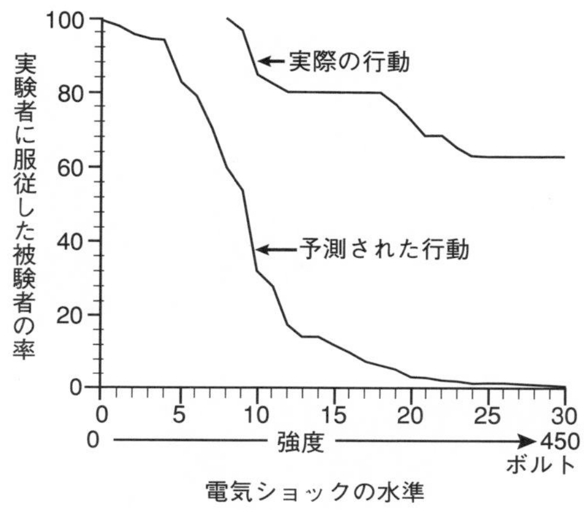

図９．３　服従実験で被験者が行った行動と予測された行動
（Milgram, S. 1965）

体の善し悪しについては考慮しなくなるのです。また，たとえ悪い行為だと思っても，仕方なく命令に従ったということで個人的な責任をあまり感じなくなってしまいます。このような危険は，私たちと無関係ではありません。例えば，企業が自らの利益や存続のために組織的に行った不法行為がときどき報道されますが，こうした事件にも企業という集団の権威が絶対視され，社員が命令に従って不法行為を行うといった同様の仕組みがみられます。したがって，権威への服従は，何らかの集団に属して生活している私たちすべてが経験するかもしれない問題といえるでしょう。

3　没個性化と責任の拡散

都市化は，現代社会の大きな特徴の１つです。都市はさまざまな商品やサービス，最新の情報が容易に手に入る便利な生活空間です。しかし一方で，都市ではマナーやモラルを守る意識が低下していると指摘され，犯罪が多発し危険の多い場所であることも確かです。都市で犯罪などの反社会的行動が起こりやすい心理的な理由として，没個性化（deindividuation）があげられます。

没個性化とは，名前，住所，職業など個人を示す特徴が問題にされず，人々

現代社会は自分を見失いやすい

が互いを個人として認めることができなくなった状態です。没個性化の状態においては，社会規範や社会的役割による拘束力が弱まるために，普段は抑制されている反社会的な行動が起こりやすくなると考えられています。特に都市では，互いに見知らぬ者同士が１つの空間に集まることが多いため，没個性化による反社会的行動が起こりやすいといえます。

ジンバルドは，没個性化によって攻撃行動が増大するか否かを実験によって検討しています（Zimbardo, 1970）。被験者が２人組みになり，隣の部屋で条件づけ学習を行う別の被験者（実際はサクラとして演技している）に対し，実験者の合図どおりに電気ショックの罰を与えるよう求められます。ただし実験者の合図を無視して電気ショックを与えなくてもよいと教示されています。被験者はワンウェイ・ミラーによって学習者を観察できますが，学習者からは見られないようになっています。被験者はあらかじめ2つの群に分けられました。没個性群は，実験着を着て目と口だけが空いているフードをかぶり，名前も呼ばれることがなく，被験者同士も互いに誰かわからないようになっていました。個性確認群では，同じ実験着とフードを身につけていますが，名札をつけ，名前を呼ばれ，実験中にも独自に行動するように強調されました。実験の結果，ショックを与えた回数では差はみられませんでしたが，没個性群が個性確認群の2倍近い時間電気ショックを与えていました。この結果は，見知らぬ者同士の間で攻撃行動がより起こりやすいことを示しており，見知らぬ者同士が生活している都市では犯罪などの反社会的行動が多いという認識を支持するものといえます。

見知らぬ者同士が生活する都市では，犯罪に巻き込まれることへの不安だけでなく，自分が困った時に誰も助けてくれないのではないかという不安も多くの人が感じていると思います。アメリカでは1960年に，大都市であるニューヨークの住宅街で若い女性がナイフで殺害され，周囲の住人はそれに気づいていたにもかかわらず誰も助けようとしなかったという事件があり，都市における他者への援助が問題となりました。こうした場合，都市住民の冷淡さといったような，都市住民の人間性に事件の原因を求める見方が一般になされやすいのですが，社会心理学者のダーリィとラタネは，見知らぬ者同士が集まっているという社会的な状況が原因だと考えて，実験による検証を行いました（Darley & Latane, 1968）。

被験者はそれぞれ個室に入り，インターホンを通じて大学生活に関する個人的な問題について1人ずつ順番に話し，他の被験者はそれを聞くように求められました。実際には，被験者はあらかじめ録音された人の声を聞かされ，ある話し手がてんかんのような発作を起こして苦しんでいるのをインターホンを通じて聞くことになります。この時被験者が相手を助けるためには，部屋を出て実験者に事態を報告する方法しかありませんでした。被験者は，自分と相手である急病人しかいないと思わされた2人グループと，自分と急病人以外にもう1人の参加者がいると思わされた3人グループ，自分と急病人以外に4人の参加者がいると思わされた6人グループの3つの群に分けられ，実験者に報告する援助行動の生起率と援助行動が行われるまでにかかった時間が測定されまし

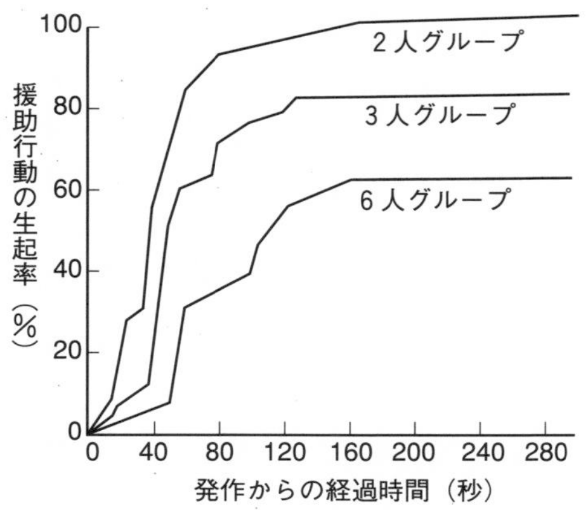

図9．4　援助行動が行われるまでの時間と生起率
（Darley, J. M. & Latane, B. 1968）

た。その結果は図9．4に示すように，被験者が自分以外に援助できる人はいないと思わされた2人グループ条件で，援助行動の生起率が最も高く，援助行動までの時間も最も短いというものでした。そして自分以外に援助できる人数が多くなるほど援助行動の生起率も低くなり，援助行動までの時間も長くかかる傾向がみられました。つまり，困っている人に対して援助できる人が多いほど，かえって援助行動が抑制されてしまうのです。

ダーリィとラタネは，緊急の援助が求められる事態において，傍観者が多いほど援助に対する1人1人の責任は軽く判断され，結果として援助行動が抑制されると主張し，これを責任の拡散（diffusion of responsibility）と呼びました。彼らは，都市において人々が困っている他者を援助しないのは，都市の人間が冷淡なためだといったように都市住民の人格によって説明するのではなく，「緊急事態に居合わせた人々によって知覚された傍観者の数」という都市に起きやすい状況的な要因を強調したのです。

4　反社会的行動に関するさまざまな研究

攻撃行動がなぜ起こるのかに関しては，いくつかの理論が提出されています。ダラードらは，欲求が満たされないフラストレーションの状態が生じると，攻撃動因が刺激され，攻撃行動が起こるというフラストレーション—攻撃仮説を唱えました（Dollard *et al.*, 1939）。しかしバーコウィッツ（Berkowitz, 1962）は，フラストレーションが直接攻撃行動を引き起こすのではなく，攻撃への準備状態を作り出すだけだと考え，実際に攻撃行動が起きるのは，環境内に攻撃を連想させるような手がかりが存在する時であるという攻撃—手がかり理論を提唱しています。ここでいう攻撃の手がかりとは，テレビの攻撃場面や，拳銃やナイフなどの凶器です。

人が攻撃行動をしやすくなる状況について，ミルグラムの服従実験と同じく衝撃的な結果を示した研究として，ジンバルドらの模擬監獄実験があります（Zimbardo *et al.*, 1972）。この実験では，看守役と囚人役に割り当てられた大

トピックス

■ 攻撃行動の観察学習

バンデューラらは，ビニールの人形を殴って罵倒するなどの攻撃行動をする他者を観察した子どもが攻撃行動を模倣するかどうかを実験で確かめた（Bandura *et al.*, 1963）。攻撃行動をする大人を見る条件，攻撃行動をする大人を映像で見る条件，攻撃行動をする漫画の主人公を映像で見る条件の 3 つの群を設定し，観察後に遊ばせないようにして欲求不満の状況を作り出し，子どもの攻撃行動を測定した。3 つの条件間に差はみられなかったが，3 つの条件の子どもはともに，攻撃行動を観察しなかった子どもよりも攻撃行動を多く示したのである。

■ 援助行動

困っている他者に対して，その人が望む方向に手助けをする行動を援助行動（helping behavior）という。ダーリィとラタネの援助行動の抑制に関する一連の研究は，援助行動に関する多くの研究を促した。彼らが主張した傍観者効果（bystander effect）は特に有名である。傍観者効果とは，援助が必要とされる事態で，自分のほかにも人が存在することによって援助介入が抑制されることをいう。

■ ジンバルドらの模擬監獄実験

実験の内容を了解した上で参加した男子大学生が看守役と囚人役に分けられ，囚人役の学生は監獄で生活し，看守役はそれを監督した。その結果，何人かの看守役は囚人役の学生に対して，互いに悪口を言わせるといった無意味な命令に従わせるなどの専制的な支配を行った。囚人役の学生は看守役に憎悪感を持ち，やがて精神的な障害の兆候もみられるようになったため，実験は 6 日間で中止された。この実験はミルグラムの実験と同様に，たとえ一時的でさえも権威的な役割を与えられると，人間がいかに容易に攻撃性を表してしまうかを明らかにしている。

学生が，それぞれ与えられた役割どおりに振る舞うようになりました。看守役が囚人役に対して専制的な支配を行い，囚人役に精神的な問題が現れました。この実験結果は，一般の社会との交流を断たれた集団に所属すると，そこで与えられた役割が社会的に非難されることであっても簡単に実行するようになってしまう恐ろしさを私たちに警告しています。

援助行動がどのような状況で抑制されたり促進されたりするのかに関しても，ダーリィとラタネの研究をきっかけとして多くの研究が行われています。例えばラタネとロディンは，先に述べたダーリィとラタネと同様のやり方で実験を行い，傍観者の特徴の違いが援助行動にどのように影響するかを調べました(Latane & Rodin, 1969)。その結果，被験者が自分の友人とともにいた場合は，１人でいた場合と同じ程度に援助行動が行われましたが，援助を行おうとしない見知らぬ人とともにいた場合には，援助行動はかなり少なくなることが示されました。

第５節　集団と集団の関係

1　ステレオタイプ的認知

新聞やテレビではたびたび，世界のさまざまな地域で国家や民族間の争いが報道されています。このように対立する集団は，互いに自分たちは皆良い人間で，相手は皆悪い人間なのだという単純で感情的な見方をする傾向があります。しかし第三者の立場からみれば，１つの国や民族には多種多様な人々がいて，１つの国や民族に属するというだけで人々を皆同じく良い悪いと決めつけられないことは明らかです。特定の集団やカテゴリーに属する人に対するこのような単純な判断は，程度の差はあれ私たちの身近でも行われています。例えば，初対面の人に対し男性か女性か，若いか年輩かだけでその人の性格や能力を推測してしまう場合にも，同様に単純な判断が行われています。ある他者について判断する際に，国籍，人種，性別，年齢，職業などの社会的カテゴリーで分類し，そのカテゴリーに属する人々が一般に持つとみなされる特性を，その人個人にもあてはまると決めつけることを，ステレオタイプ的認知（stereotyping）といいます。私たちはなぜこのような判断を行うのでしょうか。

人は複雑なできごとを単純なものとして認知することによって，環境を明確に理解しうまく適応しようとすると社会心理学者は考えています。環境の事象に対する単純なイメージのことをステレオタイプといいます。しかし過度の単純化は，現実のできごととステレオタイプとの間にずれを生み，できごとへの対処が不適切になる危険性もあるのです。にもかかわらずステレオタイプは，人々が属する集団の中で共有し当たり前になっているものごとへの見方であることが多く，その集団の中にいる限り自覚しづらいため，改めることが難しいのです。

2　集団間の葛藤とその解決

日本人同士は，普段の生活で自分たちが同じ日本人であることをあまり意識しません。むしろ性別や年齢による違いや個人の性格の違いを大きく感じているかもしれません。しかし海外に旅行したり外国の人たちと交流する時には，自分が日本人であることを強く意識します。そして，日本人同士がとても似ていると感じ，反対に外国の人たちとの違いを強く意識するかもしれません。このような状況では，同じ日本人だからということで好意を感じたり，困っている時に助け合うといった行動もみられるでしょう。

タジフェルとターナーは，社会的アイデンティティ理論（social identity theory）を提唱し，集団と集団との間で生まれる誤った判断や行動を説明しようと試みています（Tajfel & Turner, 1979）。この理論によれば，個人同士ではなく集団同士が相互作用を行う状況では，人は自分と自分が属する集団（内集団という）の成員が類似していると思います（内集団の類似性効果）。反対に，自分が属さない集団（外集団という）の成員はみな同じようにステレオタイプ化された特徴を持っていると思います（外集団の統一性効果）。そして，内集団の人を外集団の人よりも好意的に評価します（内集団のひいき効果）。なぜこのような現象が起きるのでしょうか。彼らによれば，人はどのような集団に属しているかによって自己を定義する傾向があります。同時に人は，自己を肯定的に評価したいという動機を持っています。このため人は，自分が属する内集団を外集団の人よりも肯定的に評価したり，外集団をより否定的に評価することによって，自己評価を維持しあるいは高めようとするのです。例えばオリンピックで，日本選手が外国選手に勝つと嬉しくなり，負けると悔しく思うのは，こうした心理がはたらくからです。

人々が自分の属する集団を肯定的に評価し，それ以外の集団を否定的に評価する傾向は，集団と集団との間に葛藤を生み出す原因になると思われます。異なる集団同士の成員が互いを好意的に評価し，集団間の葛藤をなくしていく方法はあるのでしょうか。

シェリフが子どものキャンプで行った実験は，集団間の葛藤とその解決について興味深い結果を見出しています（Sherif, 1956）。この実験では，互いに知らない11歳から12歳の少年が参加したキャンプで約10名からなる２つの集団を作り，それぞれの集団ごとにキャンプ生活を行ってもらいました。各集団は，自分たちの集団の名前や旗を定め，仲間意識を高めていきました。次に，２つの集団同士を野球などの競技で戦わせ，相手に勝つように促しました。その結果，「相手の集団の少年たちは全員がずるくてきたないと思う」という過度に一般化された否定的な態度を持つ者がかなり多くなりました。最後に，２つの集団を，故障したタンクの修理など集団同士が協力しないと解決できない問題に直面させて，２つの集団が共通の目標に向かって活動するような状況を与えました。その結果，相手集団への過度に一般化された否定的な態度はかなりの程度減少したのです。こうして集団間の葛藤は解消されていきました。共通の目標に向かって協力することで，異なる集団成員同士に生じたステレオタイプや葛藤が解消されたことは，現実の社会で起きている集団間の争いの解決に対しても示唆に富む結果といえるでしょう。

3　集団間の関係に関する他の研究

集団の成員に対するステレオタイプ的認知について実験によって検討したものとして，ロスバートらによるステレオタイプ形成の研究があります（Rothbart *et al.*, 1978）。彼らは，集団の成員個人の特徴から集団全体の特徴を判断する際に生じる認知的なゆがみを明らかにしています。実験では，50人からなる集団の成員の特徴を１人ずつスライドが提示され，そのうちの何人かは凶悪な犯罪などの極端な特徴を持っていました。そのあとで先ほど提示された極端な特徴を持った成員の占める割合を評定するように求められた被験者は，その集団のなかで極端な特徴を持った成員の割合を過大に評価してしまう傾向を持っていました。例えばマスメディアが，特定の国や民族に属する人の暴力行為を報道することはよくありますが，この時受け手である私たちは，まるでその国や民族に属する人々の多くが暴力的であるかのように判断してしまう危険性を持っているのです。

社会的アイデンティティ理論を提唱したタジフェルらは，人が自分の所属する内集団の利益になるような行動をとることを実験によって明らかにしています（Tajfel *et al.*, 1971）。互いに面識のない被験者が，パネルに記された黒点の数を推測する簡単な課題を行いました。そして彼らは実験者から，過大評価傾向か過小評価傾向かによって被験者は 2 つの集団に分かれると説明されましたが，実際には被験者はランダムにグループ分けされただけでした。次に被験者は，意思決定の課題という説明を受けて，自分と同じ集団になった人（内集団）と，異なる集団になった人（外集団）を対にして提示され，金銭的な価値を持つ得点を両者に振り分けるように求められました。その結果被験者は，先の課題で自分と同じ集団に分けられたか，異なる集団に分けられたか以外は全く情報を与えられていない，見知らぬ人々に対して報酬を分配しているにもかかわらず，内集団の成員として提示された人には，外集団の成員として提示された人よりも多くの報酬を与えるような決定をする傾向がみられたのです。

トピックス

■ 内集団と外集団の認知

人は自分が所属する内集団の成員に対してはそれぞれが個々に多様であると認知する傾向にあるが，自分が所属しない外集団の成員はみな一様にステレオタイプ的特徴を持っていると認知する傾向にある。例えばパークとロスバートの実験では，男性被験者が，外集団である女性集団の成員はより女性的性格を持っているとみなす一方で，女性被験者が，外集団である男性集団の成員はより男性的性格を持っているとみなすことが示された（Park & Rothbart, 1982）。

また，ジョーンズらは，人が自分の属するクラブの成員はより多様な性格傾向を持っていると認知するのに対し，他のクラブの成員はより同質的な性格傾向を持っていると認知することを明らかにしている（Jones *et al.*, 1981）。

推薦する文献

（態度，組織，攻撃と援助を含めて，社会心理学の基礎知識がわかる）
棚原健次他　1997　社会心理学入門　福村出版
（若者に関連する社会現象の心理について紹介している）
高木修（編）　1995　社会心理学への招待　若者の人間行動学　有斐閣

引用文献

Ajzen, I. & Fishbein, M. 1980 *Understanding Attitudes and Predicting Social Behavior*. Englewood-Cliffs, N.J.: Prentice-Hall.

Argyris, C. 1957 *Personality and Organization*. New York: Harper & Row.

Bandura, A. 1965 Influence of model's reinforcement contingencies on the acquisition of imitative responses. *Journal of Personality and Social Psychology*, 1, 589-595.

Bandura, A., Ross, D., & Ross, S. A. 1963 Imitation of film-mediated aggressive models. *Journal of Abnormal and Social Psychology*, 66, 3-11.

Berkowitz, L. 1962 *Aggression: A social psychological analysis*. New York: McGraw-Hill.

Bochner, S. & Insko, C. A. 1966 Communicator discrepancy, source credibility, and opinion change. *Journal of Personality and Social Psychology*, 4, 614-621.

Brehm, J. W. 1966 *A Theory of Psychological Reactance*. New York: Academic Press.

Darley, J. M. & Latane, B. 1968 Bystander intervention in emergencies: diffusion of responsibility. *Journal of Personality and Social Psychology*, 1, 377-383.

Dollard, J., Doob, L. W., Miller, N. E., Mowrer, O. H., & Sears, R. R. 1939 *Frustration and aggresion*. New Haven: Yale University Press.

Festinger, L. 1957 *A Theory of Cognitive Dissonance*. Row Peterson.

Festinger, L. & Carlsmith, J. M. 1959 Cognitive consequences of forced compliance. *Journal of Abnormal and Social Psychology*, 58, 203-210.

Fiedler, F. E. 1967 *A Theory of Leadership Effectiveness*. New York: McGraw-Hill.

Hackman, J. R. & Lawler, E. E. 1971 Employee reactions to job characteristics. *Journal of Applied Psychology*, 55, 259-286.

Halpin, A. W. & Winer, B. J. 1957 A factorial study of the leader behavior descriptions. In R. M. Stogdill & A. E. Coons (Eds.), *Leader Behavior: Its Description and Measurement*. Bur. Bus. Res. Monogr., 88, Ohio State University.

Heider, F. 1958 *The Psychology of Interpersonal Relations*. New York: John Wiley & Sons.　大橋正夫（訳）　対人関係の心理学　誠信書房

Hovland, C. I. & Weis, W. 1951 The influence of source credibility on communication effectiveness. *Public Opinion Quarterly*, 15, 635-650.

Herzberg, F., Mausner, B., & Snyderman, B. 1959 *The Motivation to Work*. New York: John Wiley & Sons.

Insko, C. A. 1965 Verval reinforcement of attitude. *Journal of Personality and Social Psychology*, 2, 621-623.

Janis, I. L. & Feshbach, S. 1953 Effects of fear-arousing communications. *Journal of Abnormal and Social Psychology*, 48, 78-92.

Jones, E. E., Wood, G. C., & Quattrone, G. A. 1981 Perceived variability of personal characteristics in in-groups and out-groups: The role of knowledge and evaluation. *Personality and Social Psychology Bulletin*, 7, 523-528.

Latane, B. & Rodin, J. 1969 A lady in distress: Inhibiting effects of friends and strangers on bystander intervention. *Journal of Experimental Social Psychology*, 5, 189-202.

Leventhal, H., Singer, R., & Jones, S. 1965 Effects of fear and spicificity of recommendation upon attitudes and behavior. *Journal of Personality and Social Psychology*, 2, 20-29.

Likert, K. 1967 *The Human Organization: Its Management and Value*. New York: McGraw-Hill.

Litwin, G. H. & Stringer, R. A. 1968 *Motivation and Organizational Climate*. Cambridge, Mass.: Harvard University. Press.

Lumsdaine, A. A. & Janis, I. L. 1953 Resistance to "counterpropaganda" produced by one-sided and two-sided "propaganda" presentations. *Public Opinion Quarterly*, 17, 311-318.

Mayo, E. 1933 *The human problem of an industrial civilization*. New York: Macmillan.

McGregor, D. 1960 *The Human Side of Enterprise*. New York: McGraw-Hill.

McGuire, W. J. 1964 Inducing resistance to persuasion. In L. Berkowitz (Ed.), *Advances in Experimental Social Psychology*. Vol. 1, New York: Academic Press. Pp. 191-229.

Milgram, S. 1965 Some conditions of obedience and disobedience to authority. *Human Relations*, 18, 57-76.

Park, B. & Rothbart, M. 1982 Perception of out-group homogeneity and level of social categorization: Memory for the sunordinate attributes of in-group and out-group members. *Journal of Personality and Social Psychology*, 42, 1051-1068.

Porter, W., Steers, M., Mowday, R. T., & Boulian, P. V. 1974 Organizational commitment, job satisfaction, and turnover among psychiatric technicians. *Journal of Applied Psychology*, 59, 603-609.

Rothbart, M., Fuelero, S., Jensen, C., Howard, J., & Birrell, B. 1978 From individual to group impressions: Availability heuristics in stereotype formation. *Journal of Experimental Social Psychology*, 14, 237-255.

Sherif, M. 1956 Experiments in group conflict. Scientific American, 193, (11), 54-58.

Sherif, M. & Hovland, C. I. 1961 *Social Judgment: Assimilation and Contrast Effects in Communication and Attitude Change*. New Haven: Yale University Press.

Staats, A. W. & Staats, C. K. 1958 Attitudes established by classical conditioning. *Journal of Abnormal and Social Psychology*, 57, 37-40.

Steers, R. M. 1977 Antecedents and outcomes of organizational commitment. *Administrative Science Quarterly*, 22, 46-56.

Tajfel, H., Billig. M. G., Bundy, P. R., & Flament, C. 1971 Social categorization and intergroup behavior. *European Journal of Social Psychology*, 1, 149-178.

Tajfel, H. & Turner, J. C. 1979 An integrative theory of intergroup conflict. In W. G. Austin & S. Worshel (Eds.), *The social psychology of intergroup relations*. Monterey, CA: Brooks Cole. Pp. 33-47.

Taylor, F. W. 1911 *The principles of scientific management*. New York: Harper & Row.

Vroom, V. H. 1964 *Work and Motivation*. New York: John Wiley & Sons.

Walster, E., Aronson, E., & Abrahams, D. 1966 On increasing the persuasiveness of a low prestige communicator. *Journal of Experimental Social Psychology*, 2, 325-342.

White, R. & Lippitt, R. O. 1960 Leader Behavior and member reactions in three "social climates". In D. Cartwright & A. Zander (Eds.), *Group Dynamics: Research and Theory*. Second edition. New York: Harper & Row.

Zimbardo, P. 1970 The human choice: Individuation, reason, and order versus deindividuation, impulse, and chaos. In W. J. Arnold & D. Levine (Eds), *Nebraska symposium on motivation*, 1969. University of Nebraska Press. Pp. 237-307.

Zimbardo, P., Haney, C., Banks, W., & Jaffe, D. 1972 The psychology of imprisonment: Privation, power and pathology. Unpublished paper. By Middle-brook, P. N. 1974 *Social Psychology and Modern Life*. Knopf.

索引

【ク】

【ケ】

【コ】

【サ】

【シ】

【ス】

【セ】

【ソ】

【タ】

【チ】

【ツ】

【テ】

【ト】

【ヒ】

【フ】

著　者

山﨑瑞紀（やまざき・みずき）東京都市大学メディア情報学部准教授（第１章）
音山若穂（おとやま・わかほ）群馬大学大学院教育学研究科教授（第２章）
瀧ヶ崎隆司（たきがさき・たかし）日本工業大学共通教育学群教授（第３章）
谷口幸一（やぐち・こういち）東海大学健康科学部元教授．NPO 法人子どもとシニアのこころ支援の会・理事長（第４章）
近藤卓（こんどう・たく）日本ウェルネススポーツ大学スポーツプロモーション学部教授（第５章）
小林正稔（こばやし・まさとし）しらかばこども家庭支援ステーション副所長（第６章）
尾崎真奈美（おざき・まなみ）相模女子大学人間社会学部教授（第７章）
浅井千秋（あさい・ちあき）東海大学文化社会学部教授（第８章・９章）

本書は2005年４月に東海大学出版部より発行された同名書籍（最終版：2020年１月第10刷）を弊社において引き継ぎ出版するものです。

心理学（しんりがく）をまなぶ

2021年６月10日　第１版第１刷発行
2023年３月25日　第１版第２刷発行

編　　者　浅井千秋
発 行 者　原田邦彦
発 行 所　東海教育研究所
〒160-0023　東京都新宿区西新宿7-4-3　升本ビル
電話 03-3227-3700　　FAX 03-3227-3701
mail: eigyo@tokaiedu.co.jp
印 刷 所　港北メディアサービス株式会社
製 本 所　誠製本株式会社

ISBN978-4-924523-21-0